迎合投资者情绪的
上市公司财务信息披露策略
及动机研究

龙 立◎著

中国财经出版传媒集团

经济科学出版社
Economic Science Press

图书在版编目（CIP）数据

迎合投资者情绪的上市公司财务信息披露策略及动机
研究/龙立著 . —北京：经济科学出版社，2021.1
ISBN 978－7－5218－2363－9

Ⅰ.①迎…　Ⅱ.①龙…　Ⅲ.①上市公司-财务管理-
研究　Ⅳ.①F276.6

中国版本图书馆 CIP 数据核字（2021）第 025833 号

责任编辑：顾瑞兰
责任校对：郑淑艳
责任印制：王世伟

迎合投资者情绪的上市公司财务信息披露策略及动机研究
龙　立　著
经济科学出版社出版、发行　新华书店经销
社址：北京市海淀区阜成路甲 28 号　邮编：100142
总编部电话：010-88191217　发行部电话：010-88191522
网址：www. esp. com. cn
电子邮箱：esp@ esp. com. cn
天猫网店：经济科学出版社旗舰店
网址：http：//jjkxcbs. tmall. com
固安华明印业有限公司印装
710×1000　16 开　13 印张　200000 字
2021 年 1 月第 1 版　2021 年 1 月第 1 次印刷
ISBN 978－7－5218－2363－9　定价：65. 00 元
（图书出现印装问题，本社负责调换. 电话：010－88191510）
（版权所有　侵权必究　打击盗版　举报热线：010－88191661
QQ：2242791300　营销中心电话：010－88191537
电子邮箱：dbts@ esp. com. cn）

　　本专著受湖南省哲学社会科学基金项目（18YBA265）、湖南省社会科学成果评审委员会课题（XSP18YBZ066）、湖南省教育厅科学研究优秀青年项目（19B312）、湖南工商大学学术专著出版资助项目资助，谨此致以诚挚的谢意！

前　言

投资者情绪和上市公司信息披露质量作为影响证券市场效率的两大关键问题，分别在各自的研究领域——行为金融领域与财务会计领域备受关注。近年来，A股多次"大起大落"式的运行态势表明，市场中由投资者情绪等非理性因素导致的误定价问题较为严重，同时，上市公司信息披露质量欠佳也一直是市场的痼疾，因此，将上述两方面问题纳入同一分析框架进行研究，既具有较强的现实意义又不乏深厚的理论基础。以行为金融的迎合理论作为主要依据，本书运用理论分析与实证检验相结合的方法，对非对称信息环境下股票市场投资者情绪影响上市公司财务信息披露策略的问题进行了全面、系统的研究。具体而言，从强制性披露规制下的盈余管理策略以及非强制性要求下的业绩快报披露策略两个不同角度，深入分析了投资者情绪对上市公司披露行为以及行为动机的影响机理，并以A股上市公司作为样本，提供了支持上述理论逻辑的横截面证据。

本书的理论分析和实证结论一致表明，理性的管理者试图通过财务信息披露策略迎合投资者情绪的变化，但是在盈余管理和自愿性披露两类不同策略的运用上，又存在一定差异。当投资者情绪高涨并对"好消息"产生更强烈的偏好时，公司普遍通过逐渐增大的正向盈余管理予以迎合，而在自愿性披露策略的运用上，盈利公司可能更加主动地披露业绩快报，亏损公司则倾向于不披露业绩快报，以免"浇灭"投资者高涨的情绪；当投资者情绪低落时，公司往往通过负向盈余管理弥补前期盈余管理导致的"亏空"或者为以后正向盈余管理做准备，同时，盈利公司自愿披露业绩快报迎合投资者情绪的可能性下降，亏损公司因为不再面临"泼冷水"的压力，此时披露业绩快报的概率相对增加。上述结论与"迎合理论"的预期完全一致。另外，本书实证结论也表明，管理者的上述盈余管理策略并非受到自身情绪的影响，而是一种基于市场环境变化的理性应对行为。对盈余管理迎合策略的进一步研究还发现：第一，"实力强大"的上市公司利用盈余管理策略迎合投资者情绪的程度更高，这些"实力强大"的公司具备抗风险能力和发展能力较强、成熟度高、国有控股等特点；第二，在投资者情绪最为高涨时期，公司盈余管理迎合行为最为明显；第三，与中小板和创业板上市公司相比，主板公司盈余管理策略迎合特征更为显著。

在分别验证了投资者情绪对盈余管理和业绩快报自愿披露行为的影响之后，本书进一步探寻上市公司是否综合运用两种不同策略来迎合投资者情绪。研究结果表明，盈余管理在投资者情绪对业绩快报披露行为的影响过程中充当了部分中介。具体而言：对于盈利公司，高涨的投资者情绪会增强其披露业绩快报的可能性，同时也可能促使其通过调增盈余的手段予以迎合，但是其中部分公司会将盈余管理与业绩快报披露策略结合起来，在调增盈余之后主动披露业绩快报以增强迎合效果（此时调增盈余是其主动披露业绩快报的逻辑前提）；对于亏损公司，高涨的投资者情绪会对业绩快报披露产生直接抑制作用，但仍有部分公司希望通过正向盈余管理并提前披露业绩快报的组合策略迎合投资者情绪，然而，高涨的投资者情绪通过促进公司正向盈余管理行为，进而对业绩快报披露产生的间接正向影响会被更强大的直接抑制作用所遮掩，从而难以被直接观测。

投资者情绪不仅影响上市公司信息披露行为，而且会导致其行为动机产生变化，不过，投资者情绪对公司盈余管理和自愿性披露两种行为动机的影响逻辑并不一致。本书实证结论表明，一方面，A股公司的盈余管理行为总体上存在信息传递动机，随着市场情绪的高涨，在投资者有失谨慎的行为特征诱使下，公司信息传递动机减弱而机会主义动机倾向增强，在极端情况下（投资者情绪特别高涨），盈余管理可能完全表现出机会主义动机。另一方面，与信号传递理论一致，A股主板上市公司业绩快报的自愿披露行为具有明确的信号传递动机，整体而言，倾向于传递未来业绩向好的信号。由于投资者对上市公司未经审计业绩信息的本能质疑以及上市公司自愿性披露行为减轻信息不对称的"初衷"所在，高涨的投资者情绪并不会增强业绩快报披露的机会主义动机倾向，反而会强化其传递"好消息"的信号传递动机。

　　本书的贡献主要在于三个方面：第一，在前期较为零散的文献成果基础上，构建了投资者情绪影响上市公司财务信息披露行为的理论研究框架，并从强制性和自愿性披露两个角度提供了较为完整的经验证据，特别是基于策略的综合运用视角，验证了盈余管理行为在投资者情绪对业绩快报影响过程中的中介作用。第二，丰富了上市公司信息披露动机的研究文献，较早验证了 A 股公司盈余管理行为的非机会主义动机和业绩快报自愿披露行为的信号传递动机。第三，从管理者决策动机具有可变性这一视角，拓展了投资者情绪与上市公司行为决策之间关系的研究思路，提供了投资者情绪影响公司信息披露行为动机的经验证据。本书的研究结论将有助于市场参与者更加深刻地理解市场行为及其影响，进而有利于投资者做出理性的投资决策，有利于上市公司反思披露策略的恰当性，有利于相关部门对市场进行更为有效的引导和监管。

龙　立

2020 年 9 月

目　录

第1章 绪 论

1.1 研究背景及意义

1.1.1 研究背景

证券市场效率是现代金融理论关注的核心。以资产定价理论和有效市场假说（efficient market hypothesis，EMH）为基石的传统金融理论认为，当证券的价格充分反映可获取的信息时，市场实现有效。然而，市场效率实现的关键取决于两个重要方面——投资者的理性决策和市场中的信息质量，前者属于金融学领域争议的焦点，后者则属于会计学领域关注的核心。如果投资者欠缺理性，不能允分收集和利用信息进行决策，又或市场上充斥着低质量甚至虚假的信息，市场均衡价格势必无法反映证券的真实价值，有效市场将永远只是一种存在于理论中的"乌托邦"或者标准参照系。

金融领域聚焦于投资者的理性问题，其假设前提经历了从"完全理性"到"有限理性"的根本转化，从而产生了从"有效市场"到"并非有效市场"的理论变革。传统金融理论在新古典经济学的研究范式下延续了"经济人"这一基础假设，在完全理想化的情境设定下，通过一系列数学模型和缜密的逻辑推理，为市场参与者的决策提供了一套公式化的指导方案，从而被誉为一门"优美"而又实用的科学。但是，不断涌现的金融市场"异象"① 给传统金融理论带来了

---

① 这些异象包括封闭式基金折价之谜、小盘股效应、盈余公告后价格漂移（盈余惯性）、日历效应、动量效应以及反转效应等。

巨大的挑战，以理性行为和完美套利为前提的有效市场理论至今未能对这些"异象"作出令人信服的解释，行为金融学派因此应运而生。从阿莱（Allais）悖论、埃尔斯伯格（Ellsberg）悖论的出现到前景理论的提出，再到噪声交易模型（DSSW 模型）、行为资产定价模型（BPAM 模型）和行为投资组合理论（BPT）等一系列经典模型或理论的确立，行为金融从认知心理学的视角入手，将认知偏误、情绪等因素纳入投资者决策分析的现实框架中，认为投资者的行为禀性导致了决策的非理性，造成证券的错误定价，同时，现实市场中替代品难以发现且套利本身存在风险，证券错误定价不能完全被理性决策者的套利行为纠正，因此证券价格可能"系统性显著偏离其基本价值"（De Long et al.，1990），金融市场也"并非有效的市场"（Shleifer，2000）。投资者情绪作为当前行为金融理论中最具代表性的概念，被认为是投资者认知偏误所导致的理性偏差在市场中的最终体现，是造成证券错误定价乃至市场整体低效的关键原因（De Long et al.，1990；Shleifer & Vishny，1997；Shleifer，2000；Brown & Cliff，2005；Baker & Wurgler，2006/2007；Shen et al.，2017；Aboody et al.，2018）。

会计学领域关注公司信息披露问题以及市场中的会计信息质量，相关研究可以分为理论研究和实务研究两个方面。其一，会计理论研究（包括新古典理论、规范会计理论和实证会计理论）聚焦于会计管制的必要性与恰当性，以及公司对会计政策的选择等核心问题。新古典理论和规范会计理论争议的焦点在于会计管制的必要性与恰当性，其实质是会计信息的强制性披露和自愿性披露两种方式的选择问题。前者在新古典经济学的影响下，将会计信息视为一种商品，认为市场竞争的力量会使得会计信息的供需实现有效均衡，因此会计管制或强制性披露方式是不必要的；后者强调会计信息的公共产品属性，由于外部性和"搭便车"问题的存在，会计信息的供需市场难以实现帕累托效率，因此政府的干预是必然的选择。明确政府干预的必要性之后，接下来的问题则是如何实现"最优"的会计管制，即如何确定强制性披露和自愿性披露的边界。实证会计理论以会计管制的客观存在作为前提，试图对公司的会计政策选择作出解释和预测。规范会计理论用于回答会计"应该是什么"，而实证会计理论则关注会计"实际是什么"。沃茨和齐默尔曼（Watts & Zimmerman，1986）曾将实证会计称为"以经济学为基础的经验性理论和方法"，所以实证会计理论本质上是一种方法论。自沃茨和齐默尔曼提出实证会计理论的三大假设——分红计划假设、债务契约假设和政治成本假设之后，相关研究大多围绕这三大假设所展开，因此，实证会计理论的研究对象主要是强制性披露规制下公司的盈余管理行为。其二，会计学领域的实务研究是在理论研究的指导下，关注公司信息披露存在的实际问题、信息披露的内容和方式对信息质量的影响以及信息质量对市场效率产生的影响。谢志华和肖泽忠（2000）认为，市场有效运行的前提是市场主体的决策有效，而决策是否有效取决于决策者获得的信息是否充分有效。斯科特（Scott，2000）也指出，会计信息不仅会影响到个人决策，还会影响市场的运作，会计信息质量是经济效率的一个必要条件。因此，公司对信息披露政策、方式以及内容的选择（即信息披露策略）可能改变信息质量，进而影响市场主体的决策效率，最终改变市场运行效率。

综上所述，行为金融理论中的投资者情绪和会计学领域所关注的信息披露策略都将对资本市场效率产生极其重要的影响，因而在各自的领域备受瞩目。但是，市场投资主体的情绪偏差是否将对市场筹资主体的信息披露策略产生重要影响，进而导致市场效率的变化，是一个值得研究而又令人饶有兴趣的问题。实际上，投资者情绪如何影响公司决策早已受到财务与会计领域学者的广泛关注，一系列文献表明，投资者情绪通过影响股票定价进而影响公司更名、股利分配、股票分拆、投资以及信息披露等各项决策（Cooper et al.，2001/2005；Baker et al.，2003；Baker & Wurgler，2004a/b；Bergman & Roychowdhury，2008；Baker et al.，2009；Polk & Sapienza，2009；花贵如等，2011；Brown et al.，2012；王俊秋等，2013；鹿坪和冷军，2017）。然而，针对投资者情绪和公司信息披露决策之间关系的研究相对而言起步较晚[①]，而且尚未形成一致结论和完整体系，有必要进一步展开系统性研究。

再来看我国证券市场的现实背景。上海证券交易所和深圳证券交易所分别于1990 年和 1991 年相继成立，这是我国资本市场发展的重要里程碑。在近 30 年的发展历程中，我国证券市场在不断壮大和完善，截至 2018 年底，沪深两市 A 股

---

① 伯格曼和罗伊乔杜里（Bergman & Roychowdhury，2008）首次提供了投资者情绪影响公司披露决策之间的经验证据。

上市公司数量已经达到 3567 家，总市值为 48.67 万亿元①。虽然当前我国证券市场的发展已经取得了令全球瞩目的成绩，但与西方动辄几百年的历史相比②，我国证券市场发展时间仍然很短，目前仍然缺乏科学完善的法规体系和有效的监管机制，存在着众多亟待解决的问题，市场效率欠佳就是众多问题的最终表现。

延续有效市场理论中证券价格应该反映其"内在价值"这一基本逻辑，能够得出股市资产价格应该由实体经济状况决定这一自然推论，即人们常说的"股市是国民经济的晴雨表"，但现实并非如此。图 1-1 显示了 2000 年以来我国国内生产总值（GDP）和上证指数之间的关系，从中可以发现，两个指标的变化趋势在大多数时间并非一致。我国 GDP 自 2000 年以来呈现出持续上涨的趋势，而上证指数在 2000~2005 年、2007~2008 年、2009~2013 年、2015~2018 年这四个阶段均出现下跌，此外，2005~2007 年虽然 GDP 和上证指数都呈现上涨趋势，但两者上涨的幅度差异极大——上证指数的上涨幅度远远高于 GDP 上涨幅度。这些迹象表明，我国股市并非国民经济的晴雨表，同时也在一定程度上意味着证券市场有效性的欠缺③。

图 1-2 显示了 2000 年以来我国上证综指与美国道琼斯工业指数（简称"DJI"）、英国富时 100 指数（简称"FTSE100"）年度涨跌幅度的比较情况。从图中可以看出，上证综指的年度涨跌幅度大大超过了其他指数。DJI 和 FTSE100 涨跌幅度平缓，2000 年以来的最大年度涨跌幅都未超过 50%，而上证指数在 2000 年、2006 年、2007 年、2008 年和 2014 年涨跌幅度都超过 50%，特别是在 2006~2009 年，前两年每年的涨幅都超过或接近 100%，而接下来的 2008 年跌幅超过 65%，2009 年的涨幅又达到 80%，这样暴涨暴跌的"过山车"式运行态势在全球证券市场的发展史上都属罕见。这些经验数据在一定程度上表明，与西

---

① 数据来源于 Wind 统计数据。

② 例如，伦敦交易所成立于 1773 年，是全球最早的现代证券市场；纽约证券交易所（NYSE）成立于 1792 年，目前是全球最有影响力的证券交易所；东京证券交易所成立于 1879 年，目前是仅次于纽约证券交易所的全球第二大证券交易所。

③ 有证据表明，即使在英美等成熟的资本市场，"资本市场资产价格的变动表现出一种不受实体经济约束的发散的'剪刀差'态势"（吴晓求，2006）。

方成熟的证券市场相比，我国股市中由投资者情绪等非理性因素导致的错误定价可能更为严重，因此，我国股市也被喻为"投资者情绪理论的天然试验田"（黄德龙，2009）。

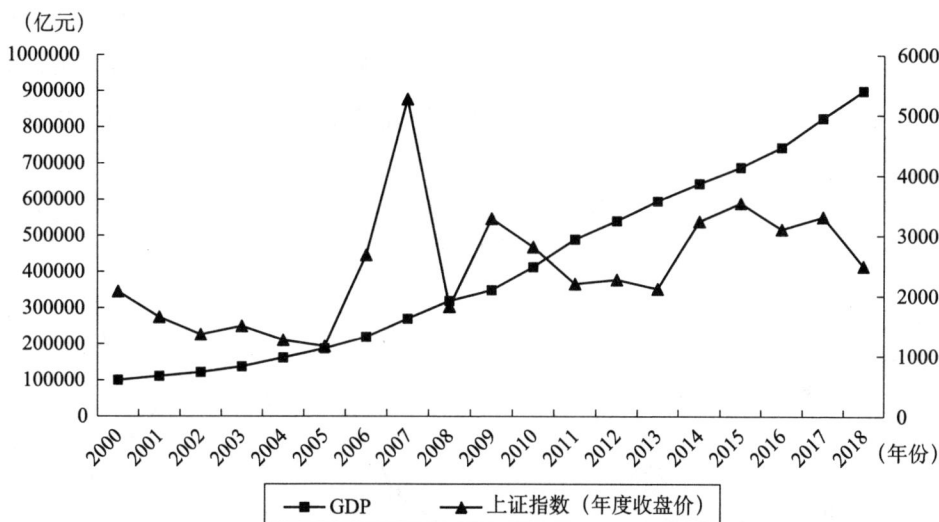

图 1-1 2000~2018 年中国 GDP 与上证指数关系

资料来源：2000~2017 年 GDP 和 2000~2018 年上证指数数据都来源于国泰安 CSMAR 数据库，2018 年 GDP 来源于国家统计局于 2019 年 1 月 21 日公布的初步统计数据。

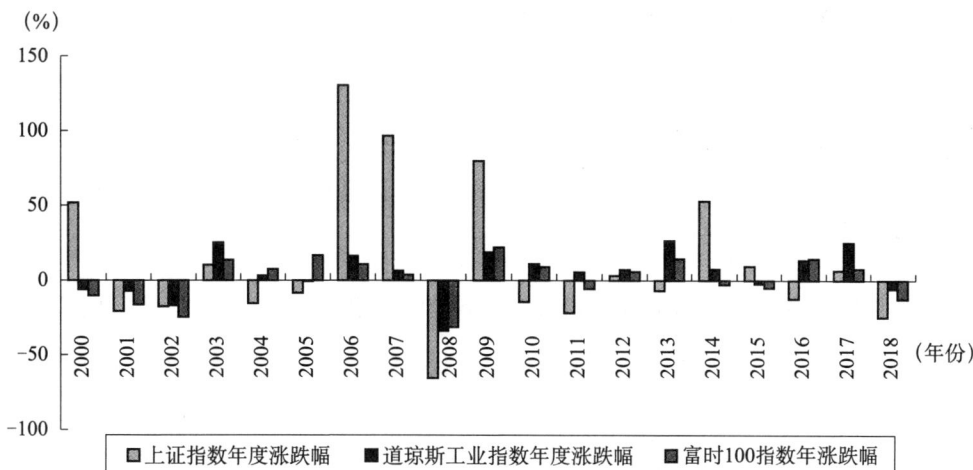

图 1-2 2000~2018 年上证指数与西方主要指数涨跌幅度对比

资料来源：数据来源于国泰安 CSMAR 数据库。

与此同时，我国上市公司信息披露质量欠佳，证券市场上违规披露甚至虚假披露的案例层出不穷。图 1-3 显示了 2000 年以来我国上市公司因信息披露违规而受到监管机构处罚的情况。从图中可以看出，整体上受处罚事件的数量呈快速上升趋势，尤其是 2011 年以后，几乎每年上市公司因信息披露受到处罚的事件都达到了 300 件以上。这一方面说明我国监管机构加大了对市场的监察力度，另一方面也说明上市公司信息披露违法违规情况确实较为普遍，市场整体信息披露质量有待提高。

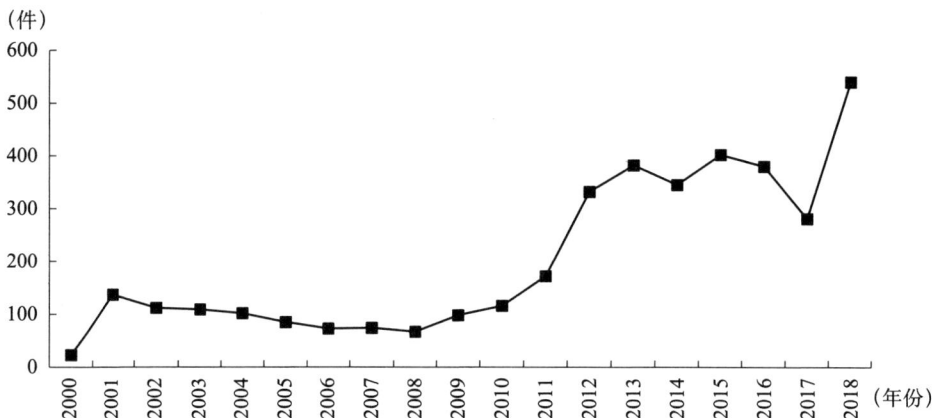

图 1-3　2000~2018 年中国上市公司信息披露违规处罚事件数量趋势
资料来源：数据来源于国泰安 CSMAR 数据库。

从上述现实背景来看，加强对我国证券市场的投资者情绪和信息披露两方面问题的研究都有着良好的现实基础和较强的紧迫性。

1.1.2　研究意义

以认知心理学、行为金融学和行为财务学等前沿理论为指导，运用规范研究与实证分析相结合的方法，本书试图探寻在投资者情绪波动以及由此导致的非效率证券市场现实背景下，上市公司财务信息披露策略的变化规律和重要特征。具体而言，研究有以下的理论与现实意义。

1.1.2.1　理论意义

首先，行为金融领域在探寻投资者情绪的产生原因、传播途径及其对市场效率的影响方面已经成就颇丰，近年来，一些学者也开始着手探寻公司是否通过调整管理决策以应对市场投资者情绪的波动及其所带来的定价偏误。然而，后者的相关成果大多聚焦于公司投融资决策方面，涉及公司会计或信息披露策略的深入研究较少。本书结合我国实际，从强制性披露和自愿性披露两种方式入手，全面系统地探寻投资者情绪对上市公司财务信息披露策略及其动机的影响，致力于提供一套完整的理论框架及实证结论，这将进一步丰富投资者情绪与公司行为决策关系的研究文献。

其次，会计作为证券市场中最为重要的信息供应系统，其内部运转机制和行为模式必然受到市场整体运行态势的影响，因此，会计理论的发展必须和证券市场理论的发展同步。在行为金融理论迅速发展并得到广泛认同的今天，会计理论的研究模式依然沿用传统经济学的基本框架势必难以适应时代的要求，更是无法反映现实世界的客观情况。本书将认知心理学、行为金融学的前沿理论（如投资者情绪理论、管理者情绪理论以及"迎合理论"等）引入会计问题的研究，这一思路对拓展行为会计理论的研究框架、丰富行为会计理论的研究内容有一定的积极作用。

1.1.2.2　现实意义

宏观上而言，在我国股市有效性不强，整体信息披露质量欠佳、会计舞弊案例频发而亟待整顿的现实前提下，加强对投资者情绪以及上市公司信息披露问题的研究，有利于监管者掌握市场整体状况，从而更加合理地引导和规范市场行为，创造一个公平公正的良好市场环境，进而有利于提高上市公司信息披露质量，改善证券市场效率，充分发挥股市的投融资功能。

微观上来看，由于发展历史短，我国证券市场中的投资者远远算不上成熟，整体素质和经验都非常欠缺，特别是其中个人投资者占比偏高。[①] 个人投资者固有的劣势，如专业知识的不足以及信息渠道的受限，是导致其决策失误的主要原

---

① 根据申万宏源发展研究团队发布的《中国证券投资者结构全景分析报告2017》，截至2017年底，A股个人投资者市值占比为37.7%，排名第一，产业资本市值占比36.59%，排名第二，境内投资机构市值占比14.58%，排名第三，政府持股市值占比9.16%，排名第四，境外投资机构市值占比1.97%，排名第五。同时，根据上交所统计年鉴数据显示，自2007年以来，个人投资者交易量占比一直维持在83%以上。

因，更是我国股市中非理性情绪"肆虐"并呈现"过山车"式运行态势的关键原因。以我国 A 股市场的历史数据作为依据，本书详细探讨了上市公司利用会计手段应对市场投资者情绪波动的行为模式与具体特征，这将有助于投资者更加深刻地理解市场，强化投资者教育，进而能够帮助投资者作出正确的决策，减轻市场整体的非理性行为后果。

1.2　研究主题与主要概念界定

1.2.1　研究主题

证券市场中，投资者由于受信息获取能力、专业知识以及经验的限制，非理性行为倾向明显，而拥有信息优势并具备较强专业能力的筹资者则相对理性。试图探寻理性的筹资者会否通过会计策略应对非理性投资者造成的市场影响，是本书的基本出发点。具体而言，本书希望回答当前理论和实务界普遍关注的三个关键问题：第一，上市公司是否以及如何利用财务信息披露策略应对市场投资者情绪的波动；第二，不同上市公司的财务信息披露应对策略是否存在差异；第三，上市公司财务信息披露应对策略存在何种动机。

1.2.2　主要概念界定

1.2.2.1　投资者情绪

投资者情绪这一概念根源于行为金融中的噪声交易理论。继凯尔（Kyle，1985）首次提出"噪声交易者"（noise trader）一词以及布莱克（Black，1986）证明"噪声交易"（noise trading）在市场中的不可或缺性之后，德朗等（De Long et al.，1990）构建了经典的噪声交易模型（DSSW 模型），这标志着噪声交易理论的正式形成，同时也对传统金融领域的有效市场假设提出了有力的挑战。德朗等（1990）在对模型进行分析时指出，由于噪声交易者风险（noise trader risk）的存在，市场中完美套利难以实现，证券价格可能显著地偏离基本面价值。

前期文献并没有对投资者情绪的概念进行严格表述。德朗等（1990）阐述了现实证券市场中套利者所面临的噪声交易者风险——"如果噪声交易者当前对一项资产估值态度是悲观的并降低了它的价格，购买这项资产的套利者必须认识到，近期噪声交易者可能变得更为悲观并且会进一步降低资产价格……"。上述表述中提及的噪声交易者悲观态度正是投资者情绪概念的雏形，也是产生噪声交易者风险进而导致市场失效的根源。在德朗等（1990）的基础上，莫克尔等（Morck et al.，1990）首次使用"投资者情绪"（investor sentiment）一词来概括噪声交易者们所持有的非理性信念。李等（Lee et al.，1991）提出"噪声交易者情绪的不可预测波动被定义为资产回报预期中不被基本面支撑的部分……投资者情绪可以代表那些根据噪声而不是信息所进行的交易"。斯坦（Stein，1996）则指出，投资者过度乐观或悲观的情绪将使其对公司未来的预期存在偏差。这也成为后续学者理解和界定投资者情绪概念的一个基本依据。施莱弗（Shleifer，2000）认为，"投资者基于启发式思维（heuristics）① 而不是贝叶斯理性的信念有时候被称为投资者情绪。投资者情绪反映了大量投资者共同的判断错误，而非互不关联的随机错误"。布朗和克里夫（Brown & Cliff，2004）认为，投资者情绪代表着看涨（看跌）的投资者预期回报中超过（低于）均值的部分，而无论均值是多少。贝克和沃格勒（Baker & Wurgler，2006）指出，投资者情绪第一个可能的定义是指投资者投机的倾向，第二个则是指投资者对于股票整体乐观或者悲观的态度。

贝克和沃格勒（2007）第一次明确界定了投资者情绪概念，他们认为，投资者情绪是指投资者对股票未来现金流和投资风险的一种信念，而这种信念并不能合理反映当前的基本面。波尔克和萨皮恩泽尔（Polk & Sapienza，2009）将投资者情绪直接理解为市场的错误定价，这一观点也得到花贵如（2010）的认同。尽管上述文献对投资者情绪定义的侧重各不相同，但是目前看来，行为金融和行为财务领域的学者们开始普遍接受投资者情绪是"投资者对公司价值的预期脱离了基本面的系统性偏差"这一概念表述（饶育蕾和刘达峰，2003；Bergman & Roy-

---

① 特沃斯基和卡内曼（Tversky & Kahneman，1974）指出，启发式思维（heuristics）经常导致系统性误差。

chowdhury，2008；Brown et al.，2012；王俊秋等，2013）。

综合上述文献观点，本书认为，对投资者情绪概念的理解应该遵循以下三个递进的层次：第一，金融理论中的投资者情绪并不等同于心理学中人类悲观或乐观的情绪，而是投资者由于悲观或乐观情绪所导致的非理性行为在市场中的最终体现。第二，投资者情绪反映的是投资者群体性的、方向一致的、持续存在的非理性行为，这些非理性行为形成的噪声交易者风险又是导致市场套利失效，进而导致证券定价偏差的充要条件，因此，投资者情绪最终体现为证券均衡价格相对于其内在价值的一种系统性偏差。第三，这种偏差的衡量和定性必须以证券的内在价值作为基准点，当证券的市场均衡价格高于其内在价值，意味着投资者情绪高涨（乐观），否则表示投资者情绪低落（悲观）。

1.2.2.2 上市公司财务信息披露策略

总的来说，上市公司披露的信息可以分为财务信息和非财务信息两大类，然而，目前相关文献并没有对财务信息和非财务信息作出明确的界定。一般认为，公司财务报表（附注）中披露的信息都可以定性为财务信息。从上市公司信息披露实践来看，目前广受关注的非财务信息主要包括公司治理信息以及社会责任信息（涉及企业承担的对员工、消费者以及环境等方面的责任）等。本书的研究仅涉及财务信息披露策略，不涉及非财务信息披露方面。

在证券市场的发展历史中，上市公司信息披露又经历了从自愿到强制，再到强制与自愿相结合的过程。[①] 强制性信息披露是指上市公司在法律法规、公认会计原则（GAAP）和政府监管机构的要求下，必须进行的信息披露行为；自愿性信息披露则是指没有被 GAAP 或监管机构明确要求的披露行为（FASB，2001）。

---

① 以美国为例，经过 20 世纪 30 年代大萧条之后，美国国会先后通过了《证券法》和《证券交易法》，并成立了美国联邦证券交易委员会（SEC），强制性要求公开发行证券公司必须进行相应的信息披露，而在这之前，公司的信息披露基本以自愿为主。之后，随着经济社会的不断发展，市场环境的不确定性加大，仅仅披露一些规定的财务指标已经不能体现公司的整体运营情况和发展预期，SEC 又分别在 1978 年、1979 年颁布《揭示预测经营业绩的指南》和《保护盈利预测安全港规则》，鼓励公司自愿披露盈利预测信息。2001 年，美国财务会计准则委员会（FASB）公布《改进企业报告：对加强自愿性披露的见解》，进一步对公司自愿性信息披露进行鼓励和引导，从此，美国公开发行证券公司的信息披露模式全面进入强制性与自愿性相结合的时代。

本书所指的财务信息披露策略，是指能够体现上市公司在财务信息披露方面的自主性与灵活性的一系列行为。强制性信息披露本属于监管机构对上市公司实施管制的一种方式，对于公司而言，只有遵照执行的义务而不具备自主性与灵活性特征，但是纵观全球资本市场，相关会计规制与准则往往都给上市公司留有一定的政策选择余地（或者称之为会计自由量裁权），当上市公司利用法规所赋予的自由量裁权在强制性披露要求下进行财务信息披露时，通常被称之为盈余管理。因此，本书的研究对象——财务信息披露策略，既包括上市公司在强制性披露规制下进行的盈余管理行为，也包括财务信息的自愿性披露行为。

盈余管理可以分为应计盈余管理和真实盈余管理两类。应计盈余管理是"为了获取某种私人利益，管理者在对外提供财务报告过程中的一种披露管理"（Schipper，1989）或"管理者在 GAAP 许可的范围内通过会计政策的选择实现自身效用最大化或公司价值最大化的行为"（Scott，1997）；真实盈余管理被认为是"管理者为了达到特定的收益阈值而偏离正常经营活动的行为"（Roychowdhury，2006），这些行为涉及"改变企业运营、投资或筹资业务的时机或规划"（Gunny，2010）。由于真实盈余管理本质上是一种财务策略，涉及运营、投资和筹资等具体业务安排，所以它并不属于盈余管理传统定义中"对外提供财务报告过程中的披露管理"和"会计政策的选择"行为。因此，结合本书的研究目的，本书将研究对象仅限定于应计盈余管理，不涉及真实盈余管理。①

1.3 研究思路与基本结构

1.3.1 研究思路

本书以有效市场假说、有限理性假说、信息不对称理论以及迎合理论等为依据，以中国股票市场为研究对象，充分运用规范研究和实证研究相结合的方法，分析证券市场投资者情绪对上市公司财务信息披露策略及其动机的影响。

---

① 本书后续内容所提及的盈余管理，均指应计盈余管理。

首先，对现有相关文献进行详细综述，在总结前期成果的基础上找到本书的切入点和研究空间。其次，在相关基础理论的支撑下，构建本书的整体理论分析框架，梳理投资者情绪对上市公司财务信息披露策略及其动机的影响逻辑。再次，利用中国 A 股市场的经验数据，实证检验投资者情绪对上市公司财务信息披露行为以及行为动机的影响。为了将研究问题进一步具体化，上市公司财务信息披露策略又分为强制性披露规制下的盈余管理策略以及非强制性要求下（业绩快报）自愿性披露策略，本书先按照两条研究路径，分别探寻投资者情绪对上述两类信息披露策略及其动机的影响，在此基础上，再讨论公司综合利用两类信息披露策略应对投资者情绪的可能性及具体方式。最后，根据理论分析和实证检验的结果，有针对性地提出政策建议，总结研究不足并对未来的研究进行展望。

1.3.2 基本结构

根据研究思路，本书的基本结构如下。

第 1 章，绪论。首先介绍了研究的理论背景、现实背景和研究意义，然后明确了本书的研究主题，并对书中四个关键概念——投资者情绪、上市公司财务信息披露策略、盈余管理和自愿性信息披露进行了界定，接着简述全书的研究思路、研究内容和技术路线，介绍了主要研究方法，最后提出本书的创新之处。

第 2 章，文献综述。主要包括投资者情绪和上市公司信息披露策略两个方面的相关文献。首先对行为金融理论进行概述，介绍了投资者情绪理论的产生根源及其在行为金融领域的理论地位，然后从投资者情绪的计量、投资者情绪与资本市场错误定价、投资者情绪对公司行为决策的影响三个方面进行了详细综述；接下来，从盈余管理策略和自愿性披露策略两个方面，综述了策略动机、计量方法和经济后果等方面文献。

第 3 章，投资者情绪影响上市公司信息披露策略的理论框架。首先介绍了有效市场假说、有限理性假说、信息不对称相关理论（包括信号理论和委托—代理理论等）和行为金融的迎合理论。在此基础上，从投资者有限理性及其市场表现、投资者情绪与管理者行为策略选择、投资者情绪与上市公司财务信息披露策略三个方面进行分析，构建了投资者情绪影响上市公司财务信息披露策略及其动机的整体理论分析框架。

第 4 章，强制性披露视角下迎合投资者情绪的财务信息披露策略与动机检验。利用中国 A 股市场经验证据，以迎合理论和管理者情绪理论两种竞争性观点为依据提出研究假设。首先检验投资者情绪对上市公司盈余管理策略（包括盈余管理的方向和盈余管理的大小两个方面）的影响，然后再检验上述两种竞争性观点的适用性，即上市公司管理者是出于理性判断利用盈余管理策略主动迎合投资者情绪，还是决策时受到了自身情绪的影响。在验证了迎合理论的观点之后，再对上市公司盈余管理迎合策略的主体特征、时机选择与板块差异进行分析。此外，本章还检验了 A 股主板上市公司的盈余管理动机，并在此基础上进一步检验投资者情绪对上市公司盈余管理动机的影响。

第 5 章，自愿性披露视角下迎合投资者情绪的财务信息披露策略与动机检验。考虑到相关制度背景和现实状况，本章以 A 股公司的一种典型财务信息自愿性披露行为——业绩快报为例，从披露概率、披露及时性和披露的准确性三个方面，检验上市公司利用该类自愿性披露行为迎合投资者情绪的具体方式。在此基础上，以信号理论为依据，进一步检验了 A 股主板公司的业绩快报自愿性披露行为是否具有信号传递动机，并分析了投资者情绪对业绩快报披露动机的影响。

第 6 章，综合策略视角下迎合投资者情绪的财务信息披露行为检验。本章试图从实证的角度验证上市公司是否综合利用多种财务信息披露策略以实现迎合目的。首先，通过理论分析明确公司盈余管理和业绩快报披露两种不同披露方式之间可能存在的相互影响逻辑；其次，利用 A 股市场经验证据，检验盈余管理行为在投资者情绪影响业绩快报披露过程中的中介作用。

第 7 章，改善证券市场运行效率的政策建议。根据研究结论，从加速孕育成熟的证券投资者群体、强化上市公司信息披露弹性监管机制以及丰富证券市场产品三个方面提出了"一揽子"政策建议，以期为改善 A 股市场的运行效率提供决策依据。

第 8 章，结论与展望。分析研究不足和未来研究方向。

1.4 研究方法与技术路线

1.4.1 研究方法

本书采用规范和实证相结合的方法展开研究。

规范研究中，主要运用文献研究法梳理认知心理学、行为金融学、行为公司财务学和会计学的最新理论成果，了解相关研究的进展并分析现有研究的不足。此外，还通过归纳法和演绎法分析投资者情绪对上市公司信息披露行为和动机的影响机理，提出研究假设。

实证研究中，主要运用描述性统计、回归分析等方法对理论假设进行检验。具体而言，利用 A 股面板数据，通过描述性统计、多元回归分析检验投资者情绪对盈余管理、业绩快报自愿披露行为的影响；建立带调节变量的多元回归模型，检验投资者情绪对公司信息披露行为动机的影响；建立带中介变量的多元回归模型，检验投资者情绪对公司综合披露策略的影响。此外，还运用工具变量（IV）以及两阶段最小二乘法（2SLS）、固定效应模型等，解决经济模型中常见的内生性问题。

1.4.2 技术路线

根据研究思路与研究内容，本书的技术路线如图 1 - 4 所示。文章整体上按照"问题提出—理论分析—实证检验—政策建议"的路线展开研究。首先，从行为金融理论的快速发展以及 A 股市场的现实背景入手，阐述了在中国市场研究投资者情绪影响上市公司信息披露策略这一问题的重要意义。其次，主要借鉴行为金融的迎合理论，具体分析投资者情绪对上市公司信息披露策略以及策略动机的影响逻辑，进而提出研究假设。在实证研究部分，从强制性披露和自愿性披露两个视角，利用 A 股市场面板数据，依次检验投资者情绪对盈余管理行为及其动机的影响、投资者情绪对业绩快报自愿披露行为及其动机的影响以及投资者情绪对上述两种披露行为的综合影响。最后，基于上述研究结论，提出改善证券市场运行效率的政策建议。

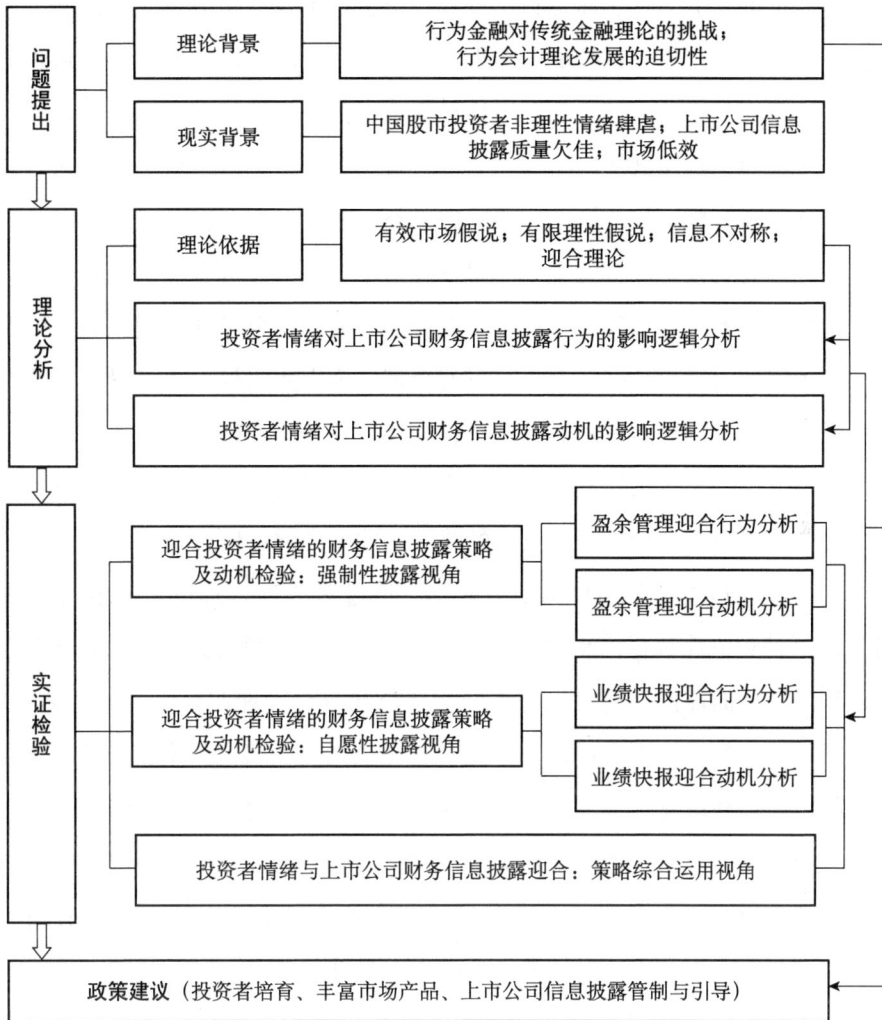

图 1-4 技术路线

1.5 创新之处

行为金融抛开理性"经济人"这一传统假设，重点关注投资者情绪的产生及其对资产定价的冲击；行为财务领域进一步研究了投资者情绪及其造成的证券错误定价对公司各项财务决策的影响；行为会计领域则关注管理者如何通过披露政策来应对投资者情绪。然而，目前解释投资者情绪与公司披露决策之间关系的成果并不多见，尚未建立系统的分析框架并得出一致的实证结论。考虑到 A 股市场中强制性披露方式的主导性和自愿性披露需求的迫切性，本书以公司的盈余管理与业绩快报两种具体披露策略为切入点，探寻了投资者情绪对上市公司财务信息披露策略以及策略动机的影响，研究的创新之处可能在于以下三个方面。

第一，在前期较为零散的文献成果基础上，本书对投资者情绪是否以及如何影响上市公司财务信息披露行为进行了系统的研究，整合了现有理论研究框架并提供了较为完整的经验证据。首先，以迎合理论为主要依据构建了投资者情绪影响上市公司财务信息披露策略的理论分析框架，并在此基础上进一步厘清了投资者情绪影响上市公司盈余管理和业绩快报自愿披露行为的具体逻辑，而且，基于策略的综合运用视角，分析了投资者情绪对上述两类财务信息披露行为的综合影响。其次，以 A 股上市公司作为研究样本，通过对"迎合理论"观和"管理者情绪"观两种竞争性解释机制的检验，较早提供了公司利用盈余管理策略迎合投资者情绪的横截面证据，同时也深入分析了公司盈余管理迎合策略的主体特征、时机选择与板块差异。再次，以 A 股主板上市公司作为研究样本，验证了盈利公司和非盈利公司利用业绩快报披露行为迎合投资者情绪的差异化策略。最后，发现了盈余管理行为在投资者情绪对业绩快报披露的影响过程中充当部分中介的经验证据。上述研究结论充实了行为金融"迎合理论"的相关证据，并有助于理清投资者情绪对上市公司信息披露策略的作用机理。

第二，丰富了中国 A 股上市公司财务信息披露动机的研究文献。在国内文献普遍关注盈余管理机会主义动机的背景下，本书提供了盈余管理的非机会主义动机——信息传递动机的经验证据，较早在 A 股市场验证了上市公司盈余管理动机的"信息观"。与国内文献聚焦于上市公司的盈利（业绩）预测和业绩预告披露不同，本书以 A 股特有的财务信息自愿披露方式——业绩快报为例，验证了该类自愿披露行为的信号传递效应，进一步诠释了非对称信息环境下信号理论解释机制的普适性。上述研究结论有助于投资者更好地洞察和利用公司信息披露行为并做出理性的投资决策，有助于监管部门对市场进行更为有效的引导和管理。

　　第三，拓展了投资者情绪与上市公司行为决策之间关系的研究思路。受股利迎合理论模型启发，在现有研究框架的基础上，本书进一步分析并检验了投资者情绪对管理层行为动机的影响。实证结论表明，投资者情绪对公司盈余管理和自愿性披露两种行为动机的影响逻辑并不一致，高涨的投资者情绪对盈余管理的信息传递动机产生负面影响，增强了其机会主义动机倾向，但是对业绩快报的信号传递动机却有正向的促进作用。

第2章 文献综述

2.1 投资者情绪相关文献综述

证券市场的投资者情绪问题一直是行为金融理论关注的热点，前期文献大多聚焦于投资者情绪产生的市场后果。为了进一步厘清该问题的研究脉络，本节从投资者情绪理论的形成、投资者情绪的计量、投资者情绪对证券定价的影响以及投资者情绪对公司行为决策的影响四个方面进行了文献梳理。

2.1.1 行为金融与投资者情绪理论的产生

2.1.1.1 行为金融概述

一般认为，现代意义上的金融理论以马科维茨（Markowitz，1952）提出的现代资产组合理论（modern portfolio theory，MPT）作为起点。该理论主要关注如何通过投资组合来降低非系统性风险，为后续证券投资理论的发展奠定了基础。随后，莫迪利亚尼和米勒（Modigliani & Miller，1958）提出了"MM 定理"，认为在没有税收和破产成本的完美资本市场中企业价值与资本结构无关，开创了现代公司财务理论的先河。在 MPT 的基础上，夏普（Sharpe，1964）、林特纳（Lintner，1965）和莫辛（Mossin，1966）等建立了资本资产定价模型（capital asset pricing model，CAPM），以简明的线性模型直观表达了证券市场风险与收益的关系，该模型至今仍然是金融资产定价理论的核心和支柱。法玛（Fama，1970）提出了著名的有效市场假说（efficient markets hypothesis，EMH），对市场效率与证券均衡价格之间的关系作出了全面阐述和深入论证。EMH 一经面世，便得到理论界的极大关注和一系列经验证据的支持，其设定的市场效率框架也成为后续金融理论发展的起点。之后，罗斯（Ross，1976）将 CAPM 中决定资产收益的单一市场组合因素模型拓展为多因素模型，形成了套利定价理论（arbitrage pricing theory，APT），实现了对 CAPM 的进一步完善。布莱克和斯科尔斯（Black & Scholes，1973）、默顿（Merton，1973）发展了期权定价模型（Black-Scholes option pricing model，B-S 模型），为衍生金融工具的定价和日后繁荣作出了开拓性的贡献。上述理论共同构建了传统金融理论体系的基本框架。

鉴于 EMH 对后续金融理论发展的重要意义，多年来一直都被视为传统金融理论的基石，然而，EMH 在得到广泛关注的同时也遭受到了最多的质疑和挑战，行为金融理论正是在对 EMH 的批判之中逐步成长确立的。施莱弗（Shleifer，2000）总结了 EMH 所依赖的三个逐渐放松的前提：第一，投资者是理性的，因此能对证券进行理性定价；第二，即使在某种程度上一些投资者是非理性的，但由于他们的交易具有随机性，所以产生的影响会相互抵消，并不影响证券的均衡价格；第三，即使投资者的非理性交易具有一致的方向，市场中理性交易者的套利行为也能消除非理性交易对均衡价格的影响。

对于 EMH 的第一个前提，以预期效用理论（expected utility theory）为代表的经济人理性决策假设早在 20 世纪 50 年代就已经受到了质疑。1952 年，阿莱悖论的出现意味着，人们在作决策时会过度重视确定的结果而不能做到完全理性。对阿莱悖论的这一解释后来也被引入前景理论（prospect theory），命名为确定效应（certainty effect）。卡内曼和特沃斯基（Kahneman & Tversky，1979）将心理学研究引入决策科学中，提出了著名的前景理论，成为行为金融理论发展的重要里程碑。前景理论表明，人们面对收益时是风险规避的（确定效应）、面对损失时却是风险偏好的（反射效应）、与获得收益相比对损失更加敏感（损失规避）、对得失的判断往往是根据参照点决定的（参照依赖）等心理特征，全面挑战了传统金融中的理性决策假设。另外，塞勒（Thaler，1980；1985）提出"心理账户"（mental account）的概念，用于解释人们在消费决策时为什么会受到沉没成本的影响而偏离理性。根据"心理账户"理论，人们往往会根据资金来源等因素在心理上对资金进行分类，从而产生不同的认识或采用不同的支出策略，而这一主观的心理归类往往导致了决策的非理性。

对于 EMH 的第二个前提，席勒（Shiller，1984）、沙尔夫斯坦和斯坦（Scharfstein & Stein，1990）、比克昌丹尼等（Bikhchandani et al.，1992）和班纳吉（Banerjee，1992）等行为金融领域的学者们发现了证券市场中的"羊群行为"，证明非理性投资者的交易并非随机进行，他们可能受到市场传言影响或对其他投资者的行为进行模仿，从而作出方向一致的错误决策。不仅仅是个人投资者，沙尔夫斯坦和斯坦还发现，职业经理们也可能会盲从，通过购进其他经理人的选择股票组合以避免落后。其实，市场中非理性交易者的存在及其行为的非随机性已经得到学者们的广泛认同，然而，传统金融领域普遍认为非理性交易并不能影响证券价格，其关键原因还在于市场套利机制的纠错功能。弗里德曼（Friedman，1953）和法玛（Fama，1965）都曾指出，非理性交易者在市场中会遇到与他们做反向交易的理性套利者，而套利的过程将使得证券价格不断接近其基本面价值，并且，因为非理性交易者一直"输钱"给套利者，所以他们最终将在市场上消失。

对于 EMH 的第三个前提，布莱克（Black，1986）、德朗等（De Long et al.，1990）以及施莱弗和维什尼（Shleifer & Vishny，1997）提出并确立了噪声交易理论，证明了现实市场中并不存在完美的套利机制，任何套利都需要承担风险且可能无法实现，这大大影响了套利的效率以及对证券价格的纠错功能，从而击破了 EMH 的最后一道防线。至此，行为金融理论也正式得到学界主流的认可，成为现代金融理论的一大分支并引领着该领域的未来发展方向。

2.1.1.2 投资者情绪理论的产生

凯恩斯（Keynes，1936）曾指出，市场中存在受情绪主导的投资者，这些投资者的行为可能导致价格偏离其基本面价值。然而，传统金融理论对这一观点并不认同，法玛（1965）提出了证券市场中"噪声"（noise）的概念，将市场投资者对证券内在价值评估的不确定性和不一致性归为"噪声"，但是他认为市场存在套利机制，"噪声"并不会影响证券价格如实反映其内在价值。

行为金融延续了凯恩斯（1936）的观点和思路。席勒（1984）率先通过实证检验得出资产定价会同时受到基本面和社会动态（social dynamics）——"一时的热潮"（fads）和"流行"（fashions）的影响。① 凯尔（Kyle，1985）首次使用"噪声交易者"（noise trader）一词来描述市场上不掌握证券价值信息的投资者。随后，布莱克（1986）明确将"噪声"定义为与"信息"相对立的概念，并指出如果投资者都依据"信息"进行交易，将会因为找不到交易对手而致使交易失败，此时，整个市场将不具备流动性或者只具备非常弱的流动性，因此，"噪声交易"（noise trading），即投资者根据"噪声"而不是"信息"进行的交易，是流动性市场存在的必要条件，这导致了证券的价格中既包含了"信息"也包含了"噪声"。受该观点影响，德朗等（1990）提出了包含噪声交易者和理性套利者在内的噪声交易模型（DSSW 模型），其分析结果显示，噪声交易者错误的估价情绪具有不可预期性——这种情绪可能在长时间内不回归均值并且变得更加极端，从而在证券市场中产生一种特定的风险，即噪声交易者风险，该风险阻止了理性套利行为，所以证券价格可能显著地偏离基本面价值，同时也使噪声交易者可能比理性投资者获得更高的预期回报。DSSW 模型对有效市场假设成立的根基——完美套利提出了有力挑战，也否定了弗里德曼（1953）和法玛（1965）关于"非理性交易者由于不断输钱给理性套利者，并最终在市场上消失"的论断。与此同时，莫克尔等（Morck et al.，1990）首次使用"投资者情绪"（investor sentiment）一词来概括噪声交易者所持有的非理性信念，探寻投资者情绪是否对公司投资行为产生影响，以检验市场失效是否波及实体经济活动。李等（Lee et al.，1991）也提供了封闭式基金折价是因为受到市场上个人投资者情绪影响的经验证据，从行为金融的角度解释了"封闭式基金折价之谜"。在德朗等（1990）的基础上，施莱弗和维什尼（1997）进一步从融资约束的角度分析了有限套利出现的原因：套利行为一般由高度专业化的套利者（如基金管理者）完成，为了实现规模效应，他们通常从普通投资者处筹措资金，而这些不具备专业素质的普通投资者往往无法理解套利者的策略意图，当证券价格显著偏离其内在价值等极端情况出现时，普通投资者可能无法预期未来丰厚的回报而只看到当前已发生的亏损，因此撤回资金，套利者由于面临清算的压力，导致最终无

---

① 莫克尔等（Morck et al.，1990）将席勒（Shiller，1984）提及的"一时的热潮"（fads）和"流行"（fashions）定义为投资者情绪（investor sentiment）。

法实施有效的套利。

根据噪声交易理论，噪声交易者风险的存在改变了套利效率，从而导致市场失效。然而，噪声交易者风险产生的关键并不在于市场上存在噪声交易者，而在于噪声交易者情绪的不可预期性。① 单个或少量的噪声交易者不足以对证券的均衡价格产生影响，大量随机交易的噪声交易者的误定价往往会相互抵消，也不会改变均衡价格，只有当市场中噪声交易者乐观或悲观的情绪相互传染，最终形成群体性的、方向一致的定价偏误，且这一偏误持续存在时，才会导致噪声交易者风险的产生，所以，具备传染性和持续性的"情绪"② 才是证券错误定价和市场失效的关键原因。本书将投资者情绪偏差（非理性情绪）导致市场失效的基本逻辑总结如图 2-1 所示。

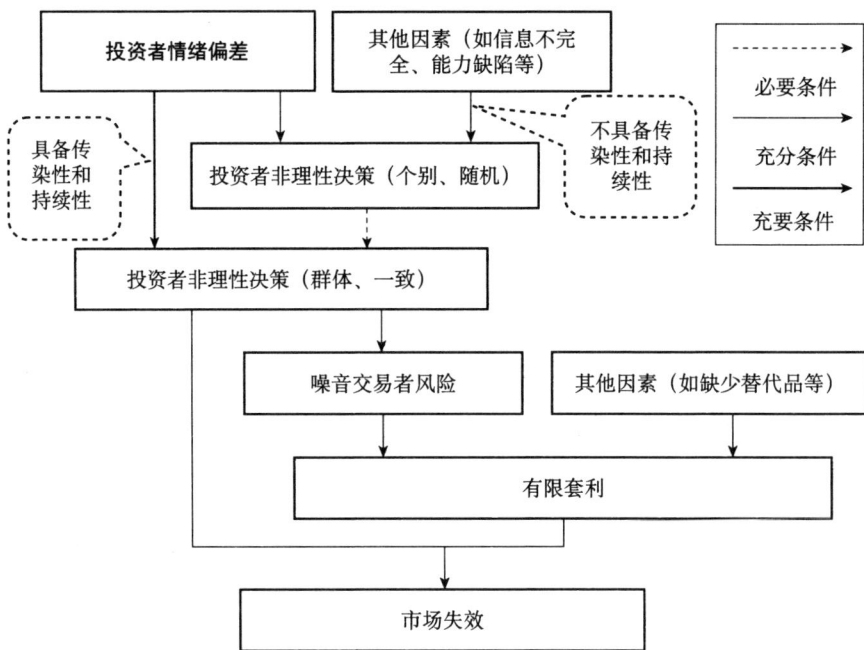

图 2-1 投资者情绪导致市场失效的基本逻辑

---

① 噪声交易者情绪的不可预期性是指噪声交易者乐观或悲观的情绪可能逐渐回归均值，也可能长期持续。这种不确定性即"噪声交易者风险"使得市场中套利行为受到制约。

② 心理学方面的证据显示，人们的行为并非随机地偏离理性，而往往是以同样的方式偏离理性（Tversky & Kahneman，1974）；行为金融领域也认为，证券市场中投资者们会因为听信传言或者模仿其他人而作出相同的错误决策，这类现象也被称为证券市场的"羊群行为"（Shiller，1984；Scharftstein & Stein，1990；Bikhchandani et al.，1992；Banerjee，1992；Kumar & Lee，2006），因此，噪声交易者的非理性情绪会在市场上相互传染并产生持续的效应。

从图 2 - 1 可以看出，投资者情绪偏差是使得 EMH 三大前提同时失效的关键原因。情绪偏差是导致个体投资者非理性决策的充分条件（EMH 第一个前提失效），同时更是导致投资者群体性、一致性非理性决策的充要条件（EMH 第二个前提失效），从而在市场中形成噪声交易者风险，导致套利受限（EMH 第三个前提失效），投资者群体、一致的非理性决策和有限套利共同构成了市场失效的充要条件。虽然信息不完全、能力缺陷等其他因素也可能导致个体投资者的有限理性行为，但这些因素并非像"情绪"一样具备传染性和持续性，因此不可能导致群体性的、一致性的非理性决策；虽然缺少替代品等其他因素也可以导致套利受限，但是如果市场中不存在非理性投资者，也不会造成市场失效的最终后果。施莱弗（2000）曾指出，行为金融作为研究人类行为偏误的一门理论，其理论基础包括两个方面：第一是有限套利；第二是投资者情绪。这一论断表明了投资者情绪理论在行为金融中的不可或缺性和重要地位。这也正是其一直以来受到广泛关注和深入研究的根本原因。

2.1.2　投资者情绪计量方法的比较与选择

现有文献提出了大量计量投资者情绪的方法或指标，总的来看，可以分为两大类：一类用于计量市场整体投资者情绪；另一类用于计量单个证券投资者情绪。市场整体投资者情绪是指一个国家或者一个证券市场所有投资者的情绪状况，单个证券投资者情绪是指涉及某一具体证券的投资者情绪状况。值得注意的是，两者的区别在于对象群体范围上的差异，而并非简单的整体与个体的关系。

2.1.2.1　市场整体投资者情绪的计量

对于市场整体投资者情绪的计量，现有文献提出了主观指标和客观指标两类，其中，主观指标是通过调查的方法直接获取投资者对证券市场未来走势或经济前景的预期，客观指标是通过一种或多种客观市场数据来间接反映投资者情绪状况。

（1）主观指标。常见的主观衡量指标包括投资者智慧指数（investors intelligence sentiment index）、消费者信心指数（consumer confidence index）、美国个体投资者协会指数（American association of individual investors index）以及我国的

"央视看盘"指数、好淡指数等。

投资者智慧指数是美国 Chartcraft 公司自 1963 年以来在《投资者智慧》（*Investors Intelligence*）杂志上公布的指标。该公司通过调查多家报纸的股评栏目作者对于股市看涨或看跌态度，将看涨人数比例与看跌人数比例之差作为投资者智慧指数。投资者智慧指数包括周数据和月数据，被建议作为股市预测的反向指标，这意味着当前投资者智慧指数越高，即投资者情绪越乐观，未来股市收益率则越低。布朗和克里夫（Brown & Cliff，2004；2005）、加拉利奥蒂斯等（Galariotis et al.，2018）曾将其用于衡量机构投资者情绪。然而，索尔特和斯塔曼（Solt & Statman，1988）、克拉克和斯塔曼（Clarke & Statman，1998）以及费希尔和斯塔曼（Fisher & Statman，2000）发现，这一指数和标准普尔 500 指数不存在统计意义上的相关性。

美国个体投资者协会指数源于该协会对会员的调查。协会自 1987 年开始，每周随机选取一定数量的会员，通过邮件询问其对股市未来 6 个月的看法——看涨、看跌或看平。历史数据显示，这项调查每周获得邮件响应的平均样本量为 137，平均响应率为 51%。[①] 费希尔和斯塔曼（2000）将调查中看涨人数的比例作为衡量投资者情绪的指标，发现其与下月标普 500 指数收益率显著负相关。布朗和克里夫（2004）将调查结果中看涨人数比例与看跌人数比例之差作为衡量个人（业余）投资者情绪的代理变量。贺志芳等（2017）使用该指数研究美国市场整体投资者情绪与时变风险补偿系数的关系。

消费者信心指数最早由美国密西根大学消费者调查中心编制，通过将被调查者对财务状况、经济状况的感受和总消费支出分成 1~5 级，然后根据调查结果产生一个综合的月度评分。费希尔和斯塔曼（2000）认为，消费者信心指数能够较好地衡量投资者情绪，其实证结果表明，该指数可以预测小公司股票收益和纳斯达克收益。伯格曼和罗伊乔杜里（Bergman & Roychowdhury，2008）、弗鲁吉尔（Frugier，2016）、沈等（Shen et al.，2017）以及迈耶（Meier，2018）都曾利用该指数作为投资者情绪的代理变量，检验投资者情绪与公司预测信息披露之间的

---

① 数据来源于布朗和克里夫（Brown & Cliff，2004）。

关系。从 1998 年开始，我国国家统计局也开始每月发布中国消费者信心指数。国内学者大多利用中国消费者信心指数作为计算投资者情绪复合指标的单项指标之一（易志高和茅宁，2009；黄宏斌等，2016；葛永波等，2016）。然而，这一衡量指标的适用性面临两个方面的问题：首先，从调查对象上来看，消费者信心指数调查的是商品市场的消费者，这与证券市场的投资者是概念上完全不同的两个群体；其次，从调查内容上看，被调查对象回答的是对未来经济前景等方面的看法，而并未涉及证券市场。[①] 因此，至少从理论逻辑上来看，消费者信心并不能反映投资者情绪，消费者信心指数也并不是衡量投资者情绪的较好指标。

"央视看盘"指数基于我国中央电视台从 2001 年开始发布的对证券机构和个人投资者的调查结果，所采用的调查方法与投资者智慧指数、美国个体投资者协会指数相似。国内研究者们利用央视的调查结果按照一定方法计算情绪指标，早期的相关研究大多依据这一指标对投资者情绪进行衡量（饶育蕾和刘达峰，2003；王美今和孙建军，2004），但是目前相关调查结果已经停止公布。

"好淡指数"是我国除"央视看盘"外另一个股票市场投资者情绪的主观调查指标。该指数于 1997 年起由《股市动态分析》杂志发布，包括短期（周）指数和中期（月）指数两种。陈其安等（2012）、陈其安和雷小燕（2017）曾利用短期好淡指数检验上证综指在投资者情绪影响下的收益—风险关系。

除上述常见指标，衡量市场整体情绪的主观指标还包括友好指数（美国）、华尔街分析师情绪指数、中证报 BSI 指数、耶鲁—CCER 中国股市投资者信心指数等。

主观指标共同的缺陷在于：首先，市场是由海量参与者共同构成的，任何部分参与者的态度或看法都不足以反映市场投资者情绪的整体状况，因此主观指标往往都存在调查范围上的局限，从而导致衡量结果上的偏差。其次，在行为金融理论中，投资者情绪被界定为一种系统性的定价偏差，这种定价偏差是以证券内在价值作为比较基准的，采用调查方式直接获得的投资者"看涨"或"看跌"态度本身就包含着正确估值因素在内，"看涨"可能是由于证券的基本面确实向

[①]　正如前文述及，一个国家证券市场的走势与国民经济的整体发展并不存在相关关系。

好，反之则相反，这并非一种"偏差"，因此该类衡量方法与投资者情绪定义并不相符。

（2）客观指标。常见的客观衡量指标包括封闭式基金折价率、换手率、新开交易账户数以及投资者情绪复合指数等。

封闭式基金折价是指全球范围内封闭式基金的单位市价普遍低于其净值的一种现象。传统金融理论认为，封闭式基金的价格虽然会受到供求关系的影响围绕净值上下波动，但长期来看应该与其净值基本一致，然而，现实中各国资本市场的封闭式基金普遍处于持续折价状态，这一现象也被称为"封闭式基金折价之谜"。德朗等（1990）通过噪声交易模型从理论上解释了"封闭式基金折价之谜"。随后，李等（1991）提供了封闭式基金折价是源于个人投资者情绪变化的实证证据。莫克尔等（1990）首次以封闭式基金折价率衡量个人投资者情绪[①]，检验其是否影响公司投资行为。上述观点和做法也获得了我国学者的认同（张俊喜和张华，2002；黄少安和刘达，2005；伍燕然和韩立岩，2007），但是，不少文献曾对此提出质疑，认为投资者情绪并非封闭式基金折价的原因（Chen et al.，1993；刘煜辉和熊鹏，2004；Brown & Cliff，2005）。鉴于中国封闭式基金的投资者大多是机构投资者，张丹和廖士光（2009）曾使用封闭式基金折价率来衡量机构投资者情绪。杨元泽（2010）也认为，2005年中期以后，随着机构投资者持有封闭式基金比例增加，其折价率衡量的应该是机构而非个人投资者情绪。

换手率是一个反映证券流动性的指标，通常以一定时期股票的成交量与股票总数的比例来表示。贝克和斯坦（Baker & Stein，2004）认为，在一个具有卖空限制的市场，只有当非理性交易者处于乐观状态时才会参与市场，进而增加市场流动性，因此换手率或流动性可以作为衡量投资者情绪的指标。韩立岩和伍燕然（2007）曾采用换手率作为衡量投资者情绪的指标。然而，该指标最大的问题在于，非理性交易者不仅在乐观状态时会加速参与市场，而且在悲观状态时也会加速退出市场，两者同样增加了一定时期的市场换手率。正因为如此，现实中证券

---

① 封闭式基金折价率被视为投资者情绪的逆向指标，即折价率越高，市场投资者情绪越低。市场整体封闭式基金折价率一般是将单只封闭式基金净值所占的市场份额作为权重，对市场中所有封闭式基金折价率加权计算而成。

的高换手率既可能意味着资金大量流入，代表投资者情绪乐观，也可能意味着资金大量流出，表示投资者情绪悲观。例如，2014 年 12 月，上证综指月度回报率为 20.57%，创下 2010 年以来上证综指月度回报最高纪录，在一定程度上可以理解为投资者情绪非常乐观，当月上交所流通股换手率为 46.02%；2015 年 7 月，上证综指月度回报率为 −14.34%，为 2010 年以来上证综指月度回报次低记录，在一定程度上可以理解为投资者情绪极度悲观，当月上交所流通股换手率为 49.85%。[①] 如果以换手率作为投资者情绪的衡量指标，2015 年 7 月的投资者情绪将比 2014 年 12 月更为乐观，这会产生和现实状况相矛盾的衡量结果。

韩立岩和伍燕然（2007）首次利用新开交易账户数计量投资者情绪，他们认为这一指标能反映场外投资者对证券的需求，当投资者情绪高涨时，交易所月新开账户数高，反之亦然。与韩立岩和伍燕然（2007）不同的是，鲁训法和黎建强（2012）采用周新开交易账户数来衡量投资者情绪，同时阐述了该指标三个方面的优点：一是能直接反映投资者的投资意愿和对股市的预期；二是数据连续性好；三是比主观指标更为客观可靠。刘维奇和刘新新（2014）选择机构和个人新开交易账户数作为基础指标，再将它们对 GDP 等五个宏观经济指标进行回归，用相应残差分别衡量机构和个人投资者情绪。

投资者情绪复合指数由贝克和沃格勒（Baker & Wurgler，2006）首次提出，并在后续文献中获得了广泛的运用。作者构建该指数时选取了封闭式基金折价、纽交所股票换手率、新股发行数量、新股首日回报、新发行证券中股票所占比重以及股利溢价六个基础指标，为了避免这些基础指标捕获的情绪因素受到系统性风险的影响，再将它们分别对一些宏观经济变量进行回归[②]，最后将获取的残差通过主成分分析法构造复合指数。易志高和茅宁（2009）、蒋玉梅和王明照（2010）、布朗等（Brown et al.，2012）、米扬和桑卡拉古鲁瓦米（Mian & San-karaguruswamy，2012）、斯坦博等（Stambaugh et al.，2012）、张宗新和王海亮（2013）、文凤华等（2014）、高大良等（2015）、黄宏斌等（2016）以及陆静等

---

① 上述指标的基础数据来源于 CSMAR 数据库。
② 这些宏观经济变量包括美国工业生产指数增长，消费耐用品、非耐用品和服务增长，美国国家经济研究局（NBER）定义的衰退与否哑变量。

（2017）都曾借鉴或采用该指数衡量投资者情绪。值得一提的是，国内学者在借鉴该指数时大多对相应的基础指标进行了调整或删减。例如，易志高和茅宁（2009）、黄宏斌等（2016）采用的是封闭式基金折价、沪深两所股票换手率、新股发行数量、新股首日回报、新增投资者开户数和消费者信心指数六个基础指标；蒋玉梅和王明照（2010）、文凤华（2014）采用了上述前五个指标；高大良等（2015）采用了上述前四个指标；张宗新和王海亮（2013）采用了封闭式基金折价、股票换手率、上涨下跌家数比、投资者新增开户数、上证指数增幅和 A 股平均市盈率六个指标。国内文献在选取基础指标时，一方面可能考虑了中国市场的独特背景，另一方面也可能是受限于各种数据的可获取性。然而，不论出于何种原因，国内文献在基础指标的选取上都存在一定的随意性。特别应该指出的是，贝克和沃格勒（2006）构建指数时用到的基础指标之一——"新股发行数量"在国内文献中也被广泛采用，但与欧美市场不同的是，中国股市的新股发行数量主要受到行政管制和宏观调控的影响，并非源于市场的自由选择，所以使用该指标来反映投资者情绪并不符合我国的制度背景。本书认为，虽然投资者情绪复合指数的运用颇为广泛，但由于构建指数时所采用的一些基础指标本身就有较大的缺陷，所以该指数的合理性仍然存疑。例如，几乎所有采用投资者情绪复合指数的文献都选择了换手率作为基础指标，但是前文已述及，现实市场中一段时期的高换手率既可能是因为投资者情绪乐观所导致的加速买进，也可能是投资者情绪悲观所导致的疯狂抛售，这一表征意义上的矛盾对该指标的合理性是一种致命打击。另外，封闭式基金折价率指标在前期文献中也受到了不少质疑（Chen et al.，1993；刘煜辉和熊鹏，2004；Brown & Cliff，2005）。

我国学者还曾提出证券投资基金的损失率（陆静和周媛，2015）、媒体语气（汪昌云和武佳薇，2015）和个体投资者 IPO 首日净买入比例（俞红海等，2015）等来衡量投资者情绪，但是这些方法目前尚未得到广泛认同和普遍运用。

客观指标普遍存在的问题在于两个方面：首先，指标反映出来的趋势或状况可能本身就包含了正确估值因素在内，这一问题与主观指标类似。例如，一段时期交易所新开交易账户数增加、新股首日收益普遍较高，这都体现了投资者对市场的热情和乐观预期，但是，这种乐观态度可能是基于投资者对证券未来走势的理性分析，将其完全认定为一种非理性表现是不合理的。其次，客观指标在对投资者情绪定性时，普遍缺乏一个可供比较的基准点①，进而无法准确判断何时才是情绪乐观期，何时才是悲观期，只能提供一个高低趋势上的大体判断。

（3）市场整体指标根本缺陷。市场整体投资者情绪指标（包括主观指标和客观指标）普遍混淆了心理学中的情绪概念和行为金融领域中的情绪概念，所衡量的只是投资者乐观或悲观的心理预期（这种预期可能是理性的），而不是非理性情绪导致的"系统性偏差"。其实，难以衡量价值的偏差也是市场整体指标的一项"原罪"，因为证券市场本身并不存在价值，而市场中的交易标的物——证券的数量巨大、类型多样，其整体价值难以估量，自然也就难以界定"偏差"的大小。

本书认为，市场整体指标一直被广泛运用，其原因主要在于长期以来投资者情绪概念的模糊性和众多学者对于投资者情绪概念的理解差异。投资者情绪概念起源于行为金融的噪声交易理论，后者的理论宗旨就在于探寻投资者的非理性行为对市场误定价影响。然而，自莫克尔等（1990）首次提出"投资者情绪"一词，后续学者对投资者情绪概念的理解莫衷一是，直至贝克和沃格勒（2007）明确将其界定为"投资者对股票未来现金流和投资风险的一种信念，而这种信念并不能合理反映当前的基本面"，才获得了学界的一致认同，进而演化成"投资者对公司价值的预期脱离了基本面的系统性偏差"这一简洁的表述方式。从当前这一权威定义中可以看出，投资者情绪是一种系统性偏差，即市场的均衡定价偏差，但是，前期文献提出的众多衡量指标与该定义的本质并不相符。

2.1.2.2　单个证券投资者情绪的计量

对于单个证券投资者情绪的计量，前期文献大多采用的是客观指标或方法，如动量指标、权益的账面市值比（book-to-market value of equity，B/M)② 以及分解 Tobin'Q 法等。

---

① 即情绪为"零"，证券价格正好反映其真实价值的阈值。
② 也有文献将其表述为权益的市值账面比（即市净率），如肖虹和曲晓辉（2012）、刘志远和靳光辉（2013）、靳光辉等（2015，2016），等等。因为市净率和 B/M 互为倒数，因此两个指标在计量投资者情绪时本质上并不存在区别，只是前者是正向指标，后者是逆向指标。

采用动量指标衡量投资者情绪是以动量效应（momentum effect）作为理论依据的。动量效应反映的是股票收益率的一种"惯性"——过去收益率较高的股票在未来一段时间内收益依然较高。杰加德埃什和蒂特曼（Jegadeesh & Titman，1993）最早发现美国股市存在中期期限（3～12个月）的动量效应，随后，卢文赫斯特（Rouwenhorst，1998）提供的经验证据表明，欧洲市场的情况与美国一致。吴世农和吴超鹏（2003）、徐信忠和郑纯毅（2006）、沈可挺和刘煜辉（2006）、朱玉杰等（2017）陆续提供了 A 股存在动量效应的经验证据。巴伯瑞斯等（Barberis et al.，1998）、丹尼尔等（Daniel et al.，1998）、洪和斯坦（Hong & Stein，1999）认为，股市动量效应源于投资者的非理性行为（投资者情绪）。基于这一逻辑，我国学者吴世农和汪强（2009）、花贵如等（2010，2011）曾采用六个月的月个股收益率累计额计算得出的动量指标衡量投资者情绪，该项指标值越高，表明投资者情绪越乐观。不过，动量指标的合理性和有效性仍然存在较大争议。首先，并非所有经验证据都支持动量效应的存在。井原等（Iihara et al.，2004）发现，日本股市不存在动量效应，但存在 1 个月期的反转效应。王（Wang，2004）、田利辉等（2014）的研究都表明，中国股市并不存在动量效应，只存在反转效应。其次，动量效应的持续期也没有获得一致结论。欧美股市中动量效应往往集中在 3～12 个月（Jegadeesh & Titman，1993；Rouwenhorst，1998），而我国学者的研究结论表明，中国股市动量效应期限一般为半年，超过半年收益将出现反转（吴世农和吴超鹏，2003；徐信忠和郑纯毅，2006；沈可挺和刘煜辉，2006）。最后，近期美国和一些亚洲国家股票市场的经验证据表明，动量效应只在投资者情绪乐观时才会出现，而情绪悲观时并不明显（Antoniou et al.，2013；Anusakumar & Ali，2017），这意味着投资者情绪和动量效应之间并非单纯的线性关系。

利用 B/M 衡量投资者情绪是基于一种间接的推理。一些研究结论表明，B/M 能预测股票的未来回报，当前 B/M 值越高则未来的股票回报越高，这意味着投资者当前过度悲观而低估了股票价值。乔普拉等（Chopra et al.，1992）发现，前 5 年中最为失败的投资者在后续 5 年中将以每年 5%～10%的超额收益率战胜当时最为盈利的投资者，而导致这一现象的原因在于投资者前期过度悲观。

拉克尼肖克等（Lakonishok et al.，1994）认为，公司当前的高（低）增长率导致了投资者对其未来价值的高（低）估，这一错误的价值预期在未来会被更正，因此，高账面市值比公司未来的高回报是由于当前投资者对公司未来收益增长率的低估导致。拉·波特（La Porta，1996；1997）以及迪切夫（Dichev，1998）提供的经验证据证实了上述观点。肖虹和曲晓辉（2012）曾使用这一指标衡量股票误定价，检验中国上市公司 R&D 投资行为迎合误定价的情况，布朗等（2012）也曾在研究投资者情绪和公司自愿性披露策略的关系时，利用该指标进行稳健性检验。然而，法玛和弗伦奇（Fama & French，1992；1993）与上述文献的观点截然相反，认为 B/M 反映的是股票回报中的系统性风险而非市场的非理性定价（投资者情绪）。法玛和弗伦奇（1995）提供的证据表明，高 B/M 传递了公司业绩持续不佳的信号，而低 B/M 预示着公司业绩向好，这与理性定价理论是一致的，而且，在公司按照规模和 B/M 排序归类之后，可以通过股价来预测公司收益增长的反转。

分解 Tobin'Q 法的基本逻辑在于，Tobin'Q 中既包含了对公司基本面的理性估值，又包含了投资者情绪所带来的非理性定价，如果将 Q 值中的正确估值部分与误定价部分分离开来，后者即可用于衡量投资者情绪。戈亚尔和山田（Goyal & Yamada，2004）首次利用该方法对 Tobin'Q 进行分解，以其中的误定价部分来衡量资产价格中包含的泡沫、一时的热潮和情绪等因素。[1] 张戈和王美今（2007）借鉴上述文献的方法，分年度将 Tobin'Q 对一系列公司基本面变量进行回归，以残差衡量该证券的投资者情绪。综合来看，通过分解 Tobin'Q 获得的衡量指标最为契合投资者情绪的定义——"投资者对公司价值的预期脱离了基本面的系统性偏差"，因此该方法在后续文献中被广泛采用（朱迪星和潘敏，2012；黄宏斌和刘志远，2014；张庆和朱迪星，2014；翟淑萍等，2017）。

除上述计量方法外，刘志远和靳光辉（2013）、靳光辉等（2015，2016）综合了戈亚尔和山田（2004）以及贝克和沃格勒（2006）的做法，先将一系列单个证券投资者情绪的衡量指标（包括权益的市值账面比、动量指标、Tobin'Q 和

---

① 这些资产价格中的非基本面因素在其他文献中被融合为一个统一的概念，即投资者情绪（Morck et al.，1990；Polk & Sapienza，2009；花贵如，2010）。

换手率）分别对公司基本面变量回归，再将所有残差进行主成分分析，构建单个证券投资者情绪综合指数。不过，上述用于构建综合指数的基础指标如权益的市值账面比、动量指标以及换手率的合理性受到了较多质疑，因此在一定程度上影响了综合指数的科学性。

2.1.2.3 市场整体指标与单个证券指标的比较与选择

投资者情绪的计量是实证研究中的核心问题，对实证结论的准确性和科学性产生直接影响，然而，投资者情绪的计量又是当前的一个难题，现有文献提出的计量方法虽多，但大部分都存在缺陷，而且相关文献在计量方法的选择上也比较混乱，缺少审慎的态度和科学的原则。

当前提出的两类衡量指标——市场整体情绪指标和单个证券情绪指标本质上存在较大差异。首先，投资者情绪是指投资者对具体证券价值预期的偏差，而并非投资者对证券市场整体走势的预期[1]，因此，单个证券情绪指标应该属于原生指标，而市场整体情绪指标则属于衍生指标。尽管前期文献最先提出的是整体情绪指标并得到广泛运用（如投资者智慧指数、投资者情绪复合指数等），但并不能否认单个证券指标更符合概念本质的事实。其次，特定证券的投资者情绪与市场整体投资者情绪并非时刻保持一致，当市场整体情绪高涨时，某些证券的投资者情绪可能低落，反之则相反，因此，两类情绪指标在计量结果上可能存在较大区别，不能混为一谈。俞红海等（2015）就曾指出，整体情绪指标无法刻画不同股票的投资者情绪截面差异。最后，从数据类型来看，市场整体情绪指标一般属于时间序列数据，单个证券情绪指标可以是时间序列数据、截面数据或混合面板数据，研究中使用不同类型的数据，将会得到完全不同的实证结论。

鉴于两类衡量指标的本质差异，本书认为，在进行宏观层面的研究时，选择市场整体情绪指标较为合适，而在进行微观层面的研究时，选择单个证券情绪指标则更为合理。例如，在探寻投资者情绪对证券市场的总体影响时，应选择整体情绪指标，毕竟任何证券的投资者情绪都无法刻画整个市场情绪趋势；在分析投

---

[1] 证券市场本身并不存在"内在"价值，更无法界定价值预期的"偏差"，因此，将投资者情绪理解为投资者对市场整体走势的预期是不符合定义的。

资者情绪对微观企业行为的影响时，则应该选择单个证券情绪指标。后者的原因在于：第一，单个证券投资者情绪的变化本身就已经内含了市场整体情绪状况，是受到了市场整体情绪影响之后的结果。第二，理论上来看，公司证券价格仅受本公司投资者的情绪影响，与市场整体情绪并无直接关系①，因此，基于"投资者情绪—证券价格—企业决策"这一作用逻辑，企业行为决策更多的应该是受本公司投资者情绪而非市场整体情绪的影响。第三，从技术上看，单个证券投资者情绪一般是截面数据或混合面板数据，实证结论能够反映特定企业的行为特征，而市场整体情绪指标只能提供时间序列数据，实证结论反映的是在某一时点的市场整体情绪影响下，所有企业共同的、整体性的行为特征，这抹杀了不同企业行为的截面差异。莫克尔等（1990）在研究投资者情绪对公司投资行为的影响时就曾指出，在政策讨论方面，公司层面的数据比市场总体证据更为重要，探寻资本在不同公司和行业之间如何分配远比分析不同时期的市场总体投资差异更有意义。

2.1.3 投资者情绪与资本市场定价

投资者情绪理论起源于行为金融对资本市场效率的质疑，发展并繁荣于学者们对证券定价偏误的深入探因。关于投资者情绪对资本市场定价的影响问题，迄今已积累了大量的研究成果。

自德朗等（1990）提出噪声交易模型以来，行为金融领域一直将投资者情绪视为市场套利受限进而导致股票定价偏误的关键原因（Morck et al.，1990；Lee et al.，1991；Shleifer & Vishny，1997；Shleifer，2000；Brown & Cliff，2005；Baker & Wurgler，2006，2007）。贝克和沃格勒（2006，2007）还发现：在投资者情绪低迷时期，新股、小市值、非盈利、不分红、极端高增长和陷入困境的股票相对更容易被低估，从而具有较高的未来收益；在情绪高涨时期，这些股票价值相对容易被高估，从而具有较低的未来收益。这说明，投资者情绪更易影响价值较为主观和难以套利的股票，即存在"公司特质效应"，该结论在中国市场也

---

① 即使存在一定联系，也是市场整体情绪通过影响单个证券投资者情绪，然后再间接影响具体证券价格。

得到了验证（黄德龙等，2009）。张静等（2018）的研究结果表明，会计稳健性的提高能缓解投资者乐观情绪导致的股价高估。这意味着投资者情绪对股票定价的影响可能受到其他因素的制约。

投资者情绪也经常被用于解释市场中的各种异象。德朗等（1990）提出的噪声交易模型为"封闭式基金折价之谜"的投资者情绪影响假说提供了理论依据。随后，李等（Lee et al.，1991）、博杜莎等（Bodurtha et al.，1995）、张俊喜和张华（2002）、黄少安和刘达（2005）、伍燕然和韩立岩（2007）等相继充实了上述理论假说的经验证据。巴伯瑞斯等（Barberis et al.，1998）、丹尼尔等（Daniel et al.，1998）、洪和斯坦（Hong & Stein，1999）认为，投资者情绪导致了股市动量效应。德里安（Derrien，2005）和永奎斯特等（Ljungqvist et al.，2006）构建了理论模型，从行为金融角度解释了全球范围内普遍存在的"IPO之谜"，分析了投资者情绪导致 IPO 首日高回报和长期低回报的机理。韩立岩和伍燕然（2007）、多恩（Dorn，2009）、俞红海等（2015）、周孝华和陈鹏程（2017）则为该模型提供了相应的经验证据。陆婷（2012）的经验证据表明，投资者情绪引起的系统性定价偏误是中国 A 股盈余公告后漂移（PEAD）的关键原因。阿里和古伦（Ali & Gurun，2009）、孙健和贺春艳（2011）、鹿坪和姚海鑫（2016）发现，投资者情绪能较好地解释市场中的应计异象。斯坦博等（Stambaugh et al.，2012）则检验了在卖空策略受限的市场环境下，投资者情绪在十一种横截面股票回报异象中所扮演的角色，发现投资者情绪越高涨，这些异象就表现得越为突出。

此外，投资者情绪的变化还会导致市场对公司盈余信息的反应发生变化，即投资者情绪会影响市场的盈余反应系数（earnings response coefficients，ERC）。米扬和桑卡拉古鲁瓦米（Mian & Sankaraguruswamy，2012）研究发现：与投资者情绪低落期相比，在投资者情绪高涨期，股价对"好消息"反应更为强烈；与投资者情绪高涨期相比，在投资者情绪低落时期，股价对"坏消息"反应更强烈。上述现象在我国 A 股市场也同样存在（姚海鑫等，2015）。

2.1.4 投资者情绪与公司行为决策

行为金融领域从宏观角度关注投资者情绪的产生及其对资产定价的整体影

响；公司财务与会计领域则从微观角度入手，探寻投资者情绪是否影响上市公司的各项行为决策。后一领域的研究始于公共政策讨论和经济学文献中提出的一个疑问——股票市场的行为偏差是否影响实体经济？莫克尔等（1990）最先通过调查投资者情绪是否影响公司投资决策作为切入点来回答这一问题，虽然他们并未得出投资者情绪是否影响公司投资行为的明确结论，但其将投资者情绪理论与公司财务问题结合起来，为未来研究提供了新思路。后续文献陆续探寻投资者情绪对公司投资、筹资以及信息披露等行为决策的影响，进一步拓宽了行为财务和行为会计的研究框架。

2.1.4.1　投资者情绪对公司投资决策的影响

莫克尔等（1990）分析了可能解释投资者情绪和公司投资决策关系的三种机制——错误信号机制、融资成本机制和管理者的市场压力机制，并通过公司层面和市场整体层面的数据分别对上述机制进行检验，然而，两类数据都未能提供投资者情绪影响公司投资的有力证据。其后，学者们陆续从多个角度探寻投资者情绪影响公司投资决策的机理，提出并验证了以下"四个渠道"的解释机制。投资者情绪和公司投资决策之间的关系问题，也因此发展成为行为财务领域经久不衰的研究热点。

第一，股权融资渠道。斯坦（Stein，1996）最早提出"股权融资通道"的理论模型来分析投资者情绪与公司投资决策的关系，认为股权依赖型公司在投资者情绪高涨并导致股价高于其基本面时，会通过增发股票来筹集资金，进而增加投资，反之则放弃投资项目。"股权融资通道"理论模型也得到了一系列后续研究的实证支持（Baker et al.，2003；刘端和陈收，2006；Chang et al.，2007；Campello & Graham，2013；Arif & Lee，2014；Mclean & Zhao，2014），但是该机制将投资者情绪影响公司投资决策的范围局限于股权依赖型公司，所以受到了一些质疑。

第二，理性迎合渠道。借鉴贝克和沃格勒（2004a/b）的"股利迎合理论"，波尔克和萨皮恩泽尔（Polk & Sapienza，2009）提出投资者情绪影响公司投资决策的"理性迎合渠道"，其经验证据表明，管理者为了迎合投资者高涨（低落）的情绪会增加（削减）公司投资。任碧云和任毅（2017）发现，在中国，股权融资渠道和理性迎合渠道同时适用，但是后者发挥的作用更大。基于理性迎合渠道，张庆和朱迪星（2014）、靳光辉（2015）、葛永波等（2016）、翟淑萍等（2017）分别从管理层持股、现金持有量、市场业绩预期压力以及内部控制等角度进一步分析了中国上市公司通过投资行为迎合投资者情绪的背景（约束）条件。另外，朱等（Zhu et al., 2018）还分析了高管团队的人口统计学特征对迎合投资者情绪的公司投资策略的调节效应，发现当高管团队的年龄、受教育程度增加时，公司通过投资行为迎合投资者情绪的程度降低，但是高管任期对公司投资迎合行为没有影响。"理性迎合渠道"的存在表明，投资者情绪与公司投资决策之间有着更为直接的联系，同时也将投资者情绪的影响范围扩大到了所有上市公司。

第三，管理者乐观主义的中介效应通道。花贵如等（2011）将管理者乐观主义作为中介变量引入投资者情绪对公司投资决策的影响机制，发现投资者高涨的情绪会导致管理者产生乐观倾向，进而增加企业的投资规模。唐玮等（2017）也发现，投资者高涨的情绪会催生管理者过度自信，进而促进公司创新投入的增长。

第四，信贷融资中介效应传导途径。在前述三个影响渠道的基础上，黄宏斌和刘志远（2014）实证研究发现，投资者情绪可以通过改变企业信贷融资规模，进而影响企业后续投资规模，从而验证了其提出的信贷融资中介效应传导途径。

上述文献一致关注投资者情绪对公司投资决策的影响机理，此外，部分学者进一步研究了受投资者情绪影响的公司投资决策效率问题。花贵如等（2010）发现，受投资者情绪影响的公司投资决策会带来资源配置的非效率，不过朱迪星和潘敏（2012）的实证结论却正好相反。刘志远和靳光辉（2013）、罗斌元（2017）则发现，股东持股比例、两权分离程度和内控质量等因素会调节投资者情绪，从而影响投资效率的程度。

2.1.4.2 投资者情绪对公司筹资决策的影响

莫克尔等（1990）最早发现投资者情绪会对新股发行速度产生显著影响，并指出投资者情绪对IPO市场的影响是值得进一步研究的重要领域。洛利（Lowry, 2003）发现，投资者情绪是影响IPO发行量最重要的两个因素之一（另一个因素是公司对资本的需求）。与 IPO 市场相似，股票增发（SEO）市场也存在择时现象，管理者通常在股价被高估时进行增发，因此这些增发的股票在未来都表现欠佳（Spiess & Affleck-Graves，1995）。斯坦（1996）通过构建理论模式分析了市场择时行为，为上述的经验证据提供了理论支持。董等（Dong et al.，2012）发现，股价被高估的公司股票发行量和总融资规模随着投资者情绪增加而增加，与债券发行量相比，股票发行量对投资者情绪更为敏感。崔丰慧等（2016）聚焦于经济周期和投资者情绪对企业融资的影响，研究结论显示，随着经济增长率和投资者情绪的提升，企业融资约束降低而融资难度加大，反之则融资约束增加而融资难度下降。黄宏斌等（2016）还关注投资者情绪对企业生命周期和融资行为之间关系的调节效应，其实证结果表明，投资者情绪显著调节了生命周期与企业融资约束、生命周期与企业融资方式之间的关系。

值得一提的是，上述文献大多集中于投资者情绪对股权融资决策的影响，而公司债务融资决策如何受到市场情绪的影响，相关文献还比较少见。

2.1.4.3　投资者情绪对公司信息披露决策的影响

相对而言，对投资者情绪是否以及如何影响公司信息披露决策的研究起步较晚。伯格曼和罗伊乔杜里（Bergman & Roychowdhury，2008）首次检验了投资者情绪与公司信息披露决策之间的关系，发现管理者会通过财务预测行为应对投资者情绪的变化。具体而言，在投资者情绪低落期，为了引导投资者提升对企业未来盈利的预期，管理者会增加财务预测的频率，而在投资者情绪高涨期，管理者会减少长期预测行为来维持投资者高涨的情绪。然而，布朗等（2012）指出，上述文献仅提供了投资者情绪影响管理层盈余预测披露的非决定性证据。布朗等（2012）以上市公司备考业绩指标（"pro forma" earnings metrics[①]）的自愿披露作为研究对象，发现投资者情绪高涨时，公司在季报中披露备考业绩指标的可能性加大（尤其是备考业绩指标高于传统业绩指标时），并将该指标放在报告中更为突出的位置予以强调。尽管布朗等（2012）提供了投资者情绪影响公司自愿性

[①]　为反映企业可持续的"核心"业绩，国外一些上市公司管理者会根据私人信息对基于 GAAP 的业绩指标进行调整，排除其中的暂时性项目，从而形成备考业绩指标。

信息披露行为的可靠证据，但该研究聚焦于备考业绩披露这一特定行为，尚不具有代表性和全面性。近年来，我国学者也开始关注 A 股公司是否利用信息披露策略应对市场投资者情绪的变化。王俊秋等（2013）发现，在投资者情绪低落时，管理层自愿披露业绩预告的动机更强，披露的数据指标更具体，并且对坏消息的态度更为乐观。

上述经验证据说明，管理者确实试图通过信息披露政策对市场投资者情绪的变化作出策略性反应，但现有文献在研究对象以及研究结论方面都不尽一致，甚至存在矛盾①，而且，对于另一种更为重要的公司信息披露方式——强制性披露（主要是强制性披露方式下管理层的会计政策选择策略）是否以及如何受到投资者情绪的影响，现有文献仍少有涉及。总的来看，对于投资者情绪与公司信息披露策略之间关系的研究，目前少量、零散的研究成果难以形成完整的分析框架和一致的结论体系，为进一步深入研究留下了较大空间。

2.2　上市公司信息披露策略相关文献综述

2.2.1　盈余管理的动机与衡量

长期以来，会计的自由裁量权在各国证券法规体系中都得到了保留。作为上市公司在强制性披露要求下运用会计自由裁量权进行披露管理的一种现象——盈余管理在国内外证券市场中普遍存在，因此，对于该现象的研究也成为财务会计领域经久不衰的热点。基于本书的研究目标，现从盈余管理动机以及衡量方法两个方面，对相关文献综述如下。

2.2.1.1　盈余管理的动机

众多学者对于盈余管理的动机进行过综述和分类。霍尔索森（Holthausen，1990）最早将其归纳为"机会主义观""有效契约观""信息观"三类，而国内

---

①　伯格曼和罗伊乔杜里（Bergman & Roychowdhury，2008）、王俊秋等（2013）发现，高涨的投资者情绪会抑制业绩预告的自愿披露行为；布朗等（Brown et al.，2012）则发现，高涨的投资者情绪将刺激管理者自愿披露备考业绩指标。

较为熟悉的则是基于希利和瓦伦（Healy & Wahlen，1999）以及菲尔兹等（Fields et al.，2001）的观点，将盈余管理动机总结为资本市场动机、契约动机和政治成本动机三种。受后者影响，国内文献往往聚焦于对避免退市、股票发行等资本市场动机的检验，而这些具体动机大多基于机会主义目的，所以忽视了对盈余管理的非机会主义动机的关注。倪敏和黄世忠（2014）曾提出，菲尔兹等（2001）的分类方式体现的是盈余管理的各种具体动机，无法区分机会主义或非机会主义的根本意图，只能称之为显性动机；霍尔索森（Holthausen，1990）总结的三类动机则能揭示盈余管理的最终目的，属于隐性动机。本书也认为，霍尔索森的分类方式直指盈余管理行为动机的本质，且能据此预期不同动机对企业未来价值的影响，因此更具理论与实践意义，所以，本书将从机会主义动机和非机会主义动机两个方面对盈余管理动机的相关文献进行梳理。

（1）盈余管理的机会主义动机。希珀（Schipper，1989）指出，盈余管理是"管理者为了获取某种私人利益，在对外提供财务报告过程中的一种披露管理"，这为盈余管理贴上了鲜明的机会主义"标签"。基于上述定义，盈余管理动机的"机会主义观"认为，管理者为了自身利益在财务报告中粉饰或隐瞒了公司的真实业绩，损害了投资者的利益（Burgstahler & Dichev，1997；Teoh et al.，1998a/b；Dechow & Skinner，2000；Beneish，2001；Nelson et al.，2002；魏涛等，2007；蒋基路和王华，2009；许罡和朱卫东，2010；Badertscher，2011）。支持"机会主义观"的文献大多涉及股权融资、避免亏损等具体的资本市场动机。例如：张等（Teoh et al.，1998a/b）发现，IPO 公司和 SEO 公司可能在股权融资前通过调增应计来降低融资成本，这一行为将导致相应股票后续年份的回报较低。巴德斯切尔（Badertscher，2011）的实证结论表明，为了保证股价被持续高估，管理者会更换各种不同的盈余管理手段。布格斯塔勒和迪切夫（Burgstahler & Dichev，1997）提供了美国上市公司为了避免亏损或收益下降而进行盈余管理的证据。在我国，魏涛等（2007）、蒋基路和王华（2009）、许罡和朱卫东（2010）、卢煜和曲晓辉（2016）分别发现，A 股上市公司可能利用非经常性损益的调整、坏账准备计提、研发支出资本化、商誉减值等手段进行盈余管理，以实现规避亏损或平滑利润等目的。

（2）盈余管理的非机会主义动机。除传统的机会主义动机观外，盈余管理的非机会主义动机也一直被学界所关注，其中，又以"信息观"（informational perspective）为代表得到了广泛认同与大量经验证据的支持（Holthausen，1990；Guay et al.，1996；Subramanyam，1996；Graham et al.，2005；Louis & Robinson，2005；Tucker & Zarowin，2006；Bowen et al.，2008；Badertscher et al.，2012）。

基于权责发生制基础以及谨慎性原则，会计盈余可能无法及时反映企业的真实业绩进而造成证券的错误定价。鉴于此，霍尔索森（Holthausen，1990）首次提出盈余管理动机的"信息观"，认为管理层为了缓解信息不对称，有动机通过盈余管理向外界传递公司业绩以及未来发展状况的内部信息。盖伊等（Guay et al.，1996）的进一步分析认为，当非操纵性应计利润对经济变化的反应不足或反应过度时，出于信息传递动机的管理层会利用操纵性应计利润来纠正这一偏差。上述观点也得到了斯科特（Scott，1997）的认同，其在对盈余管理的定义中指出，盈余管理的动机可能源于对公司价值最大化的追求。巴德斯切尔等（Badertscher et al.，2012）则指出，在"信息观"下，管理者利用 GAAP 的弹性加强了会计信息的相关性与可靠性，以此提高了它的预测有用性和反映真实性。

以上理论观点得到了一系列经验证据的证实。苏布拉马尼亚姆（Subramanyam，1996）的实证结论表明，在控制了非操纵性应计利润以后，操纵性应计利润与股票累计超额收益率显著正相关，这意味着操纵性应计利润具有额外的信息含量，所以管理层通过盈余管理传递了与公司价值相关的信息。格雷厄姆等（Graham et al.，2005）的问卷调查结果显示，超过70%的受访公司管理者承认进行盈余管理是为了向外界传递信息。路易斯和鲁滨逊（Louis & Robinson，2005）认为，应计盈余信号和股票分拆信号可以相互增信，其实证结论表明，股票分拆之前的盈余管理被市场理解为管理者传递乐观态度的信号，而不是机会主义行为。塔克和扎罗文（Tucker & Zarowin，2006）的经验数据证明，管理者通过盈余管理揭示了公司未来收益和现金流的更多信息。鲍恩等（Bowen et al.，2008）实证结果也显示，盈余管理与公司未来经营现金流和净资产收益率都存在正相关关系，并认为盈余管理可能传递了公司未来业绩的相关信息，因而股东会从盈余管理中获利。巴德斯切尔等（Badertscher et al.，2012）指出，信息传递动机的盈余管理有助于提高应计项目对公司未来业绩的预测能力，而机会主义动机则相反，其实证结果与盈余管理动机的"信息观"一致。

2.2.1.2　盈余管理的衡量

盈余管理的衡量方法一般包括应计利润分离法、具体项目分析法和盈余分布检测法三类，每类方法各有优劣。

（1）应计利润分离法。该类方法的基本逻辑在于通过特定模型将总应计利润中的非操纵性应计和操纵性应计分离开来，以操纵性应计衡量盈余管理。其结果不仅可以衡量企业的盈余管理程度，还可以明确盈余管理的方向，因此在实证研究中得到了广泛运用。应计利润分离法最早起源于希利（Healy）模型，其中又以琼斯（Jones）系列模型最具代表性。相关模型的具体介绍如下。

第一，希利模型（1985）。

$$\frac{NDA_{it}}{A_{it-1}} = \frac{\sum_{t=1}^{T} \frac{TA_{it}}{A_{it-1}}}{T} \tag{2-1}$$

其中，NDA_{it} 代表企业 i 第 t 期的非操纵性应计利润；A_{it-1} 是企业 i 在 $t-1$ 期末的总资产；TA_{it} 为企业 i 在第 t 期的总应计利润，等于当期营业利润减去经营活动净现金流量；T 代表估计期的年份数。将 TA_{it}/A_{it-1} 减去 NDA_{it}/A_{it-1}，即为企业 i 在第 t 期经过第 $t-1$ 期期末总资产调整后的操纵性应计利润。

第二，基本琼斯模型（1991）。

$$\frac{TA_{it}}{A_{it-1}} = \alpha_1 \left[\frac{1}{A_{it-1}} \right] + \alpha_2 \left[\frac{\Delta REV_{it}}{A_{it-1}} \right] + \alpha_3 \left[\frac{PPE_{it}}{A_{it-1}} \right] + \varepsilon_{it} \tag{2-2}$$

其中，ΔREV_{it} 是企业 i 在第 t 期营业收入和第 $t-1$ 期营业收入的差额；PPE_{it} 为企业 i 在第 t 期末的固定资产账面原值；ε_{it} 为残差，代表企业 i 在第 t 期经过第 $t-1$ 期期末总资产调整后的操纵性应计利润。

第三，修正琼斯模型（Dechow，1995）。

$$\frac{NDA_{it}}{A_{it-1}} = \beta_1 \left[\frac{1}{A_{it-1}} \right] + \beta_2 \left[\frac{\Delta REV_{it} - \Delta REC_{it}}{A_{it-1}} \right] + \beta_3 \left[\frac{PPE_{it}}{A_{it-1}} \right] \tag{2-3}$$

其中，ΔREC_{it} 是企业 i 第 t 期应收款项与第 $t-1$ 期的应收款项差额；其他变量含义与式（2-2）相同。式（2-3）中，β_1、β_2、β_3 分别对应式（2-2）回归后

得到的 α_1、α_2、α_3。将式（2-2）中 TA_t/A_{t-1} 减去式（2-3）中的 NDA_t/A_{t-1} 便得到企业 i 在第 t 期经过第 $t-1$ 期期末总资产调整后的操纵性应计利润。

第四，收益匹配琼斯模型（Kothari，2005）。

$$\frac{TA_{it}}{A_{it-1}} = \alpha_0 + \alpha_1\left[\frac{1}{A_{it-1}}\right] + \alpha_2\left[\frac{\Delta REV_{it}}{A_{it-1}}\right] + \alpha_3\left[\frac{PPE_{it}}{A_{it-1}}\right] + \alpha_4 ROA_{it} + \varepsilon_{it}$$

$$(2-4)$$

其中，ROA_{it} 是企业 i 第 t 期总资产收益率；其他变量含义与式（2-2）相同。ε_{it} 为残差，代表企业 i 经过第 $t-1$ 期期末总资产调整后的操纵性应计利润。

第五，现金流量琼斯模型（Francis，2005）。

$$\frac{TA_{it}}{A_{it-1}} = \alpha_0 + \alpha_1\left[\frac{\Delta REV_{it}}{A_{it-1}}\right] + \alpha_2\left[\frac{PPE_{it}}{A_{it-1}}\right] + \alpha_3\left[\frac{CFO_{it-1}}{A_{it-1}}\right] + \alpha_4\left[\frac{CFO_{it}}{A_{it-1}}\right] + \alpha_5\left[\frac{CFO_{it+1}}{A_{it-1}}\right] + \varepsilon_{it}$$

$$(2-5)$$

其中，CFO_{it-1}、CFO_{it} 和 CFO_{it+1} 分别表示企业 i 第 $t-1$ 期、第 t 期和第 $t+1$ 期经营现金流量净额；其他变量含义与式（2-2）相同。ε_{it} 为残差，代表企业 i 经过第 $t-1$ 期期末总资产调整后的操纵性应计利润。

第六，非线性琼斯模型（Ball & Shivakumar，2006）。

$$\frac{TA_{it}}{A_{it-1}} = \alpha_0 + \alpha_1\left[\frac{\Delta REV_{it}}{A_{it-1}}\right] + \alpha_2\left[\frac{PPE_{it}}{A_{it-1}}\right] + \alpha_3\left[\frac{DCFO_{it}}{A_{it-1}}\right] + \alpha_4\left[\frac{CFO_{it}}{A_{it-1}}\right] +$$
$$\alpha_5\left[\frac{DCFO \cdot CFO_{it}}{A_{it-1}}\right] + \varepsilon_{it} \qquad (2-6)$$

其中，$DCFO_{it}$ 为哑变量，当 $CFO_{it} < 0$ 时取 1，否则取 0；其他变量含义与式（2-2）相同。ε_{it} 为残差，代表企业 i 经过第 $t-1$ 期期末总资产调整后的操纵性应计利润。

（2）具体项目分析法。该类方法往往通过对特定账项的分析来判断企业是否存在盈余管理行为，如麦克尼科尔斯和威尔逊（McNichols & Wilson，1988）针对坏账准备项目的分析、比弗和麦克尼科尔斯（Beaver & McNichols，1998）针对保险行业索赔损失准备的分析都属于此类。其优点在于，对涉及某一具体账项的盈余管理行为分析较为详尽和准确，而缺点在于，分析结果并不能反映企业盈余管理的整体状况。毕竟，企业可能同时采取多种方式、通过多个账项而不是单一账项的操作进行盈余管理。另外，由于企业账项的具体数据一般都难以获取，该方法在实证研究中的适用性不强。

（3）盈余分布检测法。该方法假定不存在盈余管理时，市场上所有企业的盈余数据是一个连续型随机变量，因此，其概率密度函数应该是一条光滑的曲线。如果一些企业出于特定目的（如避免亏损、避免业绩下降）进行了盈余管理，则在某一阈值（如零值、上年盈余值）附近的观测值不再均匀分布，阈值右边的观测值会大量增加，而左侧观测值大量减少，其概率密度函数在阈值处将变得不再光滑。布格斯塔勒和迪切夫（Burgstahler & Dichev，1997）、德乔治等（Degeorge et al.，1999）曾采用盈余分布检测法进行相关实证研究。该方法适用于对市场整体盈余管理状况的分析，其缺点在于不能识别具体企业盈余管理的程度和方式，另外，该方法针对特定阈值的分析也存在一定局限，如何识别市场上不同目的的盈余管理行为，保证所选取阈值的全面性是一个难题。

2.2.2 自愿性信息披露动机与衡量

2.2.2.1 自愿性信息披露动机

罗斯（Ross，1979）将信号传递理论（signalling theory）引入自愿性披露行为的研究，成为解释这一行为动机的理论基石。根据信号传递理论，管理者进行自愿性披露的目的是为了向外界传递关于公司核心竞争力和未来发展预期的信号，以使投资者能够区分不同公司的真实价值，从而避免逆向选择导致的股价低估。后续的实证研究结论也显示出对该理论的有力支撑。彭曼（Penman，1980）运用信号传递理论，对业绩预测信息的自愿披露行为进行研究，发现主动披露业绩预测的公司业绩表现往往较好，而获利能力较差的公司则倾向于不披露业绩预测。安德森和弗兰克（Anderson & Frankle，1980）的研究发现，公司自愿披露的社会绩效信息具有信息含量，并且获得了市场的正面评价。列夫和彭曼（Lev & Penman，1990）发现，盈利预测具有信号传递作用，利用盈利预测能够将不同业绩的公司区分开。纽森和迪根（Newson & Deegan，2002）涉及多个国家跨国公司的问卷调查结果显示，公司自愿性披露的目的在于体现公司核心竞争力。作为新兴市场，我国上市公司自愿性披露行为虽然有着自身的特点，但是信号传递理论这一解释机制依然适用。张宗新等（2005）最早对我国上市公司自愿性披露行为动因进行分析，认为其中之一就在于显示企业成长与核心竞争力从而揭示公司价值。另外一些学者从不同类型的自愿性信息披露行为入手，对其信号传递效应进行了分析和检验。乔引花和张淑惠（2009）认为，用信号传递模型来分析企业的环境会计信息披露行为是恰当的。谢江林等（2009）提出，中小高新技术企业可以以 R&D 投入作为信号向投资者传递企业的真实价值。林斌和饶静（2009）的研究结果表明，为了向市场传递真实价值的信号，内部控制质量好的公司更愿意披露内部控制鉴证报告。黄寿昌等（2010）实证结论认为，内部控制报告的自愿披露作为一项"信号"机制降低了市场主体之间存在的信息不对称，从而具有实际的经济后果。张然和张鹏（2011）的研究表明，财务业绩好的上市公司更有动机自愿披露业绩预告，这说明上市公司通过披露好的业绩信息传递了管理者能力的信号。综上所述，无论是在西方成熟市场还是国内新兴市场，无论是对财务信息还是非财务信息的自愿披露行为，信号传递理论的解释机制都有普遍适用性。

根据信号传递理论，上市公司管理层应该不遗余力地披露其全部私人信息，最大限度地避免企业折价并减少代理成本，然而，现实情况却不尽如此。公司管理者在自愿披露信息时往往会有所隐瞒，进行选择性披露，这说明存在一些因素抑制了自愿性信息披露动机。早期研究认为，管理者不完全披露其私人信息的原因在于披露某些信息会产生专有化成本（proprietary cost），竞争对手可能利用这种信息使披露者处于竞争劣势（Verrecchia，1983）。同时，以下原因也会导致非专有信息的不完全披露：（1）投资者承认管理者的信息是不完全的，因此，管理者可以成功隐瞒坏消息而不产生逆向选择；（2）某些非专有信息属于信息组合的一部分，而信息组合中又包含了专有信息；（3）披露可能会加剧股东和管理者委托代理问题（Dye，1985）。市场竞争以及由此产生的专有性成本一直是解释自愿性信息披露动机为何受到抑制的主流理论。在此基础上，李（Li，2010）进一步探寻了产品市场竞争对自愿性信息披露的影响，发现产品市场竞争是否抑制自愿性披露取决于竞争的来源，现有竞争对手的竞争会减少信息披露的数量，而来自潜在竞争者的竞争会增加信息披露的数量，其原因在于行业壁垒削弱了专有性成本的影响。此外，一些研究从其他角度解释了管理者不完全披露私人信息的原因。艾因霍恩和齐夫（Einhorn & Ziv，2007）认为，在信息不对称的前提下，管理者往往会选择能带来可见经营绩效的次优决策，造成资源分配的低效，而信息披露可能揭示这种低效的资源分配状态，降低市场对企业的估值，这种内生性披露成本可能抑制管理者提供自愿性披露的倾向。艾因霍恩（Einhorn，2007）发现，管理者进行信息披露的目的是多元化的，既可能是为了促进企业价值提升，也可能正好相反①，而投资者因为信息禀赋的限制无法了解管理者信息披露的真实目的，这种投资者对管理者披露目的的不确定性使得管理者能更好地隐瞒信息。艾因霍恩和齐夫（2008）通过建立理论模型，论证了公司前期提供的自愿性披露增强了在未来提供相似披露的隐含承诺，这种跨时期的披露粘性（over-time stickiness of disclosure）产生了多方面的内生性披露成本，降低了公司提供自愿性披露的可能，对于经营环境平稳的公司和前期有着令人印象深刻的经营业绩的公司而言，这种影响的程度更大，管理者的任期越长、风险规避意识越强，这种跨时期披露粘性对自愿性信息披露的抑制作用更大。

2.2.2.2　自愿性信息披露的衡量

衡量自愿性信息披露水平的主流方法是通过内容评分法构建自愿性披露指数（voluntary disclosure index，VDI）。其基本步骤是：首先参考 GAAP 或披露法规的要求，穷举上市公司可能自愿披露的具体项目，并以此为依据构建自愿性信息披露体系，然后根据披露体系对样本公司的实际披露情况进行评分，再根据得分计算不同公司的 VDI。

当前，被研究者广泛借鉴的有两种披露项目体系：第一种是米克等（Meek et al.，1995）或周和格雷（Chau & Gray，2002）使用的体系，周和格雷（2002）构建的指标体系是对米克等（1995）体系的进一步发展，何和黄（Ho & wong，2001）、张宗新等（2005）、林等（Lim et al.，2007）、史建梁（2010）、

---

① 已有经验证据表明，管理者信息披露的目的可能是降低市场对企业价值的预期。例如，佩里和威廉姆斯（Perry & Williams，1994）发现，在管理收购要约公布之前，管理者会通过操纵信息披露压低股价，以降低收购价格；阿布迪和卡斯尼克（Aboody & Kasznik，2000）发现，即将收到股票期权的管理者有可能通过加速披露不利消息、推迟披露有利消息的方式抑制股价，以便降低股票期权的执行价格。

于团叶等（2013）都在研究中使用或借鉴过该体系。第二种是波特森（Botosan，1997）使用的体系，侯赛因等（Hossain et al.，2005）、支晓强和何天芮（2010）、李慧云和吕文超（2012）、齐萱等（2013）、李慧云和刘镝（2016）等都在研究中使用或借鉴过该体系。上述两类体系的主要区别在于对自愿性信息披露项目的分类方式不同，前者将所有项目分为战略性信息、非财务信息和财务信息三类，后者则划分公司背景信息、历史数据总结、关键的非财务指标、预测信息、管理层评论与分析五类。此外，高明华等（2018）也曾自行设计指标体系来构建 VDI，该体系在自愿性披露项目的选择和分类上更为关注公司治理和风险控制信息。内容评分法的主要缺陷在于，指标体系的设计和对样本公司信息披露情况的评分都存在较大的主观性，因此衡量结果的准确性和科学性存疑。同时，内容评分法涉及的工作量较大，在实证研究中往往只能通过抽取一定数量的随机样本来实现，难以运用大样本或全样本展开研究，无一例外的是，目前采用该方法的实证文献样本量都偏小，相关研究结论可能存在偏差。

除了内容评分法之外，汪炜和蒋高峰（2004）曾用上市公司临时公告和季报数量来衡量自愿性信息披露水平；王慧芳和原改省（2006）以公司是否披露"新年度计划"来设置虚拟变量，对样本公司是否存在自愿性披露行为进行衡量；罗炜和朱春艳（2010）则关注公司年报附注中"支付的其他与经营活动有关的现金"项目具体披露情况，以此衡量自愿性信息披露的程度。上述方法的优势在于数据收集的工作量小，可以采用大样本数据进行实证检验，而缺陷在于分析对象欠全面，个别项目的披露情况并不能反映公司自愿性信息披露的整体水平或质量。

2.2.2.3 自愿性信息披露的经济后果

自愿性信息披露的经济后果研究一般沿着自愿性信息披露—信息不对称—资本成本这条理论线索展开。基本的理论逻辑是：自愿性信息披露能缓解证券市场上管理者与投资者之间的信息不对称以及不同类型投资者之间的信息不对称，降低投资者预测风险以及提高证券流动性，导致资本成本下降，最终促进企业价值的提升。这一系列理论假设已陆续获得许多经验证据的支持（Welker，1995；Botosan，1997；Gelb & Zarowin，2002；汪炜和蒋高峰，2004；Acharya & Pedersen，2005；Francis et al.，2005；支晓强和何天芮，2010；李慧云和刘镝，

2016）。但是，贝托穆等（Bertomeu et al.，2011）对前期研究中资本结构不变这一前提假设提出了质疑，因为公司披露政策与资本结构之间存在交互影响，而两者又共同决定了资本成本。其建立理论模型分析后认为，尽管总体上资本成本与信息披露水平之间存在负相关关系，但自愿性披露的增加并不一定会导致资本成本的降低，在特定的资本结构下，更多的自愿性披露可能反而引起资本成本的增加。

另有一些研究关注自愿披露某类特定信息所产生的经济影响。在绝大多数国家资本市场的法制框架下，管理层盈余预测信息都属于自愿性披露的范围，加之其重要价值以及易辨识、方便评估等特点，该类信息的自愿披露正受到研究者的广泛关注。管理盈余预测是公司与市场参与者交流预期的有效工具（Tan & Koonce，2011），这些预测具备向投资者有效传递信息、减轻信息不对称和信息风险以及降低公司资本成本的潜力（Hirst et al.，2008）。席瓦库玛等（Shivakumar et al.，2011）通过信用违约互换（credit default swap，CDS）利差变化来衡量信贷市场对管理盈余预测的反应，发现与实际业绩消息相比，信贷市场对管理盈余预测信息有更强烈的反应，对公布坏消息和信用等级低的公司而言这种影响更为明显。研究还指出，在信贷危机时期，管理盈余预测信息对债务市场的影响特别强。谭和库恩斯（Tan & Koonce，2011）发现，撤销或更正前期盈利预测信息会对投资者判断造成意料不到的影响。其实验结果表明，当公司撤销前期盈利预测信息时，投资者的判断仍然受原错误信息的影响，即投资者存在校正不足；当公司进一步提供更正信息时，投资者校正过度，校正过度的程度与原错误信息对投资者造成的初始影响程度正相关。谭和库恩斯进一步的解释认为，投资者会将更正的信息与原错误信息进行比较，因此产生的对立情绪反应导致校正过度。杨（Yang，2012）发现，在信息不对称程度较高时，股价对管理预测消息的反应强度与管理者前期披露的预测信息准确度正相关，这说明管理者自愿披露风格将带来后续的资本市场影响，管理者可以从已建立的个人披露声誉中获益。

第3章　投资者情绪影响上市公司信息披露策略的理论框架

3.1　理论基础

3.1.1　有效市场假说

有效市场假说（EMH）的理论渊源可以追溯到随机游走（random walk）理论。在物理学中，微小粒子持续的无规则运动被称之为"布朗运动"，与之相似，在经济学或者金融学领域，商品（包括股票）价格的无规则波动被称之为"随机漫步"。巴舍利耶（Bachelier，1900）最早通过实证研究发现，法国的商品价格呈现出随机波动的趋势，即与第一天相比，第二天商品价格变化的期望值为0。后续学者肯德尔和布拉德福德（Kendall & Bradford，1953）、奥斯本（Osborne，1959）发现，股票价格的变化与布朗运动类似，同样呈现出随机性。在此基础上，萨缪尔森（Samuelson，1965）指出，在由风险中性的理性投资者组成的竞争市场中，股票回报是不可预测的——证券的内在价值和价格都遵循随机游走规律。法玛（Fama，1970）对前期相关研究进行了系统回顾，并进一步完善了 EMH 的理论框架，标志着 EMH 的正式形成。

法玛（1970）将证券价格总是充分反映可获取信息的市场定义为有效市场。这意味着，在任一时点，有效市场中证券价格与其价值完全一致，而未来的价格变化遵循随机游走规律，因此，任何市场投资者采用的任何交易策略都无法获得超额回报。根据可获取信息集（information set）的大小分类，有效市场又被进一步划分为三个不同的层次：弱式有效（weak form）、半强势有效（semi-strong form）和强势有效（stong form）。弱式有效市场中，证券价格能够充分反映所有过去的交易信息，投资者根据历史信息进行交易无法获得超额报酬；半强势有效市场中，证券价格能够充分反映所有公开信息，投资者根据公开信息进行交易无法获得超额报酬；强势有效市场中，证券价格能够充分反映所有信息，投资者根据公开或未公开的信息进行交易都无法获得超额报酬。

正如前文述及，有效市场的存在依赖于三个逐渐放松的假设前提——投资者决策理性、非理性决策的随机性和套利的有效性，因此，实现市场效率应该具备以下必要条件：第一，市场上存在大量本质上相似、可以相互替代的证券，从而保证具有充足、有效的套利交易对象；第二，市场上存在追求利润最大化的理性套利者，从而保证具有经验丰富、动机明确的套利交易主体；第三，市场不存在卖空限制、税收和其他交易成本，从而保证具有"完美"的套利交易环境。实质上，上述条件都是为了守住有效市场的最后一道"屏障"——有效套利，然而，这些条件在现实的证券市场中往往无法同时满足，因此有效市场最终只是一种理论假设或标准参照系。

EMH 一直被誉为现代金融市场理论的基石，尽管行为金融的基本理念如有限理性、有限套利等都与 EMH 背道而驰，但不可否认的是，行为金融正是在对 EMH 的继承和批判中发展而来，因此，EMH 仍然可以视为行为金融领域的根源，具有极为重要的理论指导意义。

3.1.2　有限理性假说

古典经济学认为，参与者能掌握市场的所有信息，并以自身效用最大化为目标进行理性决策，从而形成"经济人"这一基本假设。"经济人"具有三个基本特征：第一，参与经济活动的唯一目标是追求个人利益最大化；第二，能够掌握所有信息，了解所有可能的决策方案及其后果的概率分布；第三，具有绝对理性，通过缜密的计算和分析能够找到最佳决策方案。

西蒙（Simon，1971）对"经济人"假设提出质疑，认为现实中的决策者都是介于完全理性和非理性之间的有限理性（bounded rationality）"管理人"。与

"经济人"相比：（1）"管理人"的目标会受到多种社会因素的限制或影响，呈现多元化趋势，除了追求自身利益最大化之外，还可能追求利益之外的其他目标；（2）"管理人"无法事先了解所有的备选方案和相应结果概率，必须投入成本进行信息收集和判断，即便如此，其收集到的信息也可能不尽全面、判断不尽准确；（3）"管理人"受到一系列基本的生理限制，从而导致其认知受限，同时也不具有一套明确、一致的偏好体系，所以"管理人"无法在复杂多变的环境中找到最优解决方案，只能转而寻求满意的解决方案。西蒙的有限理性假说开创了现代管理决策论的先河，寻找满意决策而不是最佳决策也成为现代管理理论和实务中普遍接受的原则。

证券市场中，有限理性行为又常见于证券投资者和筹资者两类不同主体。比较而言，由于受信息获取能力、专业知识以及经验的限制，投资者的非理性倾向更为明显，而筹资者则相对理性。正因为如此，大量研究集中于对投资者非理性行为的探讨和分析，并形成羊群行为、心理账户以及投资者情绪等一系列经典假设或理论。对于筹资者的有限理性行为，希顿（Heaton，2002）提出了管理者乐观主义假说并受到了广泛关注，并通过建立理论模型探讨了管理者乐观情绪对公司投资和融资策略的影响。延续希顿的思路，后续文献进一步提供了大量管理者情绪影响公司融资策略（余明桂等，2006；Landier & Thesmar，2009）和投资策略（Malmendier & Tate，2005；Lin et al.，2005；姜付秀等，2009；花贵如等，2011）的经验证据。

3.1.3 信息不对称

现实市场中，由于信息的稀缺性、参与者信息获取能力的局限以及昂贵的信息获取成本，一部分市场参与者拥有的信息往往是另一部分参与者不曾拥有的，这些被部分参与者所拥有的信息即非对称信息（asymmetric information）。作为对古典经济学的批判，信息经济学强调现实市场中非对称信息的普遍存在性。例如，商品的卖方通常比买方拥有更多关于商品质量的信息，雇员比雇主拥有更多关于自身能力的信息，股份公司的经理人比所有者拥有更多关于企业经营状况的信息。

非对称信息可能存在于参与者缔结契约之前（ex ante），从而带来逆向选择（adverse selection）问题，也可能存在于参与者缔结契约之后（ex post），从而导致道德风险（moral hazard）问题。逆向选择问题可以通过信号传递和信号甄别来减轻或消除；道德风险问题则需要通过恰当的契约安排，设计科学的委托—代理机制来解决。

3.1.3.1　逆向选择与信号理论

阿克洛夫（Akerlof，1970）提出了逆向选择这一概念，对二手车市场中"坏车驱逐好车"现象进行解释。二手车市场中好车与次品车并存，销售方了解汽车质量的真实信息，属于信息优势方，而购买者正好相反。销售方可能利用自身的信息优势以次充好，将次品车当成好车定价，购买方为了避免信息不对称所带来的损失，只愿意以市场中所有汽车的平均质量作为出价依据，这一矛盾直接导致高于平均质量的二手车逐渐退出市场，因此，市场中二手车的整体质量持续降低。随着买卖双方的不断博弈，最终的结果是市场中充满着质量最差的二手车，成为"柠檬市场"。

逆向选择所带来的劣质品驱逐良品问题不仅适用于二手车市场，同时也在劳动力市场、证券市场等得到了广泛体现。例如，劳动力市场中雇员没有充分展示其能力，雇主只愿意以雇员的平均能力为依据来确定薪酬，这将导致市场中高水平人才逐渐流失；证券发行方没有充分披露企业的财务状况和核心竞争力，投资者只能依据市场上所有证券的平均价值定价，导致"好"公司面临价值低估的系统性风险。

信号传递模型（signaling model）和信号甄别模型（screening model）是解决逆向选择问题的经典方案，两者通常被统称为信号理论。其中，信号传递是信息优势方主动发起的行为，信号甄别则是信息弱势方主动发起的行为。

斯宾塞（Spence，1973）提出了信号传递模型来解决劳动力市场中的逆向选择问题。模型认为，求职者可以将教育背景作为体现其能力的信号主动传递给招聘方，以避免信息不对称所导致的薪酬不公。这一理论随后在经济学和财务学方面得到了极为广泛的运用。一系列研究表明，资本结构、股利政策、高管持股、审计需求以及会计政策选择等都可能成为间接传递企业内部信息的信号。罗斯

（Ross，1977）建立的信号传递模型认为，资本结构中负债比重上升传递了管理者对企业未来收益看好的信号。利兰和派尔（Leland & Pyle，1977）提出的理论模型则证明，管理者持股比例高意味着内部人看好公司的未来发展，因而公司具有更高价值。巴塔查里亚（Bhattacharya，1979）最早创建股利政策信号模型，证明现金股利的信号作用是能够预期公司未来的盈利情况向好。蒂特曼和特鲁曼（Titman & Trueman，1986）、达塔尔等（Datar et al.，1991）的实证结果验证了审计需求的信号传递理论，表明在首次发行股票时聘请高质量的会计师事务所能获得较高的市场定价，因为审计选择具有信号价值，能将不同质量的企业区分开来。达朗和列夫（Dharan & Lev，1993）的研究结论则表明，当公司通过变更会计方法的手段来增加收益时，往往向投资者传递了陷入财务困境的信号。

罗斯柴尔德和斯蒂格利茨（Rothschild & Stiglitz，1976）提出信号甄别模型，解决保险市场中的逆向选择问题。在签订保险合同之前，由于投保人清楚自己的风险而保险公司不甚了解，投保人成为信息优势方，保险公司则是信息劣势方，为了降低不对称信息带来的风险，保险公司可能整体上要求较高的保价并提供较低的赔偿金，这将对低风险投保人不利，迫使其退出保险市场。为了避免这一逆向选择问题，保险公司可以设计不同的保险合同来甄别不同风险类型的投保人。例如，选择低保费和相对低赔偿金合同的即是低风险投保人，选择高保费和相对高赔偿金合同的则是高风险投保人。

3.1.3.2　道德风险与委托—代理理论

道德风险泛指在缔结契约之后，拥有较多信息的一方利用信息优势寻求自身利益最大化同时侵害信息弱势方利益的一种现象。道德风险的研究始于保险行业，阿罗（Arrow，1963）在研究医疗保险问题时指出，购买了医疗保险的患者可能消费更多的医疗服务，此时作为信息弱势方的保险机构将承担更多的医疗成本。同时，道德风险也普遍存在于现代股份公司之中。由于所有权与经营权相分离，管理者直接参与公司经营活动而掌握了更多核心信息，外部股东因为无法直接观测管理者的行为而成为信息弱势方。为了追求自身利益最大化，管理者可能利用信息优势侵害外部股东利益，例如，追求更多的闲暇而不是努力工作，利用在职消费来获取更多的报酬等。上述股份公司中的道德风险必须通过建立有效的激励与约束机制来解决，委托—代理理论（principal-agent theory）应运而生，并迅速成为信息经济学的核心内容和理论支柱。[①]

委托—代理理论是在非对称信息结构下，分析经济活动中各参与者之间最优契约安排的一种基本理论框架，其主要目标是解决非对称信息环境中代理人的道德风险问题。[②] 委托—代理理论中的"代理人"通常指享有信息优势的一方，而"委托人"则是指处于信息劣势的一方。由于"代理人"和"委托人"的利益目标不一致，"代理人"可能利用信息优势谋取自身福利，同时损害"委托人"的利益。詹森（Jensen，1983）将委托—代理理论划分为两类：一类是规范理论，另一类是实证理论。前者通过建立严格的数学模型对委托—代理问题进行规范分析，例如，威尔逊（Wilson，1969）、斯宾塞和泽克豪泽（Spence & Zeckhauser，1971）、罗斯（Ross，1973）使用的状态空间模型化方法（state-space formulation），莫里斯（Mirrlees，1976）、霍姆斯特罗姆（Holmstrom，1979）使用的分布函数的参数化方法（parameterized distribution formulation）和一般化分布方法（general distribution formulation）。后者以詹森和梅克林（Jensen & Meckling，1976）为代表，强调代理成本（agency costs）的存在及其对契约关系的影响。詹森和梅克林认为，在两权分离的前提下，代理人的努力程度具有不完全性，在代理人追求自身利益最大化时，其决策不可能实现委托人利益的最大化，从而产生代理成本[③]，如何最小化代理成本成为制定契约的关键。

3.1.4　迎合理论

3.1.4.1　迎合理论的形成

迎合理论由贝克和沃格勒（Baker & wurgler，2004a/b）提出，最初用于解释公司股利政策的动机，其核心观点是管理者以满足投资者需求或喜好为目的进行

---

① 张维迎（1996）认为，信息经济学即契约理论或机制设计理论，信息经济学的所有模型都可以在委托—代理框架下进行分析。

② 张维迎（1996）指出，委托—代理理论习惯上只是"隐藏行动道德风险模型"的别称。由此，委托—代理理论应该主要用于解决道德风险问题。

③ 詹森和梅克林（Jensen & Meckling，1976）指出，代理成本包括监督成本（委托人）、守约成本（代理人）和剩余损失。

各项决策。

作为行为金融领域的前沿理论，迎合理论以投资者的有限理性和市场的非效率作为基本假设前提。在迎合理论提出之前，一些文献就曾发现，市场会对公司的某些决策做出非理性反应，这成为管理者产生迎合动机的现实基础。朗（Long，1978）提供的经验证据表明，在其他情况基本相同的前提下，美国公共事业类公司中发放现金股利的公司将比发放等值股票股利的公司获得更高的市场溢价，而这种情况不能被传统的股利理论解释。库柏等（2001）发现，公司为迎合互联网浪潮而进行的更名行为会带来显著的、非暂时性的股价上涨效应，这一效应体现了投资者的"狂热"或非理性。

贝克和沃格勒（2004a/b）构建了上市公司股利迎合理论模型并进行了实证检验，他们研究发现，发放现金股利的公司股票溢价（dividend premium，以下简称"股利溢价"）①越高，管理层发放现金股利的可能性越大，从而验证了"理性的管理层能够识别市场的错误定价，在权衡利弊之后会迎合市场需求制定股利政策"这一假设。李和列（Li & Lie，2006）进一步扩展了贝克和沃格勒（2004a）的理论模型，加入了对股利额度大小变化的分析，其理论与实证结论都表明，公司提高现金股利的可能性和现金股利金额的增加幅度都与股利溢价程度正相关，同时，市场也会对公司的股利迎合政策作出正向回报和反馈。饶育蕾等（2008）则提供了中国上市公司现金股利迎合的经验证据。在上述文献的基础上，后续的相关研究将"迎合理论"应用于公司更名、股票分拆、投资以及基金分拆等其他行为决策的解释上，并一一得到验证。库柏等（Cooper et al.，2005）发现，公司更名行为反映了对投资者的非理性喜好的迎合。贝克等（Baker et al.，2009）提出并验证了"管理者根据投资者的喜好来操控名义股票价格"这一假设，这意味着当投资者偏好低价股时管理者将分拆股票。波尔克和萨皮恩泽尔（Polk & Sapienza，2009）的研究表明，在投资者存在短视的情况下，管理者会理性地选择那些被投资者估价过高的投资项目，同时避免那些被投资者低估的项目，以此来迎合投资者情绪，进而使得公司短期股价最大化。肖虹和曲晓辉

---

① 股利溢价衡量了投资者对于股利的需求，股利溢价越高，说明市场中投资者对现金股利的需求越强烈，反之则相反。

（2012）发现，中国上市公司 R&D 投资行为有迎合投资者情绪（误定价）的现象。俞红海等（2014）发现，基金拆分是管理者理性迎合投资者非理性偏好，实现自身利益的一种方式。上述研究成果意味着"迎合理论"有着广阔的应用前景。

3.1.4.2　迎合理论的基本模型

贝克和沃格勒（2004a）设定了一个两期的静态模型对上市公司股利迎合行为进行分析，这为迎合理论的形成奠定了基础，该静态模型也成为迎合理论的基本模型。[①] 模型有三个基本假设前提：第一，市场中存在要求公司支付现金股利（如无特别说明，以下简称为"股利"）的非知情投资者（uninformed investor）[②]；第二，市场存在套利限制，因此，非知情投资者的上述要求将导致证券错误定价；第三，管理者在迎合市场错误定价的短期获利和长期股利成本之间进行理性权衡，然后作出股利支付决策。

假定一家公司的流通股数为 Q。在 $t=1$ 时，公司支付的清算股利为每股 $V=F+\varepsilon$，ε 服从均值为 0 的正态分布。在 $t=0$ 时，公司每股价格为 P_0，管理者需要做出是否发放股利的决策，每股股利 $d \in \{0, 1\}$。股利发放将使公司的清算价值减少 $d(1+c)$，其中，c 为发放股利产生的成本，包括后续投资项目的外部融资成本和税收成本等。假定无风险利率为 0。

市场中存在两类投资者——非理性的分类投资者（category investors，C）和理性的套利者（arbitrageurs，A）。两类投资者都属于绝对风险规避型。分类投资者不能识别股利成本，希望公司能够支付股利，并根据偏好将发放股利的公司（payers）归入一个单独的投资类。分类投资者对公司清算价值的预期存在偏差，他们对发放股利公司的每股清算股利期望值为 V^D，对不发放股利公司（nonpayers）的每股清算股利期望值为 V^G，最具代表性的结果是 V^D 和 V^G 分别落在 F 的两

---

① 本部分内容主要参考自贝克和沃格勒（Baker & wurgler，2004a）。

② 非知情投资者即噪声交易者，这一概念最初由凯尔（Kyle，1985）提出，原文表述为 uninformed noise trader，用于描述市场中不掌握证券价值信息的非理性投资者。在行为金融理论中，噪声交易者是导致市场投资者情绪偏差和证券错误定价的根本原因（De Long et al.，1990；Morck，1990；Lee et al.，1991；Shleifer & Vishny，1997；Shleifer，2000；Brown & cliff，2004/2005；Baker & Wurgler，2006/2007；Shen et al.，2017；Aboody et al.，2018）。

侧。分类投资者每期的总风险容忍度（aggregate risk tolerance）$\gamma^C = \gamma$。套利者能够识别股利带来的长期成本，他们对公司清算价值具有理性预期，其中，对发放股利公司的每股清算股利期望值为 $F - c$，对不发放股利公司的每股清算股利期望值为 F。套利者每期的总风险容忍度为 γ^A。在 $t = 0$ 时，第 k 类投资者（包括分类投资者 C 和套利者 A 两类）对公司股票的需求模型见式（3 - 1）。

$$D_0^k = \gamma^k (E^k(V) - P_0) \qquad (3-1)$$

根据式（3 - 1），分类投资者对发放股利公司和不发放股利公司股票的需求模型分别见式（3 - 2）和式（3 - 3）①，套利者对发放股利公司和不发放股利公司股票的需求模型分别见式（3 - 4）和式（3 - 5）。

$$D_0^C = \gamma(V^D - P_0^D) \qquad (3-2)$$

$$D_0^C = \gamma(V^G - P_0^G) \qquad (3-3)$$

$$D_0^A = \gamma^A[(F - c) - P_0^D] \qquad (3-4)$$

$$D_0^A = \gamma^A(F - P_0^G) \qquad (3-5)$$

根据式（3 - 2）和式（3 - 4），发放股利公司的每股价格 P_0^D（含股利）见式（3 - 6）；根据式（3 - 3）和式（3 - 5），不发放股利公司的每股价格 P_0^G 见式（3 - 7）。其中，公司流通股数 Q 为分类投资者与套利者对该公司股票的需求之和，即 $Q = D_0^C + D_0^A$。

$$P_0^D \equiv \frac{\gamma}{\gamma + \gamma^A} V^D + \frac{\gamma^A}{\gamma + \gamma^A}(F - c) - \frac{Q}{\gamma + \gamma^A} \qquad (3-6)$$

$$P_0^G \equiv \frac{\gamma}{\gamma + \gamma^A} V^G + \frac{\gamma^A}{\gamma + \gamma^A}F - \frac{Q}{\gamma + \gamma^A} \qquad (3-7)$$

管理者是风险中性的，既关注股票的当前价格又关注公司的长期价值。管理者对长期价值和当前股价的相对关注程度——管理者视野（manager's horizon），通过参数 λ（$\lambda \in [0,1]$）衡量。管理者越关注公司的长期价值，λ 的取值越靠近 1，反之越靠近 0。事实上，参数 λ 受到管理者退休计划、自身持有的股份和期权数量、行权时机和条件等众多因素的综合影响。例如，如果管理者临近退休，

① 分类投资者可能根据公司股利政策来推测管理者的投资计划，认为公司不发放股利是因为有较好的投资机会，从而对不发放股利的公司股票也产生一定需求。

可能更关注股票的当前价格，λ 的取值会向 0 靠近；如果管理者持有本公司大量股票期权且行权期较远，则可能更关注公司的长期价值，λ 的取值会向 1 靠近。管理者的决策目标见式（3 - 8）。①

$$\max_d (1 - \lambda) P_0 + \lambda (- dc) \tag{3 - 8}$$

管理者发放股利（$d = 1$）的决策效用为 $(1 - \lambda) P_0^D - \lambda c$；管理者不发放股利（$d = 0$）的决策效用为 $(1 - \lambda) P_0^G$。为了实现决策效用的最大化，只有当式（3 - 9）成立时，管理者选择发放股利。

$$(1 - \lambda) P_0^D - \lambda c \geq (1 - \lambda) P_0^G \tag{3 - 9}$$

将式（3 - 9）进行等价变形得到式（3 - 10），将式（3 - 6）和式（3 - 7）代入式（3 - 10）得到式（3 - 11）。

$$P_0^D - P_0^G \geq \frac{\lambda}{1 - \lambda} c \tag{3 - 10}$$

$$P_0^D - P_0^G \equiv \frac{\gamma}{\gamma + \gamma^A} (V^D - V^G) - \frac{\gamma^A}{\gamma + \gamma^A} c \geq \frac{\lambda}{1 - \lambda} c \tag{3 - 11}$$

式（3 - 11）中，$\frac{\gamma}{\gamma + \gamma^A} (V^D - V^G)$ 体现了非理性的分类交易者对于股利发放的正面价格影响，$- \frac{\gamma^A}{\gamma + \gamma^A} c$ 体现了理性的套利者（认识到股利成本 c 的存在）对于股利发放的负面价格影响，当两者的综合影响即股利溢价（$P_0^D - P_0^G$）大于管理者的股利成本效用 $\left(\frac{\lambda}{1 - \lambda} c \right)$ 时，管理者选择发放股利。从定性角度分析，管理者发放股利的可能性随着股利溢价（$P_0^D - P_0^G$）的增加而增加，随着股利成本（c）的增加而减少，随着套利的盛行——套利者风险容忍度（γ^A）的增加而减少，随着管理者视野（λ）的提升而减少。

应该指出的是，上述针对发放股利和不发股利两类公司的简单分析仅能作为管理者是否开始发放股利（initiate dividends）的决策条件，而并非管理者是否持

---

① 例如，如果管理者只关注当前股价而不关注公司的长期价值（$\lambda = 0$），式（3 - 8）即为 $\max_d P_0$；如果管理者只关注公司的长期价值而不关注当前股价（$\lambda = 1$），式（3 - 8）即为 $\max_d (- dc)$；如果管理者既关注当前股价又关注公司的长期价值（$0 < \lambda < 1$），管理者则会在两个目标之间进行权衡，选择总效用最大的解决方案。

续发放股利的判断标准，也就是说，式（3 - 11）并不能用来分析前一期已经发放过股利的公司本期会否继续发放股利，而该问题是股利政策中最为典型的决策问题之一。为此，有必要引入第三类公司——前一期发放但本期停发股利的公司（former dividends payers，以下简称"FD 公司"）对原有模型进行扩展，以分析公司停发股利的负面影响。

FD 公司本期不发放股利，同时，过去的盈利增长也较低[①]，因此不具备吸引分类交易者的特质。鉴于 FD 公司只能吸引套利者，其流通股数 Q 应等于套利者的股票需求 D_0^A。根据式（3 - 5），FD 公司的股价 P_0^{FD} 见式（3 - 12）。

$$P_0^{FD} = F - \frac{Q}{\gamma^A} \qquad (3 - 12)$$

根据式（3 - 8），如果前期发放了股利的公司本期继续发放股利（$d = 1$），其决策效用为 $(1 - \lambda)P_0^D - \lambda c$；如果前期发放了股利的公司本期停发股利（$d = 0$），其决策效用为 $(1 - \lambda)P_0^{FD}$。为了实现决策效用的最大化，只有当式（3 - 13）成立时，前期发放了股利的公司管理者会选择继续发放股利。

$$(1 - \lambda)P_0^D - \lambda c \geqslant (1 - \lambda)P_0^{FD} \qquad (3 - 13)$$

将式（3 - 13）进行等价变形得到式（3 - 14），将式（3 - 6）和式（3 - 12）代入式（3 - 14），得到式（3 - 15）。

$$P_0^D - P_0^{FD} \geqslant \frac{\lambda}{1 - \lambda}c \qquad (3 - 14)$$

$$P_0^D - P_0^{FD} \equiv \frac{\gamma}{\gamma + \gamma^A}\left[V^D - \left(F - \frac{Q}{\gamma^A}\right)\right] - \frac{\gamma^A}{\gamma + \gamma^A}c \geqslant \frac{\lambda}{1 - \lambda}c \qquad (3 - 15)$$

根据式（3 - 15），当继续发放股利的溢价（$P_0^D - P_0^{FG}$）超过管理者的股利成本效用（$\frac{\lambda}{1 - \lambda}c$）时，管理者选择继续发放股利。从定性角度分析，前期发放股利的公司继续发放股利的概率随着股利溢价的增加而增加[②]，随着股利成本（c）的增加而减少。结合式（3 - 11）和式（3 - 15）进一步分析，由于 V^D 和 V^G

[①] FD 公司过去的盈利增长较低是根据其停止发放股利这一现实状况推测而出，该推论也得到法玛和弗伦奇（Fama & French，2001）经验证据的支持。

[②] 或者理解为：停发股利所导致的负面价格影响越大，公司继续发放股利的概率越高。

一般分布在 F 的两侧，当套利者的风险容忍度（γ^A）较小时，式（3 - 16）很可能成立，进而式（3 - 17）成立。

$$F - \frac{Q}{\gamma^A} < V^G \qquad\qquad (3 - 16)$$

$$P_0^D - P_0^{FD} > P_0^D - P_0^G \geqslant \frac{\lambda}{1 - \lambda}c \qquad (3 - 17)$$

式（3 - 17）表明，当式（3 - 11）不成立时，式（3 - 15）仍然可能成立。这意味着当套利者的风险容忍度（γ^A）较小时，停发股利所导致的负面价格影响（$P_0^D - P_0^{FD}$）很可能大于不发股利所导致的负面价格影响（$P_0^D - P_0^G$），即 FD 公司的股价 P_0^{FD} 很可能低于不发股利公司的股价 P_0^G，因此，式（3 - 17）可以解释即使市场中股利溢价（$P_0^D - P_0^G$）不高，一些公司缺少迎合动机而选择不发放股利，但是前期发放了股利的公司仍将继续发放股利的原因。

3.2　本书的理论分析框架

以 EMH、有限理性假说、信息不对称以及迎合理论为依据，本书的理论分析框架如图 3 - 1 所示。[①]

3.2.1　投资者有限理性及其市场表现

在以 EMH 为基石的传统金融理论体系中，市场效率的实现以参与者的绝对理性为前提，然而，随着行为科学特别是行为心理学的不断发展，这一基本前提已经广为诟病。西蒙（1971）提出的有限理性假说以及卡内曼和特沃斯基（Kahneman & Tversky，1979）提出的前景理论分别从管理学和行为心理学角度分析了金融市场参与者的有限理性特征，并得到了学界的广泛认同。在此基础上，行为金融学派迅速崛起，席勒（Shiller，1984）、凯尔（Kyle，1985）、布莱克（Black，1986）、德朗等（De Long et al.，1990）、莫克尔等（Morck et al.，1990）、李等（Lee et al.，1991）、施莱弗和维什尼（Shleifer & Vishny，1997）

---

① 本节只对文章的整体理论框架进行概述，具体影响机理和研究假设将在实证检验部分提出。

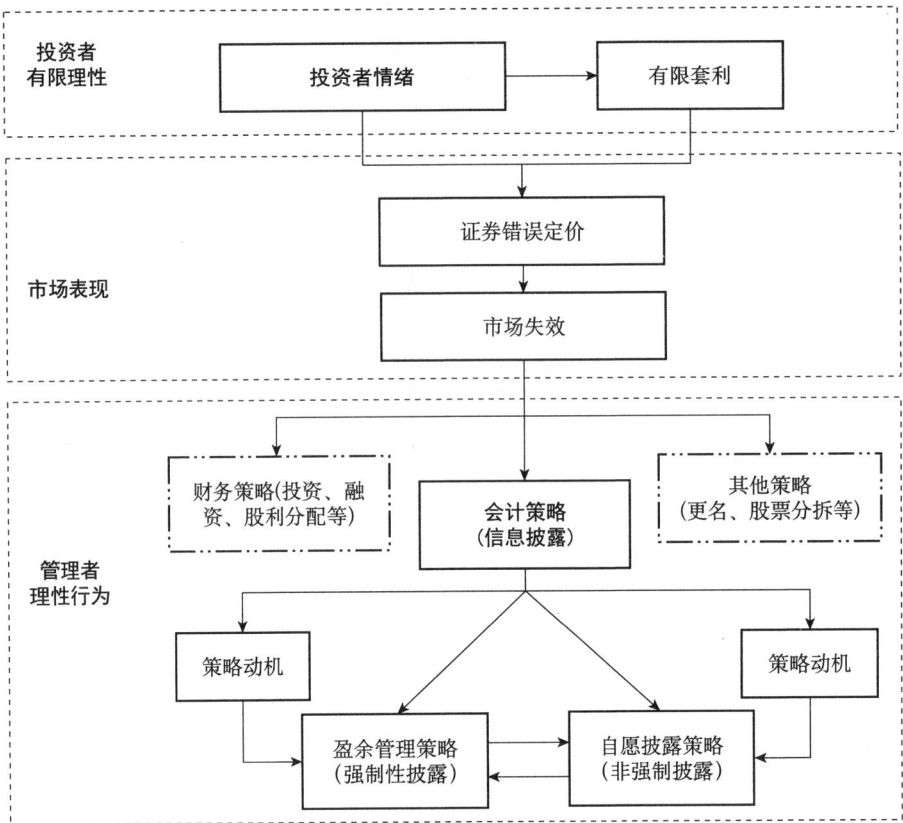

图 3-1　投资者情绪影响上市公司信息披露策略的理论分析框架

提出并确立了噪声交易理论，然后经施莱弗（Shleifer，2000）、布朗和克里夫（Brown & Cliff，2004；2005）、贝克和沃格勒（2006，2007）等进一步发展形成投资者情绪理论。投资者情绪理论从行为心理学视角入手，探讨并验证了投资者的认知偏误及其带来的非理性情绪在金融市场中产生的"严重"后果——投资者的非理性情绪可能相互传染并持续存在，从而在市场上形成噪声交易者风险，导致套利受限，最终造成证券价格显著并长期偏离其真实价值。与此同时，投资者情绪理论也逐渐成为解释"封闭式基金折价之谜""动量效应""IPO 之谜""盈余公告后漂移""应计异象"等众多资本市场"异象"的主流理论。时至今日，行为金融乃至整个金融领域已经普遍接受投资者情绪是导致证券市场失效的关键原因。上述前期成果形成了本书的研究基础。

3.2.2　投资者情绪与管理者行为策略选择

证券市场中微观企业的各项决策必将受到宏观市场环境的影响，然而，企业管理者在面对复杂多变的外部环境时，其处理态度又可以分为主动应对与被动接受两种情形。从现有的研究成果来看，面对投资者情绪的波动，企业的反应大多属于前者，即管理者试图通过各种策略主动应对投资者情绪的变化。例如：市场择时理论和"股权融资通道"认为，管理者会选择在投资者情绪高涨、股价高估的时期发行股票，以筹集资金扩大投资（Stein，1996；Baker et al.，2003；刘端和陈收，2006；Changet al.，2007；Campello & Graham，2013；Arif & Lee，2014；Mclean & Zhao，2014）；"迎合理论"认为，理性的管理者能够识别市场的错误定价，并通过股利政策（Baker & Wurgler，2004a/b；Li & Lie，2006）、公司更名（Cooper et al.，2005）、股票分拆（Baker et al.，2009）、投资（Polk & Sapienza，2009；肖虹和曲晓辉，2012；任碧云和任毅，2017）以及基金分拆（俞红海等，2014）来迎合投资者偏好或需求。管理者被动受到投资者情绪影响从而作出的非理性决策的观点和证据虽不多见，但仍然存在。例如，花贵如等（2011）提出并验证了"管理者乐观主义的中介效应通道"，认为管理者受到市场投资者情绪的影响，自身也会产生乐观或悲观情绪，从而作出非理性的投资决策。

一般而言，与普通投资者相比，管理者更具信息优势，专业知识、经验也更胜一筹，在面对市场投资者情绪波动时，管理者更可能保持理性并采取主动应对策略。从现有成果来看，管理者的应对策略较多集中在财务策略（筹资、投资或利润分配等）或其他策略（更名、股票分拆等）方面，涉及会计（信息披露）策略的研究和证据则较为少见。本书认为，与财务策略或其他应对策略比较，通过会计（信息披露）策略应对投资者情绪具有以下三个方面优势：其一，信息披露策略成本更低。信息披露的直接成本主要包括信息收集和处理成本，作为原本就具有信息披露义务的上市公司，常规性的信息收集和处理成本属于公司的固有成本，与投资、筹资以及利润分配等财务策略或者更名、股票分拆等其他策略相比，为了应对投资者情绪而采取的特定信息披露策略，其边际成本几乎可以忽略不计。其二，信息披露策略效果更为直接。与投资、筹资等财务策略的效果需要长时间运营才能凸显不一样，信息一经公开披露，就会对市场和投资者产生直接的影响，产生立竿见影的效果。其三，信息披露策略风险更小。信息披露策略的主要风险在于披露不公允所导致的诉讼风险和惩处风险（这些风险也可以理解为信息披露策略的一种潜在成本），但是与投资、筹资、股利分配等财务策略以及公司更名、股票分拆等其他策略的风险深受市场环境影响、难以掌控不同，信息披露策略的风险完全受管理者自身控制，所以相对较小。

3.2.3　投资者情绪与上市公司信息披露策略

正如绪论中的概念界定，本书所指的信息披露"策略"，是指能够体现上市公司在信息披露方面的自主性与灵活性的一系列行为，因此，既包括上市公司在强制性披露规制下的盈余管理行为，也包括非强制性要求下的自愿性信息披露行为。借鉴迎合理论，本节先对投资者情绪影响上市公司信息披露策略的逻辑进行初步分析，在后续的实证检验中，文章将进一步分析投资者情绪分别影响上市公司盈余管理以及财务信息自愿披露行为的具体逻辑。

在股利迎合理论的基本模型中，式（3－11）左边（$P_0^D - P_0^G$）代表股利溢价，这一指标越大，意味着投资者对股利的需求越强烈、偏好越明显，上市公司发放股利以迎合投资者偏好的可能性就越大；式（3－11）右边 $\left(\dfrac{\lambda}{1-\lambda}c\right)$ 代表管理者的股利成本效用，在管理者视野 λ 既定的前提下，股利成本 c 越低，上市公司发放股利以迎合投资者偏好的可能性则越大。正如前文述及，与股利分配策略相比，信息披露策略具有成本相对较低、效果更为直接以及风险（潜在成本）更小的特点，这意味着如果通过信息披露策略而不是股利分配来应对投资者的非理性需求，式（3－11）右边代表策略成本的变量 c 将更小，因此，上市公司管理层极有可能利用信息披露策略迎合市场投资者的非理性情绪及其产生的特定需求偏好。值得注意的是，在市场投资者情绪波动的影响下，作为互为补充的两大信息披露方式，上市公司的强制性披露和自愿性披露策略之间还可能会产生交互影响，或者说，公司管理者很可能会综合权衡两种披露方式，通过组合策略以应对投资者情绪的变化。

　　股利迎合理论的基本模型不仅对管理者迎合投资者非理性偏好的决策条件进行了深入分析，同时还对管理者迎合行为的动机作出了一般化讨论，模型中提及的重要参数——管理者视野（λ），正是分析迎合行为动机的关键所在。在股利迎合理论中，参数 λ 用于衡量管理者对公司长期价值和当前股价的相对关注程度，根据式（3-8），管理者迎合投资者非理性需求的决策选择是基于上述两种不同动机——公司长期价值最大化和当前股价最大化的权衡结果。然而，股利迎合理论并未进一步分析在市场环境的影响下，管理者视野（λ）的变化性。另外，在信息经济学中，证券市场属于典型的非对称信息市场，由于上市公司和潜在投资者之间存在事前的信息不对称，管理者为了避免逆向选择所导致的股票折价，有动机向外界传递公司经营状况和未来发展前景的核心信息，同时，由于上市公司股东和管理者之间存在事后的信息不对称，管理者为寻求自身的利益最大化可能隐瞒公司经营的重要信息或者在强制性披露规制下进行偏倚的（biased）信息披露，从而引发道德风险。上述分析意味着，公司管理者的信息披露行为可能基于非机会主义（减轻信息不对称）和机会主义（寻求自身利益最大化）两类不同的动机。将股利迎合理论的基本模型与信息不对称环境下上市公司的两种信息披露动机结合起来，本书认为值得进一步研究的是，如果管理者利用信息披露策略迎合投资者情绪，那么其动机是希望消除信息不对称以避免股票折价，还是基于机会主义动机寻求自身利益最大化，或者是两种动机综合权衡的结果。更为重要的是，这些动机是否随着投资者情绪的变化而相应变化。在后续的实证检验部分，本书试图对投资者情绪影响下公司盈余管理和自愿性披露行为动机的变化性进行详细分析和检验。

第4章 强制性披露视角下迎合投资者情绪的财务信息披露策略与动机检验

4.1 强制性要求下上市公司财务信息披露的普遍策略

艾因霍恩和齐夫（Einhorn & Ziv, 2012）曾指出，上市公司经常面临着两类披露决策：第一，决定是否披露其私人信息，第二，如果存在强制性披露要求，它们将决定是否以及如何调整所披露的内容。研究第一个问题的通常是自愿性披露文献，研究第二个问题的通常是盈余管理文献。

盈余管理是企业管理层在不违背 GAAP 的前提下，利用会计自由裁量权进行的披露管理，其手段通常包括变更会计方法与会计估计、调整会计确认的时点等。例如，将固定资产的折旧方法由直线法变更为加速折旧法、重新估计坏账损失的比例、提前或推迟确认损益等。由于对会计核算方法的变更或灵活运用并不影响企业的实际业务，因此盈余管理并不改变企业的实际盈余，而只是在对外报告时改变实际盈余的期间分布。从这一角度来看，盈余管理无疑是一种（对外）财务信息披露策略。目前来看，我国乃至全球资本市场中上市公司盈余管理现象都非常普遍，因此，这一财务信息披露策略在强制性披露要求下具有较强的代表性。

4.2 投资者情绪与上市公司盈余管理应对策略

在投资者情绪与上市公司信息披露策略之间关系的讨论中，前期文献重点关注投资者情绪对公司自愿性披露行为的影响（Bergman & Roychowdhury，2008；Brown et al.，2012；王俊秋等，2013），涉及公司盈余管理行为方面的研究较少。延续前人思路，本节试图探寻以下两个方面的问题：第一，公司盈余管理策略是否以及如何受到投资者情绪影响；第二，在投资者情绪的影响下，公司的盈余管理决策是管理者自身情绪偏差，即管理者乐观或悲观情绪所导致，还是一种理性的应对策略。

4.2.1　理论演进与假设提出

为了深入分析投资者情绪对公司盈余管理策略的影响机理，本书分别讨论了行为金融的"迎合理论"和"管理者情绪理论"两种竞争性观点。这两种观点的逻辑起点截然相反，前者以管理者理性为基础，后者以管理者非理性为前提，但最后形成的假设可能完全一致，即上市公司盈余管理的方向及大小与投资者情绪水平正相关①，具体分析如下。

（1）"迎合理论"观。迎合理论认为，理性的管理者能够识别市场的非理性定价，并利用财务策略、会计策略以及其他策略等迎合投资者的非理性偏好。正如前文述及，在众多迎合策略的选择中，策略成本是考量的关键因素之一。盈余管理作为强制性披露规制下的一种会计政策选择策略，并不会增加直接成本，同时，其隐蔽的操作过程使得策略风险（潜在成本）相对较低，因此可以作为迎合投资者非理性偏好的良好选择之一。接下来需要考虑的问题是，投资者情绪波动会致使其对上市公司的盈余信息产生哪些非理性偏好？

米扬和桑卡拉古鲁瓦米（Mian & Sankaraguruswamy，2012）的研究表明：与情绪低落期相比，在情绪高涨时投资者对盈余"好消息"的反应更为强烈（盈余反映系数更大）；与情绪高涨期相比，在情绪低落时投资者对盈余"坏消息"反应更为强烈。上述现象在我国 A 股市场也同样存在（姚海鑫等，2015）。这一结论意味着，在情绪高涨时期，投资者对于"好消息"有更强烈的需求，而在情绪低落时期，投资者对"坏消息"更为排斥或憎恶。将该结论与"迎合理论"

---

① 本书将调增会计盈余称为正向盈余管理，将调减会计盈余称为负向盈余管理；盈余管理大小是考虑了方向之后的盈余管理程度，并约定正向盈余管理大于负向盈余管理。

联系起来，本书认为，在投资者情绪高涨时期，理性的管理者有动机通过正向盈余管理的方式来迎合投资者对"好消息"的需求，此时能获得更大的股价上涨边际收益；当投资者情绪逐渐回落时，投资者对"好消息"的反应将减弱，公司迎合投资者进行正向盈余管理的动机也随之减弱。然而，在投资者情绪低落时期，即使正向盈余管理的动机减弱，但为了避免公司股价的下跌，管理者同样存在正向盈余管理的可能。不过值得注意的是，盈余管理是一种"零和游戏"，即长期看来公司盈余管理的总额应该为零，本期调增的盈余无非是从以前或者以后各期"借"来的，因此，管理者不可能无限制地调增盈余，而在适当的时候必须进行负向盈余管理。那么，何时才是管理者进行负向盈余管理的最佳时机？

尽管米扬和桑卡拉古鲁瓦米发现投资者在情绪低落期更为排斥坏消息，但该研究与其他文献的实证结果都表明，不管情绪如何变化，投资者对"好消息"的盈余反映系数远高于对"坏消息"的盈余反映系数[①]，即好消息导致股价上涨的幅度大大高于坏消息导致股价下跌的幅度，而导致这一结果的原因在于，市场认为"好消息"的信息含量更大，因此，为了弥补正向盈余管理所导致的"亏空"，管理者选择在投资者情绪低落时进行负向盈余管理才是相对"合算"的策略，因为此时股价小幅度的下跌，是为了换取前期或未来股价更大幅度上涨。反之，如果选择在投资者情绪高涨或平静期进行负向盈余管理，必将产生更高的机会成本——失去通过正向盈余管理使得股价更大幅度上涨的机会。

另外，盈余管理往往被投资者视为一种机会主义甚至欺骗行为，具有潜在的诉讼风险，这一风险在投资者情绪低落时将变得尤为突出。[②] 然而，"好消息"和"坏消息"引起的诉讼风险是不对称的。"好消息"诱使投资者买入，如果价格下跌会给投资者带来实在的损失，从而引发诉讼；"坏消息"阻止投资者买

[①] 米扬和桑卡拉古鲁瓦米（Mian & Sankaraguruswamy，2012）实证结果表明，当情绪为0时，"好消息"的盈余反映系数为1.06，而"坏消息"的盈余反映系数为0.266。

[②] 社会认知心理学的一系列研究发现，与处于乐观情绪时相比，在情绪悲观时人们将会用一种更为系统性、更注重细节的方式来处理信息（Schwarz，1990；Taylor，1991；Bless et al.，1996）。行为金融研究中也有类似的观点，即市场泡沫或非理性繁荣得以持续存在，是由于乐观的投资者对信息的关注不够以及没有仔细评价信息（Shiller，2003；Nofsinger，2005）。以上结论意味着，投资者在情绪悲观时对上市公司披露的信息处理更为仔细、审查更为严格，这将增加公司盈余管理行为被市场发现的概率，进而加大诉讼风险。

入，如果价格上涨只会给投资者带来机会损失，不会引发诉讼（Cheng & Lo，2006）。从这一角度来看，管理者选择在潜在诉讼风险更为突出的投资者情绪低落期进行负向盈余管理披露"坏消息"，阻止投资者买入，也是减轻诉讼风险的明智之举。

综上所述，本书认为，在投资者情绪高涨时，公司倾向于进行正向盈余管理，以迎合投资者对"好消息"的偏好，而在投资者情绪低落时，公司倾向于进行负向盈余管理，以弥补以前正向盈余管理所导致的"亏空"或为以后情绪高涨时进行正向盈余管理做准备。并且，由于在投资者情绪逐渐回落时管理者迎合的动机随之减弱，投资者情绪水平将与盈余管理大小正相关，即投资者情绪水平越高，正向盈余管理的幅度越大，投资者情绪水平越低，负向盈余管理的幅度越大。[①]

（2）"管理者情绪"观。行为公司金融以有限理性假说为理论前提，其研究线索又可以分为投资者有限理性和管理者有限理性两条分支。由于互动过程中个体情绪更加容易受到社会情绪的影响（Nofsinger，2005），因此很可能存在一个从投资者到管理者的情绪涟漪效应（花贵如，2010），当投资者情绪（社会情绪）乐观时，管理者情绪（个体情绪）会被传染，变得同样乐观，反之则相反。另外，前期文献的理论和实证结果都表明，管理者的乐观情绪将影响公司融资策略（Heaton，2002；余明桂等，2006；Landier & Thesmar，2009）、投资策略（Heaton，2002；Malmendier & Tate，2005；Lin et al.，2005；姜付秀等，2009；花贵如等，2011）以及披露策略（Brown et al.，2012）。根据上述观点，本书推测：受投资者情绪高涨的影响，管理者自身情绪也将变得乐观，其乐观情绪可能通过正向盈余管理这一财务信息披露策略表现出来；当市场投资者情绪低落时，

[①]　这一假设考虑了管理者对业绩"大洗澡"的现实可能性。诚然，根据米扬和桑卡拉古鲁瓦米（Mian & Sankaraguruswamy，2012）的结论，投资者情绪越低落对"坏消息"的反应越强烈，因此在投资者情绪最为低落时期进行最大限度的负向盈余管理看起来是不明智的。然而，本书认为这种可能性仍然存在，其原因在于：因为证券价格总是围绕基本面在一定范围内上下波动，在投资者情绪略为低落时，由于其继续向下的空间较大，为了避免投资者情绪的恶化，管理者可能不愿进行大幅度的负向盈余管理，而当投资者情绪进一步低落并导致更加严重的错误定价时，了解企业真实价值的理性管理者会意识到股价继续下跌的空间有限，管理者既有动机也有信心实施更大幅度的负向盈余管理。总而言之，这终究是一个实证问题，在本章后续部分将得到检验。

管理者情绪被传染而变得低落，其对企业未来的悲观预期则可能通过负向盈余管理这一披露策略表现出来。

通过对以上两种竞争性观点的分析，最后提出如下一致的假设，并且将在本节后续部分实证检验两种观点的适用性。

H4.1：投资者情绪高涨时，公司倾向于正向盈余管理；投资者情绪低落时，公司倾向于负向盈余管理。

H4.2：投资者情绪水平与盈余管理大小正相关。

4.2.2　研究设计

4.2.2.1　关键变量计量

（1）投资者情绪的计量。现有文献提出了市场整体投资者情绪和单个证券投资者情绪两类衡量指标。前者包括主观指标如投资者智慧指数、消费者信心指数以及客观指标如封闭式基金折价、投资者情绪复合指数等。对于单个证券投资者情绪的计量，现有研究往往采用动量指标（吴世农和汪强，2009；花贵如等，2011）、权益的市值账面比指标（肖虹和曲晓辉，2012；Brown et al.，2012）以及分解 Tobin'Q 法（Goyal & Yamada，2004；张戈和王美今，2007；朱迪星和潘敏，2012；黄宏斌和刘志远，2014；张庆和朱迪星，2014；翟淑萍等，2017）等。正如本书第 2 章的分析[①]，在探寻投资者情绪如何影响微观企业行为问题时，选择单个证券投资者情绪指标比市场整体情绪指标更为恰当。其中最为关键的是，从计量经济学方法上看，根据该类指标提供的面板数据（而非市场整体情绪指标提供的时间序列数据）进行回归分析，能获得不同企业盈余管理迎合行为的截面特征，从而研究结论更具实践意义。[②]

本书采用分解 Tobin'Q 法对单个证券投资者情绪进行计量。由于动量指标和 B/M 指标衡量投资者情绪都是基于一种间接推断，相对而言，分解 Tobin'Q 法更为直接有效。同时，只有分解 Tobin'Q 法获得的投资者情绪指标才有正负之分，

---

① 具体见本书 2.1.2.3 部分。

② 正如莫克尔等（Morck et al.，1990）指出，在政策讨论方面，公司层面的截面差异证据比市场总体的时期差异数据更为重要。

能确定投资者情绪的性质，即当投资者情绪指标为正值时表示情绪高涨，反之则表示情绪低落，因此，这一指标在经验研究中更具实际意义。也正因为如此，该方法得到了学界的普遍肯定和广泛运用（Goyal & Yamada，2004；张戈和王美今，2007；朱迪星和潘敏，2012；黄宏斌和刘志远，2014；张庆和朱迪星，2014，翟淑萍等，2017）。借鉴戈亚尔和山田（Goyal & Yamada，2004）以及张戈和王美今（2007）等的方法，本书在控制行业类型的前提下，分年度将年末 Tobin'Q 对反映公司基本面的变量组净资产收益率、资产负债率、营业收入增长率、规模对数进行回归，再以残差作为衡量投资者情绪水平的代理变量。

（2）盈余管理的计量。在盈余管理的三类主流衡量方法中，具体项目分析法难以反映企业盈余管理的整体状况，盈余分布检测法不能识别具体企业盈余管理的程度和方式，应计利润分离法虽然受到了众多质疑，但在当前应用得最为广泛，而且与其他两类方法比较，应计利润分离法不仅能计量盈余管理的程度，而且还能明确盈余管理的方向，更加适合于本书相关研究。本书采用应计利润分离法中最具代表性的琼斯（Jones）系列模型来计量盈余管理，这类模型的设计基于管理者的相机动机，更倾向于反映管理者特定意图的盈余管理，与本书的研究目的契合。为了保证研究结果的稳健，本书从琼斯系列模型中选取三种模型对盈余管理进行计量，具体包括基本琼斯模型（Jones，1991）、修正琼斯模型（Dechow et al.，1995）和收益匹配琼斯模型（Kothari et al.，2005），所有模型都采用横截面数据进行回归。[①]

4.2.2.2　实证模型设定

为了检验 H4.1，本书设定了如下 Probit 模型：

$$P(DirectionEM_{1-3} = 1) = \Phi(\beta_0 + \beta_1 Sent + \sum Controls + \sum Industry +$$
$$\sum Year + \sum Board + \varepsilon) \tag{4-1}$$

模型（4-1）的左边表示正向盈余管理的概率，因变量 $DirectionEM_{1-3}$ 表示盈余管理方向，当利用三种琼斯模型得出的操纵性应计利润为正值时，$Directio$-

---

① 德丰和吉姆巴沃（DeFond & Jiambalvo，1994）认为，横截面模型可以消除特定年份经济环境变化对盈余管理的影响。巴托夫等（Bartov et al.，2001）也认为，横截面琼斯模型优于时间序列模型。国内文献大多采用横截面数据进行回归。

nEM_{1-3} 等于 1，表示正向盈余管理，否则等于 0。$Sent$ 表示投资者情绪水平，通过分解 Tobin'Q 的方法获得。根据前期文献成果，本书从公司财务特征和公司治理等方面选取了 14 个控制变量，具体情况见表 4 - 1。$Industry$、$Year$、$Board$ 分别为行业虚拟变量、年度虚拟变量和上市公司板块（包括主板、中小板和创业板）虚拟变量，用于控制行业差异、年度差异和上市公司板块差异。

表 4 - 1　　　　　　　　　　　　变量定义

变量类型	变量标识	变量定义
因变量	$DirectionEM_{1-3}$	盈余管理方向，虚拟变量，当根据基本琼斯模型（Jones，1991）、修正琼斯模型（Dechow et al.，1995）和收益匹配琼斯模型（Kothari et al.，2005）获得的操纵性应计利润为正值时，$DirectionEM_1$、$DirectionEM_2$、$DirectionEM_3$ 分别等于 1，表示正向盈余管理
自变量	$Sent$	投资者情绪，通过分解 Tobin'Q 法获得
控制变量	$lnSize$	总资产对数
	Lev	资产负债率
	$Growth$	营业收入增长率
	ROE	净资产收益率
	CFO	经营活动现金流量净额/期初资产总额
	$State$	最终控制人性质，虚拟变量，国有控股时变量取值为 1
	$Months$	上市时间，定义为公司初次上市到样本观测年度 12 月止的总月份数
	$Duality$	董事长与总经理二职合一，虚拟变量，二职合一时取 1
	Ind_ratio	独董比例，定义为独董人数/董事会总人数
	$Ind\_address$	独立董事与上市公司工作地点一致性，虚拟变量，工作地点一致时取 1
	FS_share	第一大股东持股比例
	Ma_share	管理层持股比例
	Ins_share	机构投资者持股比例
	$Big4$	虚拟变量，公司被 4 大审计事务所审计时取 1
	$Ind/Year/Board$	行业/年度/板块虚拟变量

为了检验 H4.2，本书设定如下回归模型：

$$EM_{1-3} = \beta_0 + \beta_1 Sent + \sum Controls + \sum Industry + \sum Year + \sum Board + \varepsilon$$

$$(4-2)$$

模型（4-2）中，因变量 EM_{1-3} 表示盈余管理大小，分别对应根据三种琼斯模型获得的操纵性应计利润。其他变量定义与模型（4-1）相同。

回归分析时，对模型（4-1）和模型（4-2）中所有非虚拟变量都进行了 Z 标准化处理，以便消除量纲影响并更好地分析实证结果的经济意义。实证分析采用 Stata 作为统计软件。

4.2.2.3　样本与数据来源

本书以中国 A 股市场 2007～2017 年所有上市公司作为初始样本，并进行了必要的筛选。以 2007 年作为研究时间窗口的起点，是因为 2007 年起我国上市公司开始实施全新的会计准则体系，以该年度作为时间窗口的起点可以避免宏观会计政策的变化对公司盈余管理策略的影响。初始样本具体筛选过程见表 4 - 2。模型中所用到的财务数据均来自上市公司年报，最终获得 23654 个有效年度观测值。除最终控制人性质数据来源于色诺芬数据库外，其他数据来源于国泰安数据库。

表 4 - 2　　　　　　　　　　　　　初始样本筛选过程

年份	全部 A 股公司数	剔除金融类上市公司数	剔除被特别处理的上市公司数	剔除必要财务数据缺失的上市公司数	最终样本数
2007	1526	27	200	0	1299
2008	1602	27	162	0	1413
2009	1693	30	160	1	1502
2010	2040	36	178	2	1824
2011	2317	40	172	0	2105
2012	2470	42	121	0	2307
2013	2468	43	107	1	2317
2014	2591	44	173	1	2373
2015	2808	50	213	2	2543
2016	3032	65	181	5	2781
2017	3467	77	200	0	3190
合计	26014	481	1867	12	23654

4.2.3　主要实证结果

4.2.3.1　描述性统计

表 4 - 3 提供了主要变量的描述性统计指标。模型（4 - 1）和模型（4 - 2）的自变量 $Sent$ 中位数（ - 0.2403）小于 0，在未列出的统计数据中也发现 $Sent$ 小于 0 的样本观测超过 60%，这说明市场中投资者情绪整体较为低落。上述统计结果与我国股市在研究时间窗口 2007～2017 年始终保持颓势的现实情况一致，在一定程度上也证明了本书衡量投资者情绪的方法是合理的。同时，模型（4 - 1）的因变量 $DirectionEM_{1 - 3}$ 总样本均值都低于 0.5，说明市场整体倾向于负向盈余管

理，加上 *Sent* 的统计指标表明投资者情绪整体较为低落，意味着两者之间可能存在正相关关系。值得注意的是，即使市场整体情绪偏向低落，但 *Sent* 最大值达到 9.18，在未列出的统计数据中也发现有 9129 个样本观测的 *Sent* 变量值大于 0，这表明即使证券市场整体不景气，某些证券的投资者情绪依然可能高涨，市场整体投资者情绪和单个证券投资者情绪并不完全一致。

表 4-3 　　　　　　　　　　　主要变量描述性统计

变量	观测数	均值	中位数	标准差	Max	Min
$DirectionEM_1$	23654	0.4715	0	0.4992	1	0
$DirectionEM_2$	23654	0.4874	0	0.4999	1	0
$DirectionEM_3$	23654	0.4713	0	0.4992	1	0
EM_1	23654	0	−0.0063	0.1189	6.6260	−1.4782
EM_2	23654	0.0027	−0.0044	0.1217	6.6410	−1.4782
EM_3	23654	0	−0.0063	0.1146	6.6220	−1.4660
Sent	23654	0	−0.2403	1.2996	9.1750	−6.9043
lnSize	23654	21.9632	21.7827	1.3022	28.5087	17.6413
Lev	23654	0.4331	0.4287	0.2149	4.0260	0.0071
Growth	23654	0.2135	0.1189	1.3288	87.4837	−0.9861
ROE	23654	0.0760	0.0793	0.4425	29.7372	−29.1436
CFO	23654	0.0494	0.0493	0.1260	1.4519	−5.9660
State	23654	0.4231	0	0.4941	1	0
Months	23654	113.4308	102	79.4531	324	0
Duality	23654	0.2419	0	0.4282	1	0
Ind_ ratio	23654	0.3709	0.3333	0.0546	0.8000	0.0909
Ind_ address	23654	0.4803	0	0.4996	1	0
FS_ share	23654	0.3570	0.3384	0.1529	0.8999	0.0029
Ma_ share	23654	0.1203	0.0004	0.2004	0.8972	0
Ins_ share	23654	0.0446	0.0279	0.0525	0.7499	0
Big4	23654	0.0568	0	0.2315	1	0

4.2.3.2　回归分析

表 4-4 报告了对 H4.1 进行检验的 Probit 回归分析结果。三个子模型的伪 R^2 最小为 0.388，最大为 0.419，拟合优度较为理想，大部分自变量都与因变量存在显著的相关关系，表明模型的设定较为合理。表 4-4 中所有变量的 Z 统计量都采用稳健标准差计算，避免了可能存在的异方差影响。在模型整体回归效果较好的前提下，本书最为关注的是，三个子模型中自变量 *Sent* 的边际效应都是正数，并且全部通过 0.01 水平上的显著性检验，这表明随着投资者情绪水平的提升，公司进行正向盈余管理的可能性逐渐加大，H4.1 得到验证。不同子模型中，

自变量 *Sent* 的边际效应数值有所差异，说明不同的琼斯模型在衡量操纵性应计利润的方法和结果上有所区别，但这并没有影响假设检验的结果，反而增强了实证结果的稳健性。具体来看：第一个子模型（因变量为 *DirectionEM*$_1$）中 *Sent* 边际效应最大，约为 0.03，这表示在控制了其他变量之后，当投资者情绪水平增加 1 个标准差则正向盈余管理的概率约增加 3%；第三个子模型（因变量为 *Directio-nEM*$_3$）中 *Sent* 边际效应最小，约为 0.024，表示在控制了其他变量之后，当投资者情绪水平增加 1 个标准差则正向盈余管理的概率增加约 2.4%。

表 4-4　　　投资者情绪与公司盈余管理方向 **Probit** 回归分析结果

自变量	因变量 *DirectionEM*$_1$ 边际效应（Z 统计量）	因变量 *DirectionEM*$_2$ 边际效应（Z 统计量）	因变量 *DirectionEM*$_3$ 边际效应（Z 统计量）
Sent	0.0300 *** (5.75)	0.0279 *** (5.32)	0.0240 *** (4.27)
ln*Size*	0.0778 *** (11.12)	0.0760 *** (10.86)	0.0889 *** (13.37)
Lev	-0.1888 *** (-27.18)	-0.1828 *** (-26.38)	-0.1428 *** (-22.61)
Growth	-0.1609 *** (-7.47)	-0.0969 *** (-4.49)	0.0247 (1.08)
ROE	1.6916 *** (31.02)	1.6937 *** (30.88)	0.8200 *** (25.49)
CFO	-0.8305 *** (-51.49)	0.8315 *** (-51.38)	-0.9695 *** (-49.71)
State	0.0236 ** (2.17)	0.0190 * (1.75)	0.0398 *** (3.64)
Months	-0.0304 *** (-4.62)	-0.0307 *** (-4.64)	-0.0349 *** (-5.10)
Duality	0.0151 (1.51)	0.0135 (1.35)	0.0218 ** (2.07)
Ind_ratio	-0.0161 *** (-3.93)	-0.0149 *** (-3.65)	-0.0049 (-1.16)
Ind_address	-0.0380 *** (-4.61)	-0.0320 *** (-3.87)	-0.0469 *** (-5.61)
FS_share	0.0069 (1.54)	0.0070 (1.56)	0.0112 ** (2.43)
Ma_share	0.0048 (0.88)	0.0093 * (1.69)	0.0171 *** (2.86)
Ins_share	0.0043 (0.92)	0.0067 (1.43)	0.0031 (0.67)
Big4	-0.1205 *** (-6.94)	-0.1128 *** (-6.40)	-0.1274 *** (-7.05)

续表

自变量	因变量 $DirectionEM_1$	因变量 $DirectionEM_2$	因变量 $DirectionEM_3$
	边际效应 （Z 统计量）	边际效应 （Z 统计量）	边际效应 （Z 统计量）
行业/年度/板块	控制	控制	控制
观测数	23654	23654	23654
Pseudo R^2	0.388	0.386	0.419
Wald chi2	(3430.25) ***	(3477.18) ***	(3167.98) ***

注：（1）所有自变量的边际效应都是通过 Stata 软件的 mfx 命令求得，括号中的 Z 统计量根据稳健标准差计算；（2）***、**、* 分别表示 0.01、0.05、0.1 的显著性水平。

表 4 - 5 报告了对 H4.2 进行检验的多元回归分析结果。所有子模型中，调整的 R^2 最小为 0.72，最大为 0.761，拟合效果非常理想，所有自变量几乎都与因变量存在显著的相关关系，表明模型的设定较为合理。表 4 - 5 中所有变量的 T 统计量都采用稳健标准差计算，避免了可能存在的异方差影响。三个子模型中自变量 Sent 的系数都是正数，并且全部通过 0.01 水平上的显著性检验，再结合表 4 - 4 的分析结果，说明随着投资者情绪水平的提升，公司负向盈余管理程度逐渐减小，正向盈余管理程度逐渐增加，即投资者情绪水平与盈余管理大小正相关，H4.2 得到验证。

表 4 - 5　　　　投资者情绪与公司盈余管理大小多元回归分析结果

自变量	因变量 EM_1	因变量 EM_2	因变量 EM_3
	系数 （T 统计量）	系数 （T 统计量）	系数 （T 统计量）
Sent	0.0458 *** (9.07)	0.0465 *** (9.22)	0.0255 *** (5.64)
lnSize	0.0897 *** (14.69)	0.0865 *** (14.20)	0.0932 *** (17.92)
Lev	- 0.2135 *** (-35.42)	- 0.2057 *** (-34.20)	- 0.1689 *** (-33.90)
Growth	- 0.1707 *** (-8.75)	- 0.0914 *** (-4.69)	0.0332 * (1.80)
ROE	1.9961 *** (68.94)	2.0022 *** (69.28)	1.0806 *** (45.44)
CFO	- 1.1124 *** (-170.53)	- 1.1140 *** (-170.43)	- 1.2027 *** (-199.74)
State	- 0.0107 (-1.22)	- 0.0110 (-1.26)	0.0177 ** (2.23)
Months	- 0.0491 *** (-9.00)	- 0.0528 *** (-9.69)	- 0.0539 *** (-10.80)

续表

自变量	因变量 EM_1	因变量 EM_2	因变量 EM_3
	系数 （T 统计量）	系数 （T 统计量）	系数 （T 统计量）
Duality	0.0063 (0.74)	0.0111 (1.29)	0.0106 (1.35)
Ind_ ratio	− 0.0101 *** (− 2.92)	− 0.0107 *** (− 3.12)	− 0.0065 ** (− 2.09)
Ind_ address	− 0.0440 *** (− 6.45)	− 0.0412 *** (− 6.04)	− 0.0424 *** (− 6.81)
FS_ share	0.0136 *** (3.64)	0.0115 *** (3.09)	0.0151 *** (4.44)
Ma_ share	0.0111 ** (2.34)	0.0171 *** (3.54)	0.0163 *** (3.63)
Ins_ share	0.0062 * (1.72)	0.0077 ** (2.17)	− 0.0001 (− 0.02)
Big4	− 0.1258 *** (− 8.15)	− 0.1229 *** (− 8.03)	− 0.1051 *** (− 7.42)
截距项	0.0323 (1.11)	− 0.0015 (− 0.05)	0.0369 (1.37)
行业/年度/板块	控制	控制	控制
观测数	23654	23654	23654
Adj. R^2	0.720	0.721	0.761
F	(806.90) ***	(817.23) ***	(1051.23) ***

注：（1）括号中的 T 统计量根据稳健标准差计算；（2）***、**、* 分别表示 0.01、0.05、0.1 的显著性水平。

4.2.3.3　"管理者情绪"观的检验

在 H4.1 和 H4.2 得到验证的基础上，本书进一步检验"迎合理论"和"管理者情绪理论"两种竞争性观点在解释上述实证结果时的适用性，即公司盈余管理策略的变化是管理者对投资者情绪的一种理性迎合，还是受自身情绪变化的影响。为了完成这一目标，本书在模型（4 - 1）和模型（4 - 2）中分别加入衡量管理者情绪的代理变量 *Msent*，具体设定见模型（4 - 3）和模型（4 - 4）。

$$\mathrm{P}(DirectionEM_{1-3} = 1) = \Phi(\beta_0 + \beta_1 Sent + \beta_2 Msent + \sum Controls + \sum Industry$$
$$+ \sum Year + \sum Board + \varepsilon) \qquad (4-3)$$

$$EM_{1-3} = \beta_0 + \beta_1 Sent + \beta_2 Msent + \sum Controls + \sum Industry + \sum Year + \sum Board + \varepsilon$$
$$(4-4)$$

首先通过模型（4 - 3）和模型（4 - 4）中 *Msent* 的系数 β_2，可以判断管理者情绪是否对公司盈余管理策略产生显著影响，以检验公司盈余管理策略是否是管理者自身情绪的反映。如果 $Msent$ 的系数 β_2 是显著的，本书再进一步检验投资者情绪是否通过管理者情绪这一中介变量，来影响公司的盈余管理策略；如果 $Msent$ 的系数 β_2 不显著，则说明管理者情绪并未对公司盈余管理策略产生显著影响，因此，管理者情绪观点在本书并不适用。对于管理者情绪的衡量，目前有以下三种主流方法：第一种是获取管理者情绪的调查数据（余明桂等，2006；Brown et al.，2012）。第二种是以高管人员在任期内持股数量的变化作为衡量管理者情绪的指标，如果时间窗口内高管持股数量增加，则可判定为乐观情绪，否则判定为悲观情绪（Malmendier & Tate，2005）。值得注意的是，由于我国对企业高管持股有一定的限售条件，所以该方法在我国的适用性受到较大影响。第三种方法是基于林等（Lin et al.，2005）的思路，以管理者盈余预测的偏差作为衡量指标，目前这种方法在国内得到了认同和广泛运用（余明桂等，2006；姜付秀等，2009；花贵如等，2011；孟祥展等，2015）。根据数据的可获得性和适用性，本书采用上述第三种方法对管理者情绪进行衡量，当公司实际盈利水平低于管理者预测的盈利水平时，管理者情绪变量（$Msent$）赋值为1，表示其情绪乐观，否则赋值为0。管理者盈利预测数据来源于 RESSET 数据库，经过整理后最终获得样本公司 10725 个管理者情绪年度指标。[①] 为了避免可能存在的多重共线性，表 4-6 和表 4-7 中分别给出了不包含 $Sent$ 和包含 $Sent$ 的两种回归结果，所有回归结果均显示，变量 $Msent$ 的边际效应或系数不显著，这说明公司盈余管理策略不受管理者自身情绪的影响，因此，管理者情绪理论观点并不适用。本书认为，与投资者相比，管理者作为内部人更为客观充分地掌握了公司的财务信息，因此在历史信息披露时不太容易受到自身非理性情绪的影响，这或许是导致上述实证结论的主要原因。

综上所述，公司管理层确实能够识别市场投资者情绪的变化，并通过盈余管理策略理性迎合投资者在不同情绪下的特定需求。当投资者情绪逐渐高涨并对"好消息"有越来越强烈的需求时，管理者通过不断增大的正向盈余管理进行迎

---

① 借鉴张翼和林小驰（2005）、姜付秀等（2009）的观点，本书未统计预测信息披露时间在预测期结束之后的样本。另外，考虑到管理者情绪为时变指标，如果同一预测期内公司披露了多次盈利预测信息，为反映管理者情绪的最新状况，统计数据以最后一次披露的信息为准。

合；当投资者情绪低落时，管理者进行负向盈余管理弥补前期的"亏空"或为以后迎合投资者高涨的情绪做准备。这一结论与行为金融的"迎合理论"一致。

表4-6 投资者情绪、管理者情绪与公司盈余管理方向 **Probit** 回归分析结果

自变量	因变量 $DirectionEM_1$ 边际效应（Z统计量）		因变量 $DirectionEM_2$ 边际效应（Z统计量）		因变量 $DirectionEM_3$ 边际效应（Z统计量）	
Sent	0.0195 *** (4.99)		0.0389 *** (4.70)		0.0393 *** (4.38)	
Msent	-0.0161 (-1.31)	-0.0412 (-1.58)	-0.0202 (-1.62)	0.0234 * (-1.88)	-0.0084 (-0.66)	-0.0110 (-0.86)
lnSize	0.0956 *** (8.39)	0.1006 *** (8.94)	0.0928 *** (8.08)	0.0973 *** (8.59)	0.1118 *** (10.11)	0.1172 *** (10.71)
Lev	-0.1893 *** (-18.04)	-0.1919 *** (-18.48)	-0.1840 *** (-17.37)	-0.1863 *** (-17.77)	-0.1480 *** (-15.07)	-0.1510 *** (-15.52)
Growth	-0.1540 *** (-4.71)	-0.1548 *** (-4.75)	-0.0956 *** (-2.92)	-0.0956 *** (-2.93)	0.0358 (1.04)	0.0360 (1.05)
ROE	1.8277 *** (22.73)	1.8383 *** (23.01)	1.8539 *** (22.47)	1.8634 *** (22.73)	0.8865 *** (18.70)	0.9051 *** (19.09)
CFO	-008735 *** (-37.16)	-0.8835 *** (-37.44)	-0.8854 *** (-36.85)	-0.8946 *** (-37.13)	-0.9990 *** (-33.30)	-1.0095 *** (-33.14)
State	0.0482 *** (2.79)	0.0520 *** (3.03)	0.0387 ** (2.24)	0.0421 ** (2.45)	0.0631 *** (3.61)	0.0686 *** (3.93)
Months	-0.0202 (-1.64)	-0.0209 * (-1.70)	-0.0214 * (-1.73)	-0.0219 * (-1.77)	-0.0246 * (-1.93)	-0.0262 ** (-2.06)
Duality	0.0057 (0.39)	0.0045 (0.31)	-0.0003 (-0.02)	-0.0014 (-0.09)	0.0137 (0.90)	0.0127 (0.84)
Ind_ratio	-0.0155 ** (-2.33)	-0.0186 *** (-2.78)	-0.0118 * (-1.77)	-0.0147 ** (-2.20)	0.0083 (1.24)	0.0059 (0.88)
Ind_address	-0.0271 ** (-2.18)	-0.0294 ** (-2.35)	-0.0189 (-1.51)	-0.0210 * (-1.67)	-0.0426 *** (-3.37)	-0.0446 *** (-3.51)
FS_share	-0.0024 (-0.36)	-0.0059 (-0.86)	-0.0004 (-0.05)	-0.0036 (-0.52)	0.0029 (0.41)	-0.0005 (-0.07)
Ma_share	0.0010 (0.14)	0.0012 (0.17)	0.0058 (0.82)	0.0060 (0.84)	0.0129 * (1.70)	0.0130 * (1.71)
Ins_share	0.0131 * (1.84)	0.0071 (0.98)	0.0144 ** (2.02)	0.0087 (1.21)	0.0086 (1.17)	0.0025 (0.33)
Big4	-0.1443 *** (-4.77)	-0.1611 *** (-5.35)	-0.1265 *** (-4.04)	-0.1428 *** (-4.57)	-0.1673 *** (-5.51)	-0.1840 *** (-6.08)
行业/年度/板块	控制	控制	控制	控制	控制	控制
观测数	10725	10725	10725	10725	10725	10725
Pseudo R^2	0.417	0.419	0.417	0.419	0.440	0.442
Wald chi2	(1646.2) ***	(1754.7) ***	(1671.1) ***	(1770) ***	(1402.4) ***	(1491.8) ***

注：（1）所有自变量的边际效应通过 Stata 软件的 mfx 命令求得，括号中的 Z 统计量根据稳健标准差计算；（2）***、**、* 分别表示0.01、0.05、0.1 的显著性水平。

表4-7 投资者情绪、管理者情绪与公司盈余管理大小多元回归分析结果

自变量	因变量 EM_1 系数（T统计量）		因变量 EM_2 系数（T统计量）		因变量 EM_3 系数（T统计量）	
Sent	0.0609 *** (7.85)		0.0626 *** (8.09)		0.0395 *** (5.61)	
Msent	0.0124 (1.22)	0.0082 (0.82)	0.0156 (1.54)	0.0113 (1.13)	0.0030 (0.32)	0.0003 (0.03)
lnSize	0.1091 *** (11.27)	0.1155 *** (12.12)	0.1066 *** (11.05)	0.1132 *** (11.91)	0.1157 *** (13.74)	0.1199 *** (14.40)
Lev	-0.2116 *** (-23.91)	-0.2143 *** (-24.32)	-0.2040 *** (-23.09)	-0.2068 *** (-23.50)	-0.1782 *** (-24.00)	-0.1799 *** (-24.32)
Growth	-0.1767 *** (-6.01)	-0.1771 *** (-6.09)	-0.0869 *** (-2.97)	-0.0874 *** (-3.03)	0.0352 (1.29)	0.0349 (1.29)
ROE	2.0667 *** (52.10)	2.0888 *** (52.91)	2.0711 *** (52.36)	2.0938 *** (53.17)	1.1223 *** (33.92)	1.1366 *** (34.25)
CFO	-1.1244 *** (-116.93)	-1.1311 *** (-119.51)	-1.1282 *** (116.97)	-1.1351 *** (-119.65)	-1.2167 *** (-137.26)	-1.2210 *** (-139.69)
State	0.0079 (0.57)	0.0142 (1.03)	0.0072 (0.52)	0.0136 (1.00)	0.0321 ** (2.53)	0.0361 *** (2.88)
Months	-0.0156 (-1.50)	-0.0174 * (-1.70)	-0.0223 ** (-2.16)	-0.0242 ** (-2.37)	-0.0354 *** (-3.79)	-0.0366 *** (-3.95)
Duality	0.0106 (0.87)	0.0077 (0.63)	0.0153 (1.25)	0.0122 (1.01)	0.0139 (1.25)	0.0120 (1.08)
Ind_ ratio	-0.0057 (-1.02)	-0.0091 (-1.64)	-0.0059 (-1.06)	-0.0093 * (-1.69)	-0.0028 (-0.56)	-0.0049 (-1.00)
Ind_ address	-0.0419 *** (-4.08)	-0.0425 *** (-4.16)	-0.0374 *** (-3.64)	-0.0381 *** (-3.73)	-0.0375 *** (-4.02)	-0.0379 *** (-4.07)
FS_ share	0.0080 (1.40)	0.0030 (0.53)	0.0059 (1.04)	0.0008 (0.14)	0.0101 * (1.91)	0.0068 (1.29)
Ma_ share	0.0096 (1.63)	0.0090 (1.53)	0.0148 ** (2.46)	0.0141 ** (2.36)	0.0111 ** (2.01)	0.0107 * (1.94)
Ins_ share	0.0110 ** (1.98)	0.0013 (0.23)	0.0143 *** (2.60)	0.0044 (0.78)	0.0029 (0.56)	-0.0034 (-0.63)
Big4	-0.1322 *** (-4.95)	-0.1560 *** (-5.79)	-0.1295 *** (-4.86)	-0.1540 *** (-5.73)	-0.1108 *** (-4.52)	-0.1263 *** (-5.09)
截距项	0.0950 ** (2.02)	0.0952 ** (2.05)	0.0499 (1.08)	0.0501 (1.11)	0.0919 ** (2.10)	0.0920 ** (2.13)
行业/年度/板块	控制	控制	控制	控制	控制	控制
观测数	10725	10725	10725	10725	10725	10725
Adj. R^2	0.730	0.733	0.733	0.736	0.768	0.770
F	(391.48) ***	(406.28) ***	(398.19) ***	(414.42) ***	(512.98) ***	(525.20) ***

注：（1）括号中的T统计量根据稳健标准差计算；（2）***、**、*分别表示0.01、0.05、0.1的显著性水平。

4.2.4　进一步研究

4.2.4.1　盈余管理迎合行为的主体特征

为了进一步分析哪些公司更倾向于运用盈余管理迎合策略，本书进行如下研究设计：首先，借鉴贝克和沃格勒（2006，2007）的做法，通过资产规模（lnSize）、成长性（Growth）、市值（MV）、回报波动性（Volatility）、是否新股（New）、是否分红（Dividend）以及最终控制人性质（State）七个指标来界定公司特征。资产规模（lnSize）、成长性（Growth）以及最终控制人性质（State）三个指标的定义见表 4-1；市值（MV）定义为上市公司年末市场价值；公司上市时间不超过 12 个月定义为新股，此时 New 赋值为 1，否则赋值 0；公司当年进行了现金分红，Dividend 赋值为 1，否则赋值 0；回报波动性（Volatility）定义为考虑现金红利再投资的月个股回报率年度标准差。除最终控制人性质数据来源于色诺芬数据库外，上述其他指标数据来源于国泰安数据库。其次，根据上述指标从总样本中选取一系列子样本。具体方法是：分别根据资产规模（lnSize）、成长性（Growth）、市值（MV）和回报波动性（Volatility）四个连续指标的四分位数，各自从总样本中选出两个极端组（指标值最低的 25% 样本被定义为极低组，指标值最高的 25% 被定义为极高组）；对于是否新股（New）、是否分红（Dividend）、最终控制人性质（State）三个虚拟变量，按照变量值 1 和 0 将总样本划分为两组。最后，根据模型（4-2）用上述子样本分组进行回归，结果见表 4-8。

表 4-8　　盈余管理迎合行为主体特征回归分析结果

特征指标分组（N）	因变量 EM_1 Sent 系数（T 统计量）	因变量 EM_2 Sent 系数（T 统计量）	因变量 EM_3 Sent 系数（T 统计量）
lnSize 极低组（5915）	0.0349 *** (4.16)	0.0368 *** (4.38)	0.0192 ** (2.53)
lnSize 极高组（5913）	0.1567 *** (8.94)	0.1610 *** (9.39)	0.0906 *** (5.56)
Growth 极低组（5912）	-0.0002 (-0.02)	-0.0003 (-0.02)	-0.0054 (-0.61)
Growth 极高组（5914）	0.0615 *** (5.75)	0.0631 *** (5.93)	0.0285 *** (2.93)

特征指标分组 （N）	因变量 EM_1	因变量 EM_2	因变量 EM_3
	Sent 系数 （T 统计量）	Sent 系数 （T 统计量）	Sent 系数 （T 统计量）
MV 极低组 （5913）	− 0.0006 （− 0.04）	− 0.0036 （− 0.25）	− .0214 * （− 1.65）
MV 极高组 （5914）	0.0785 *** （6.95）	0.0795 *** （7.11）	0.0475 *** （4.66）
Volatility 极低组 （5822）	0.0742 *** （5.75）	0.0755 *** （5.84）	0.0437 *** （3.99）
Volatility 极高组 （5823）	0.0368 *** （4.42）	0.0373 *** （4.50）	0.0276 *** （3.71）
New = 0 （21409）	0.0446 *** （8.13）	0.0454 *** （8.31）	0.0237 *** （4.88）
New = 1 （2245）	− 0.0406 *** （− 3.31）	− 0.0380 *** （− 3.03）	− 0.0495 *** （− 4.09）
Dividend = 0 （6607）	0.0081 （0.86）	0.0084 （0.89）	− 0.0003 （− 0.05）
Dividend = 1 （17047）	0.0183 *** （3.59）	0.0191 *** （3.74）	0.0003 （0.05）
State = 0 （13646）	0.0400 *** （6.69）	0.0418 *** （6.98）	0.0222 *** （4.03）
State = 1 （10008）	0.0627 *** （6.86）	0.0616 *** （6.82）	0.0343 *** （4.52）

注：（1）括号中的 T 统计量都根据稳健标准差计算；（2）***、**、*分别表示 0.01、0.05、0.1 的显著性水平。（3）本表省略了其他控制变量的回归结果。

比较表 4 - 8 中分组子样本自变量 Sent 的系数以及 T 值可知，规模大、成长性高、市值高、回报波动性小的样本以及非新股、分红股、国有控股样本迎合程度更高（即自变量的系数和 T 值更大）。这些样本表现出抗风险能力、发展能力较强，成熟度高，国有控股等特点。综合上述特点，本书将这些迎合程度更高的样本总结为"实力强大"的公司。分析其原因，可能在于采取迎合投资者情绪的盈余管理策略需要承担更大的风险和成本，必须靠强大实力作为支撑。比如，为了迎合高涨的投资者情绪而进行更大程度的正向盈余管理，则需要更高的营业收入增长率支持。

4.2.4.2 盈余管理迎合行为的时机偏好

为了进一步检验在不同投资者情绪水平阶段，投资者情绪与公司盈余管理大小之间的关系，本书将总样本按照投资者情绪水平的四分位数分成 4 个子样本，根据模型（4 - 2）再次进行分组回归，结果见表 4 - 9。

表4-9   盈余管理迎合行为时机偏好回归分析结果

Sent 分组（N）	因变量 EM_1		因变量 EM_2		因变量 EM_3	
	Sent 系数（T统计量）	Adj. R^2	Sent 系数（T统计量）	Adj. R^2	Sent 系数（T统计量）	Adj. R^2
总样本（23645）	0.0458 ***（9.07）	0.720	0.0465 ***（9.22）	0.721	0.0255 ***（5.64）	0.761
1（5913）	-0.0031（-0.12）	0.767	-0.0010（-0.04）	0.767	-0.0180（-0.70）	0.797
2（5914）	-0.0091（-0.16）	0.760	-0.0077（-0.13）	0.762	-0.0506（-0.93）	0.791
3（5913）	0.0822 *（1.75）	0.747	0.0876 *（1.86）	0.748	0.0339（0.79）	0.784
4（5914）	0.0503 ***（4.64）	0.659	0.0497 ***（4.61）	0.660	0.0264 ***（2.70）	0.702

注：（1）括号中的T统计量都根据稳健标准差计算；（2）***、**、*分别表示0.01、0.05、0.1的显著性水平。（3）本表省略了其他控制变量的回归结果。

从表4-9可以看出，总体而言，投资者情绪与盈余管理大小正相关，但在分组样本的回归结果中：第4组样本（投资者情绪最为高涨的样本组）中自变量Sent的回归系数最为显著，在三个子模型中都通过了0.01水平上的显著性检验；第3组样本中Sent系数在因变量为EM_1、EM_2两个子模型中是显著的，但无论是系数值还是显著性水平，都低于第4组样本；第1组和第2组子样本中Sent系数不显著。[①]以上数据意味着，在投资者情绪水平与盈余管理大小总体正相关的前提下，上市公司的盈余管理迎合行为可能存在时机偏好。鉴于第3组样本中Sent系数的显著性水平普遍不高，本书对相应的结果持谨慎态度，因此，表4-9的实证数据表明，在投资者情绪最为高涨时期，上市公司利用盈余管理行为迎合投资者情绪的现象最为普遍，从市场整体来看，此时的盈余管理策略迎合特征最为明显。

上述结论完全符合迎合理论的基本逻辑。由于"好消息"的盈余反应系数与投资者情绪水平正相关（Mian & Sankaraguruswamy，2012；姚海鑫等，2015），意味着在投资者情绪最为高涨的阶段，"好消息"导致的溢价最高。借鉴股利迎合理论的基本模型（3-11），模型左边的股利溢价（$P_0^D - P_0^G$）越大，管理者迎合投资者非理性需求的动机越强烈，发放股利的可能性越大。类似的，在"好消

① 应该指出的是，第1组和第2组子样本中Sent系数不显著，是因为受到样本分组的局限，这并不影响总样本的检验结果。

息"溢价最高的投资者情绪极度高涨期，管理者利用"好消息"迎合投资者情绪的动机自然也最为强烈。

4.2.4.3 盈余管理迎合行为的板块差异

为了进一步检验 A 股上市公司盈余管理迎合行为的板块差异，本书将总样本按照主板公司、中小板公司和创业板公司分成 3 个子样本，根据模型（4-1）和模型（4-2）进行分组回归，结果见表 4-10 和表 4-11。为了方便对比，表格中同时也列出了总样本的回归结果。

表 4-10　投资者情绪与公司盈余管理方向——不同板块样本回归分析结果

样本类型（N）	因变量 $DirectionEM_1$		因变量 $DirectionEM_2$		因变量 $DirectionEM_3$	
	边际效应（Z 统计量）	Pseudo R²	边际效应（Z 统计量）	Pseudo R²	边际效应（Z 统计量）	Pseudo R²
总样本（23645）	0.0300 ***（5.75）	0.388	0.0279 ***（5.32）	0.386	0.0240 ***（4.27）	0.419
主板样本（14089）	0.0409 ***（5.76）	0.384	0.0380 ***（5.29）	0.384	0.0299 ***（3.85）	0.418
中小板样本（6339）	0.0174（1.55）	0.480	0.0118（1.08）	0.473	0.0151（1.25）	0.480
创业板样本（3226）	-0.0065（-0.50）	0.475	-0.0022（-0.18）	0.478	0.0124（0.94）	0.468

注：（1）所有自变量的边际效应通过 Stata 软件的 mfx 命令求得，括号中的 Z 统计量都根据稳健标准差计算；（2）***、**、* 分别表示 0.01、0.05、0.1 的显著性水平。（3）本表省略了其他控制变量的回归结果。

表 4-11　投资者情绪与公司盈余管理大小——不同板块样本回归分析结果

样本类型（N）	因变量 EM_1		因变量 EM_2		因变量 EM_3	
	Sent 系数（T 统计量）	Adj. R²	Sent 系数（T 统计量）	Adj. R²	Sent 系数（T 统计量）	Adj. R²
总样本（23645）	0.0458 ***（9.07）	0.720	0.0465 ***（9.22）	0.721	0.0255 ***（5.64）	0.761
主板样本（14089）	0.0563 ***（7.83）	0.721	0.0558 ***（7.85）	0.723	0.0336 ***（5.40）	0.766
中小板样本（6339）	0.0363 ***（4.05）	0.776	0.0386 ***（4.30）	0.778	0.0166 **（2.00）	0.805
创业板样本（3226）	0.0180 *（1.95）	0.765	0.0187 **（1.99）	0.764	0.0048（0.54）	0.777

注：（1）括号中的 T 统计量都根据稳健标准差计算；（2）***、**、* 分别表示 0.01、0.05、0.1 的显著性水平。（3）本表省略了其他控制变量的回归结果。

表 4-10 和表 4-11 中回归结果显示，在总样本自变量系数显著的前提下，主板样本自变量的边际效应（系数）和 Z（T）统计量普遍大于中小板和创业板样本，这说明主板公司的盈余管理迎合行为更加明显。本书认为，导致上述结果的原因可能在于两个方面：第一，深交所对于中小板和创业板上市公司信息披露监管更为严格，出台了《中小企业板块上市公司特别规定》《创业板股票上市规则》《中小企业板信息披露业务备忘录》《创业板信息披露业务备忘录》等一系列针对性的监管文件，因此两个板块上市公司盈余管理空间相对较小，信息披露策略的灵活性受限。第二，结合前文盈余管理迎合行为的主体特征分析结论，与中小板和创业板相比，主板公司普遍具有更为强大的实力，能够承担盈余管理迎合行为所带来的策略风险和成本，因而对这一策略的运用更加普遍。

4.2.5　内生性处理

尽管模型（4-1）和模型（4-2）从公司财务特征和公司治理等方面选取了 14 个控制变量，但由于影响上市公司盈余管理行为的因素较多，实证模型仍然可能存在遗漏变量现象，进而导致内生性问题。为了保证实证结论的准确性，本书从以下三个方面对可能存在内生性问题进行了处理。

第一，进一步控制潜在遗漏变量。模型（4-1）和模型（4-2）中与公司财务特征相关的控制变量已经较为全面，进一步增加此类变量很可能会带来严重的共线性问题，然而，涉及公司治理方面的指标却难以穷举，为了进一步控制此类潜在的遗漏变量，本书在上述模型中加入能够综合反映公司内控质量的迪博内部控制指数（ICI，取自然对数后标准化，最终得到 21606 个有效指标），回归结果见表 4-12 和表 4-13。为了避免可能存在的多重共线性，表 4-12 和表 4-13 中分别给出了包含所有控制变量和删除部分不显著控制变量的两种回归结果，所有回归结果均显示自变量 *Sent* 的边际效应或系数显著为正，实证结论并未发生改变。

第二，利用固定效应模型进行回归分析。由于不同年度上市公司数量存在差异，本书得到的最终样本观测为非平衡面板数据，而从非平衡面板数据中提取一个平衡面板数据子集会损失样本容量并且破坏样本随机性，因此前文一直使用非平衡面板数据的混合回归对假设进行检验。为了进一步减轻可能的内生性影响，本书从原数据中提取了一个时间跨度为 11 年、每年 852 个样本的平衡面板，通过固定效应模型进行回归，所有回归结果均显示自变量 *Sent* 的系数显著为正（见表 4 – 14 和表 4 – 15）①，实证结论不变。

第三，工具变量法。本书尝试使用上市公司证券代码的百度指数作为单个证券投资者情绪的工具变量。百度指数是某个关键词在百度搜索引擎中一段时期的搜索量。一般来看，某股票的投资者情绪越高涨，投资者利用搜索引擎搜索该股票代码的次数也会越多，同时，作为国内市场占有率排名第一的搜索引擎，百度的搜索量应该最具代表性，因此，证券代码的百度指数和该证券的投资者情绪之间可能具有较强的相关性。外生性方面，本书选择年度最后一周的百度指数（BdI，取自然对数后标准化，最终得到 22092 个有效指标）作为工具变量，而公司年报披露时的盈余管理行为理论上不会受到百度搜索量的直接影响，即百度指数除了与投资者情绪相关，从而影响公司盈余管理行为之外，应该不存在其他影响公司盈余管理行为的途径，故满足外生性条件。在对模型（4 – 1）进行 IV Probit 估计和对模型（4 – 2）进行 2SLS 回归时，第一步（阶段）回归结果都显示百度指数（BdI）对投资者情绪的影响系数在 0.01 水平上显著，而且在对模型（4 – 2）进行 2SLS 回归时，第一阶段回归结果的 F 统计量为 3160.6，远大于临界值 10。上述结果说明不存在弱工具变量问题。对模型（4 – 1）进行 IV Probit 估计的结果中（见表 4 – 16），外生性 Wald 检验拒绝了 Probit 结果有显著的内生性偏误，因此，原 Probit 检验结果有效。对模型（4 – 2）进行 2SLS 回归分析的结果中（见表 4 – 17），所有自变量 *Sent* 的系数均显著为正，实证结论不变。

表 4 – 12　　　　　　　内生性处理：进一步控制模型（4 – 1）潜在遗漏变量

自变量	因变量 $DirectionEM_1$		因变量 $DirectionEM_2$		因变量 $DirectionEM_3$	
	边际效应 （Z 统计量）		边际效应 （Z 统计量）		边际效应 （Z 统计量）	
Sent	0.0315 ***	0.03136 ***	0.0290 ***	0.0288 ***	0.0239 ***	0.0236 ***
	(5.63)	(5.61)	(5.11)	(5.09)	(3.79)	(3.77)
ln*ICI*	0.0113	0.0116	0.0108	0.0112	− 0.0047	− 0.0047
	(1.39)	(1.44)	(1.33)	(1.37)	（− 0.77）	（− 0.78）

①　由于固定效应回归删除了部分因变量在不同年度保持不变的样本，因此表 4 – 14 的样本观测数有所减少。

续表

自变量	因变量 $DirectionEM_1$		因变量 $DirectionEM_2$		因变量 $DirectionEM_3$	
	边际效应（Z 统计量）		边际效应（Z 统计量）		边际效应（Z 统计量）	
ln$Size$	0.0826 ***	0.0863 ***	0.0820 ***	0.0848 ***	0.0981 ***	0.0977 ***
	(11.36)	(11.96)	(11.19)	(11.66)	(13.58)	(13.53)
Lev	− 0.1804 ***	− 0.1804 ***	− 0.1745 ***	− 0.1751 ***	− 0.1385 ***	− 0.1387 ***
	(− 25.62)	(− 25.72)	(− 24.61)	(− 24.78)	(− 20.50)	(− 20.63)
$Growth$	− 0.1485 ***	− 0.1519 ***	− 0.0837 ***	− 0.0857 ***	0.0448 *	0.0450 *
	(− 6.59)	(− 6.75)	(− 3.68)	(− 3.77)	(1.82)	(1.82)
ROE	1.686 ***	1.6841 ***	1.7018 ***	1.7020 ***	0.8323 ***	0.8334 ***
	(29.38)	(29.61)	(29.08)	(29.30)	(23.76)	(23.79)
CFO	− 0.8877 ***	− 0.8868 ***	− 0.8970 ***	− 0.8965 ***	− 1.054 ***	− 1.054 ***
	(− 51.11)	(− 51.14)	(− 50.56)	(− 50.56)	(− 48.05)	(− 48.09)
$State$	0.0162		0.0107		0.0376 ***	0.0349 ***
	(1.44)		(0.94)		(3.25)	(3.10)
$Months$	− 0.0080		− 0.0089		− 0.0153 **	− 0.0165 **
	(− 1.09)		(− 1.21)		(− 2.01)	(− 2.22)
$Duality$	0.0022		− 0.0014		0.0114	
	(0.21)		(− 0.14)		(1.03)	
$Ind\_ ratio$	− 0.0172 ***	− 0.0172 ***	− 0.0161 ***	− 0.0160 ***	− 0.0056	
	(− 4.01)	(− 4.05)	(− 3.73)	(− 3.74)	(− 1.25)	
$Ind\_ address$	− 0.0417 ***	− 0.0402 ***	− 0.0342 ***	− 0.0332 ***	− 0.0485 ***	− 0.0481 ***
	(− 4.85)	(− 4.69)	(− 3.95)	(− 3.85)	(− 5.53)	(− 5.49)
$FS\_ share$	0.0068		0.0055		0.0095 **	0.0091 *
	(1.47)		(1.18)		(1.98)	(1.89)
$Ma\_ share$	− 0.0086		− 0.0032		0.0046	
	(− 1.48)		(− 0.55)		(0.73)	
$Ins\_ share$	0.0130 **	0.0124 **	0.0147 ***	0.0140 ***	0.0100 **	0.0098 *
	(2.57)	(2.51)	(2.88)	(2.79)	(1.97)	(1.96)
$Big4$	− 0.1141 ***	− 0.1119 ***	− 0.1060 ***	− 0.1040 ***	− 0.1273 ***	− 0.1283 ***
	(− 6.36)	(− 6.25)	(− 5.78)	(− 5.69)	(− 6.72)	(− 6.78)
行业/年度/板块	控制	控制	控制	控制	控制	控制
观测数	21606	21606	21606	21606	21606	21606
Pseudo R^2	0.3948	0.3945	0.3938	0.3936	0.4308	0.4307
Wald chi2	(3332) ***	(3312) ***	(3348) ***	(3326) ***	(3015) ***	(2998) ***

注：（1）所有自变量的边际效应通过 Stata 软件的 mfx 命令求得，括号中的 Z 统计量根据稳健标准差计算；（2）***、**、* 分别表示 0.01、0.05、0.1 的显著性水平。

表 4 – 13　　　　内生性处理：进一步控制模型（4 – 2）潜在遗漏变量

自变量	因变量 EM_1		因变量 EM_2		因变量 EM_3	
	系数（T 统计量）		系数（T 统计量）		系数（T 统计量）	
$Sent$	0.0439 ***	0.0441 ***	0.0447 ***	0.0451 ***	0.0232 ***	0.0232 ***
	(8.11)	(8.15)	(8.30)	(8.37)	(4.82)	(4.81)

续表

自变量	因变量 EM_1 系数（T 统计量）		因变量 EM_2 系数（T 统计量）		因变量 EM_3 系数（T 统计量）	
lnICI	-0.0063 (-0.98)	-0.0064 (-0.99)	-0.0059 (-0.92)	-0.0059 (-0.92)	-0.0079 * (-1.69)	-0.0080 * (-1.69)
ln$Size$	0.0902 *** (14.52)	0.0896 *** (14.47)	0.0881 *** (14.25)	0.0872 *** (14.15)	0.0962 *** (18.25)	0.0963 *** (18.29)
Lev	-0.1916 *** (-31.96)	-0.1915 *** (-32.04)	-0.1827 *** (-30.63)	-0.1830 *** (-30.76)	-0.1488 *** (-30.21)	-0.1488 *** (-30.30)
$Growth$	-0.1488 *** (-7.55)	-0.1483 *** (-7.51)	-0.0702 *** (-3.56)	-0.0691 *** (-3.50)	0.0512 *** (2.74)	0.0511 *** (2.74)
ROE	1.9511 *** (62.18)	1.9519 *** (62.56)	1.9526 *** (62.47)	1.9545 *** (62.87)	1.0328 *** (41.22)	1.0326 *** (41.26)
CFO	-1.1318 *** (-164.64)	-1.1318 *** (-164.87)	-1.1305 *** (-164.64)	-1.1307 *** (-164.93)	-1.2265 *** (-198.95)	-1.2264 *** (-199.19)
$State$	-0.0132 (-1.49)		-0.0138 (-1.57)		0.0149 * (1.87)	0.0158 ** (2.06)
$Months$	-0.0201 *** (-3.54)	-0.0199 *** (-3.69)	-0.0226 *** (-3.99)	-0.0239 *** (-4.45)	-0.0243 *** (-4.76)	-0.0240 *** (-4.84)
$Duality$	-0.0085 (-1.00)		-0.0049 (-0.58)		-0.0048 (-0.63)	
Ind_ratio	-0.0114 *** (-3.35)	-0.0117 *** (-3.46)	-0.0120 *** (-3.54)	-0.0120 *** (-3.56)	-0.0082 *** (-2.75)	-0.0084 *** (-2.83)
$Ind\_address$	-0.0439 *** (-6.48)	-0.0449 *** (-6.64)	-0.0401 *** (-5.94)	-0.0409 *** (-6.07)	-0.0421 *** (-6.94)	-0.0422 *** (-6.97)
FS_share	0.0128 *** (3.45)	0.0122 *** (3.37)	0.0104 *** (2.82)	0.0094 *** (2.61)	0.0133 *** (4.01)	0.0134 *** (4.04)
Ma_share	-0.0044 (-0.95)		0.0001 (0.01)		-0.0008 (-0.19)	
Ins_share	0.0156 *** (4.16)	0.0156 *** (4.19)	0.0173 *** (4.65)	0.0172 *** (4.62)	0.0098 *** (2.95)	0.0098 *** (2.96)
$Big4$	-0.1164 *** (-7.40)	-0.1164 *** (-7.40)	-0.1150 *** (-7.40)	-0.1153 *** (-7.42)	-0.0956 *** (-6.68)	-0.0955 *** (-6.68)
截距项	0.0525 * (1.75)	0.0451 (1.54)	0.0200 (0.68)	0.0094 (0.33)	0.0554 ** (2.00)	0.0549 ** (1.99)
行业/年度/板块	控制	控制	控制	控制	控制	控制
观测数	21606	21606	21606	21606	21606	21606
Adj. R^2	0.725	0.725	0.726	0.726	0.771	0.771
F	(739.9) ***	(739.9) ***	(742.2) ***	(788.3) ***	(1018.6) ***	(1062.3) ***

注：（1）括号中的 T 统计量根据稳健标准差计算；（2）***、**、*分别表示 0.01、0.05、0.1 的显著性水平。

表 4 - 14　　　　　　**内生性处理：对模型（4 - 1）进行固定效应回归**

自变量	因变量 $DirectionEM_1$ 系数 （Z 统计量）	因变量 $DirectionEM_2$ 系数 （Z 统计量）	因变量 $DirectionEM_3$ 系数 （Z 统计量）
Sent	0.3324 *** (4.83)	0.3202 *** (4.67)	0.2538 *** (3.61)
ln*Size*	0.6185 *** (5.29)	0.6216 *** (5.31)	0.5443 *** (4.73)
Lev	- 5.6115 *** (- 11.80)	- 5.4524 *** (- 11.48)	- 4.3472 *** (- 9.15)
Growth	- 1.1496 *** (- 7.50)	- 1.0833 *** (- 7.16)	0.2750 * (1.82)
ROE	30.3158 *** (30.52)	30.3408 *** (30.54)	14.2518 *** (21.18)
CFO	- 54.3823 *** (- 36.74)	- 54.8982 *** (- 36.79)	- 61.2325 *** (- 37.20)
State	0.2881 (1.11)	0.1970 (0.76)	- 0.0618 (- 0.24)
Months	- 0.0077 *** (- 4.07)	- 0.0078 *** (- 4.18)	- 0.0110 *** (- 5.87)
Duality	0.2206 (1.46)	0.1940 (1.27)	0.1245 (0.81)
Ind_ ratlo	- 0.1330 (- 0.12)	0.1269 (0.12)	1.8764 * (1.75)
Ind_ address	- 0.8356 (- 0.80)	- 0.7579 (- 0.72)	- 1.1069 (- 0.94)
FS_ share	- 0.0967 (- 0.98)	- 0.1002 (- 1.01)	- 0.0318 (- 0.33)
Ma_ share	0.5584 (0.81)	0.3232 (0.47)	0.4553 (0.65)
Ins_ share	0.7277 (0.82)	0.4295 (0.48)	0.6806 (0.74)
Big4	0.0946 (0.29)	0.1377 (0.41)	0.0443 (0.13)
行业/年度/板块	控制	控制	控制
观测数	8932	8921	8976
Wald chi2	(5106.1) ***	(5117.4) ***	(5210.0) ***

注：（1）括号中的 Z 统计量根据稳健标准差计算；（2）***、**、* 分别表示 0.01、0.05、0.1 的显著性水平；（3）模型（4 - 1）从 Probit 模型更改为 Logic 模型，以实现固定效应回归。

表 4 - 15　　　　　内生性处理：对模型（4 - 2）进行固定效应回归

自变量	因变量 EM_1 系数（T 统计量）	因变量 EM_2 系数（T 统计量）	因变量 EM_3 系数（T 统计量）
Sent	0.0767 *** (5.84)	0.0770 *** (5.91)	0.0506 *** (4.32)
lnSize	0.0856 *** (4.08)	0.0930 *** (4.48)	0.0931 *** (5.08)
Lev	- 0.9015 *** (- 12.18)	- 0.8858 *** (- 12.16)	- 0.6749 *** (- 10.19)
Growth	- 0.1543 *** (- 7.02)	- 0.1243 *** (- 5.74)	0.0456 ** (2.04)
ROE	4.9164 *** (29.96)	4.8951 *** (29.95)	2.7002 *** (21.10)
CFO	- 10.0420 *** (- 108.32)	- 9.9540 *** (- 108.47)	- 10.6745 *** (- 130.02)
State	- 0.0018 (- 0.05)	- 0.0036 (- 0.10)	0.0172 (0.55)
Months	- 0.0017 *** (- 6.18)	- 0.0018 *** (- 6.53)	- 0.0020 *** (- 8.28)
Duality	0.0048 (0.24)	0.0081 (0.40)	- 0.0066 (- 0.35)
Ind_ ratio	0.1554 (1.01)	0.1465 (0.96)	0.1687 (1.20)
Ind_ address	- 0.3800 (- 1.49)	- 0.3338 (- 1.30)	- 0.2628 (- 1.15)
FS_ share	- 0.0055 (- 0.47)	- 0.0054 (- 0.47)	- 0.0027 (- 0.25)
Ma_ share	0.0681 (0.55)	0.0742 (0.60)	0.1032 (0.94)
Ins_ share	0.0917 (0.78)	0.1161 (1.00)	0.0526 (0.46)
Big4	0.0271 (0.67)	0.0275 (0.68)	0.0092 (0.25)
截距项	- 1.3125 *** (- 2.94)	- 1.4889 *** (- 3.37)	- 1.2977 *** (- 3.34)
行业/年度/板块	控制	控制	控制
观测数	9372	9372	9372
Adj. R^2	0.809	0.810	0.832
F	(386.3) ***	(386.0) ***	(537.1) ***

注：（1）括号中的 T 统计量根据聚类稳健标准差计算；（2）***、**、* 分别表示 0.01、0.05、0.1 的显著性水平。

表 4-16　　内生性处理：对模型（4-1）进行 IV Probit 回归

自变量	因变量 $DirectionEM_1$ 系数（Z 统计量）	因变量 $DirectionEM_2$ 系数（Z 统计量）	因变量 $DirectionEM_3$ 系数（Z 统计量）
Sent	0.0308 (0.93)	-0.0088 (-0.27)	0.0331 (0.97)
lnSize	0.1535 *** (10.46)	0.1513 *** (10.34)	0.1803 *** (13.23)
Lev	-2.2450 *** (-26.35)	-2.1552 *** (-25.44)	-1.6964 *** (-22.12)
Growth	-0.3462 *** (-8.06)	-0.2166 *** (-5.04)	0.0252 (0.55)
ROE	9.8167 *** (29.63)	9.8456 *** (29.44)	4.7030 *** (24.75)
CFO	-17.1122 *** (-49.18)	-17.1146 *** (-49.14)	-20.1568 *** (-47.47)
State	0.0634 ** (2.21)	0.0455 (1.59)	0.1042 *** (3.62)
Months	-0.0011 *** (-5.03)	-0.0011 *** (-4.98)	-0.0013 *** (-5.85)
Duality	0.0201 (0.77)	0.0216 (0.82)	0.0456 * (1.65)
Ind_ratio	-0.6768 *** (-3.40)	-0.5747 *** (-2.91)	-0.1666 (-0.82)
Ind_address	0.1018 (1.42)	0.1483 ** (2.07)	0.2421 *** (3.08)
FS_share	-0.0996 *** (-4.60)	-0.0829 *** (-3.84)	-0.1119 *** (-5.05)
Ma_share	0.1228 (1.58)	0.1203 (1.55)	0.1825 ** (2.30)
Ins_share	0.3345 (1.38)	0.4373 * (1.81)	0.1705 (0.72)
Big4	-0.3303 *** (-6.65)	-0.2909 *** (-5.95)	-0.3525 *** (-6.92)
行业/年度/板块	控制	控制	控制
观测数	22092	22092	22092
Wald chi2	(4062.4) ***	(4106.9) ***	(4463.5) ***
Wald test of exogeneity	(1.09)	(4.23) **	0.08

注：（1）括号中的 Z 统计量根据稳健标准差计算；（2）***、**、* 分别表示 0.01、0.05、0.1 的显著性水平。

表 4 - 17　　　　　　　内生性处理：对模型（4 - 2）进行 2SLS 回归

自变量	因变量 EM_1 系数（T 统计量）	因变量 EM_2 系数（T 统计量）	因变量 EM_3 系数（T 统计量）
Sent	0.0370 *** (3.42)	0.0312 *** (2.88)	0.0240 ** (2.43)
ln*Size*	0.0655 *** (13.65)	0.0634 *** (13.21)	0.0695 *** (16.90)
Lev	− 0.9915 *** （− 35.48）	− 0.9549 *** （− 34.23）	− 0.7856 *** （− 33.90）
Growth	− 0.1392 *** （− 9.44）	− 0.0795 *** （− 5.40）	0.0210 (1.50)
ROE	4.4962 *** (67.44)	4.5064 *** (67.64)	2.4192 *** (44.82)
CFO	− 8.9411 *** （− 170.38）	− 8.9505 *** （− 170.15）	− 9.6485 *** （− 198.86）
State	− 0.0080 （− 0.90）	− 0.0093 （− 1.05）	0.0202 ** (2.50)
Months	− 0.0007 *** （− 9.88）	− 0.0007 *** （− 10.62）	− 0.0007 *** （− 11.81）
Duality	0.0051 (0.59)	0.0103 (1.20)	0.0098 (1.24)
Ind_ ratio	− 0.1316 ** （− 2.09）	− 0.1390 ** （− 2.20）	− 0.0838 （− 1.47）
Ind_ address	0.0499 ** (2.08)	0.0800 *** (3.27)	0.0799 *** (3.52)
FS_ share	− 0.0419 *** （− 6.07）	− 0.0387 *** （− 5.60）	− 0.0400 *** （− 6.32）
Ma_ share	0.0739 *** (3.00)	0.0614 ** (2.49)	0.0878 *** (3.90)
Ins_ share	0.1485 ** (2.07)	0.1903 *** (2.66)	0.0091 (0.14)
*Big*4	− 0.1313 *** （− 8.28）	− 0.1260 *** （− 8.02）	− 0.1110 *** （− 7.62）
截距项	− 0.7627 *** （− 7.69）	− 0.7723 *** （− 7.81）	− 0.7899 *** （− 9.05）
行业/年度/板块	控制	控制	控制
观测数	22092	22092	22092
Adj. R^2	0.732	0.733	0.772

注：（1）括号中的 T 统计量根据聚类稳健标准差计算；（2）***、**、* 分别表示 0.01、0.05、0.1 的显著性水平。

4.2.6　稳健性检验

本节从三个方面进行了稳健性检验，检验结果分别见表 4 - 18、表 4 - 19 和表 4 - 20。

第一，对自变量投资者情绪水平的衡量进行稳健性检验。采用实证分析中运用较为广泛的 B/M 指标作为衡量单个证券投资者情绪水平的代理变量，发现所有实证结论均保持不变。[①]

第二，对因变量盈余管理的计算方法进行稳健性检验。通过基本琼斯模型、修正琼斯模型和收益匹配琼斯模型三种方法来获取模型（4 - 1）和模型（4 - 2）的自变量，并得到一致的假设检验结果，这从一定程度上保证了本书结论的稳健性。然而，在使用琼斯系列模型对操纵性应计利润进行计量时，国外一般通过营业利润减去经营活动净现金流量获得总应计利润指标。夏立军（2003）认为，国内上市公司利用线下项目进行盈余管理比较频繁，因此应该采用净利润减去经营活动净现金流量来计算总应计。本书采用夏立军（2003）的计算方法后，所有实证结论依然保持不变。

第三，采用聚类稳健标准差进行参数显著性检验。考虑到本书使用的数据集为面板数据，同一样本公司在不同年份的扰动项之间可能存在自相关，为了避免由此所导致的参数显著性检验失效，本书通过聚类稳健标准差对模型（4 - 1）和模型（4 - 2）所有变量系数的显著性再次进行检验，研究结论并未发生改变。

表 4 - 18　　　　稳健性检验：使用 B/M 指标衡量投资者情绪水平

	Panel A 投资者情绪与公司盈余管理方向 Probit 回归分析结果		
自变量	因变量 $DirectionEM_1$	因变量 $DirectionEM_2$	因变量 $DirectionEM_3$
	系数 （Z 统计量）	系数 （Z 统计量）	系数 （Z 统计量）
$Sent$	1. 3136 *** （7. 44）	1. 2442 *** （7. 03）	1. 2135 *** （7. 93）

[①]　正如本书 2.1.2.2 部分述及，B/M 指标为投资者情绪的逆向指标，即 B/M 指标越大，投资者情绪越低落。为了方便理解，本书在稳健性检验时取 B/M 指标的倒数作为模型的自变量，后续章节也采用相同做法。

续表

自变量	因变量 $DirectionEM_1$	因变量 $DirectionEM_2$	因变量 $DirectionEM_3$
	系数 (Z 统计量)	系数 (Z 统计量)	系数 (Z 统计量)
ln$Size$	0.2826 *** (14.09)	0.2726 *** (13.62)	0.3080 *** (16.19)
Lev	−0.5219 *** (−30.16)	−0.5022 *** (−29.18)	−0.4060 *** (−24.73)
$Growth$	−0.4421 *** (−8.24)	−0.2764 *** (−5.14)	0.0278 (0.49)
ROE	4.1989 *** (31.15)	4.1874 *** (30.96)	2.0232 *** (25.57)
CFO	−2.1085 *** (−53.54)	−2.1005 *** (−53.21)	−2.4577 *** (−50.39)
$State$	0.0645 ** (2.36)	0.0525 * (1.92)	0.1060 *** (3.84)
$Months$	−0.0832 *** (−4.99)	−0.0834 *** (−5.02)	−0.0941 *** (−5.44)
$Duality$	0.0380 (1.51)	0.0338 (1.35)	0.0537 ** (2.03)
Ind_ratio	−0.0419 *** (−4.05)	−0.0388 *** (−3.78)	−0.0146 (−1.37)
$Ind\_address$	−0.0994 *** (−4.77)	−0.0837 *** (−4.03)	−0.1213 *** (−5.74)
FS_share	0.0146 (1.29)	0.0148 (1.30)	0.0243 ** (2.09)
Ma_share	0.0132 (0.96)	0.0241 * (1.75)	0.0435 *** (2.89)
Ins_share	0.0076 (0.65)	0.0136 (1.17)	0.0022 (0.20)
$Big4$	−0.3335 *** (−7.06)	−0.3080 *** (−6.63)	−0.3555 *** (−7.28)
截距项	−0.2718 *** (−3.01)	−0.2905 *** (−3.24)	−0.1673 * (−1.72)
行业/年度/板块	控制	控制	控制
观测数	23654	23654	23654
Pseudo R^2	0.3905	0.3880	0.4215
Wald chi2	(3755.5) ***	(3763.5) ***	(3314.8) ***

续表

自变量	Panel B 投资者情绪与公司盈余管理大小多元回归分析结果		
	因变量 EM_1	因变量 EM_2	因变量 EM_3
	系数 （T 统计量）	系数 （T 统计量）	系数 （T 统计量）
Sent	0.7456 *** (12.24)	0.7553 *** (12.48)	0.5135 *** (10.20)
lnSize	0.1404 *** (19.60)	0.1379 *** (19.32)	0.1284 *** (21.63)
Lev	−0.2417 *** (−38.40)	−0.2343 *** (−37.31)	−0.1886 *** (−36.51)
Growth	−0.1913 *** (−9.97)	−0.1123 *** (−5.85)	0.0191 (1.05)
ROE	1.9580 *** (68.79)	1.9635 *** (69.16)	1.0554 *** (45.02)
CFO	−1.1147 *** (−173.08)	−1.1163 *** (−173.02)	−1.2048 *** (−201.75)
State	−0.0088 (−1.01)	−0.0091 (−1.05)	0.0199 ** (2.50)
Months	−0.0529 *** (−9.68)	−0.0567 *** (−10.38)	−0.0566 *** (−11.34)
Duality	0.0058 (0.69)	0.0106 (1.24)	0.0100 (1.28)
Ind_ ratio	−0.0106 *** (−3.09)	−0.0113 *** (−3.29)	−0.0071 ** (−2.31)
Ind_ address	−0.0449 *** (−6.60)	−0.0421 *** (−6.19)	−0.0430 *** (−6.90)
FS_ share	0.0117 *** (3.16)	0.0097 *** (2.60)	0.0135 *** (3.97)
Ma_ share	0.0109 ** (2.31)	0.0169 *** (3.52)	0.0161 *** (3.60)
Ins_ share	0.0040 (1.11)	0.0055 (1.55)	−0.0023 (−0.73)
Big4	−0.1372 *** (−8.86)	−0.1345 *** (−8.75)	−0.1155 *** (−8.13)
截距项	0.0235 (0.81)	−0.0105 (−0.37)	0.0306 (1.14)
行业、年度	控制	控制	控制
观测数	23654	23654	23654
Adj. R^2	0.723	0.724	0.762
F	(843.5) ***	(854.7) ***	(1075.8) ***

注：（1）Panel A 括号中的 Z 统计量和 Panel B 括号中的 T 统计量都根据稳健标准差计算；（2）***、**、* 分别表示 0.01、0.05、0.1 的显著性水平。

表 4 - 19　　稳健性检验：变更琼斯系列模型中总应计利润计算方法

自变量	Panel A 投资者情绪与公司盈余管理方向 Probit 回归分析结果		
	因变量 $DirectionEM_1$	因变量 $DirectionEM_2$	因变量 $DirectionEM_3$
	系数 （Z 统计量）	系数 （Z 统计量）	系数 （Z 统计量）
Sent	0.0669 *** (4.87)	0.0699 *** (5.10)	0.0520 *** (3.65)
lnSize	0.1853 *** (10.34)	0.1804 *** (10.09)	0.2288 *** (13.71)
Lev	− 0.4024 *** (− 23.13)	− 0.3876 *** (− 22.42)	− 0.3598 *** (− 22.70)
Growth	− 0.2604 *** (− 4.53)	− 0.1073 * (− 1.89)	0.0415 (0.71)
ROE	4.0744 *** (30.84)	4.0793 *** (30.72)	2.3402 *** (27.31)
CFO	− 2.5427 *** (− 48.33)	− 2.5132 *** (− 47.89)	− 2.7314 *** (− 47.35)
State	0.0724 *** (2.60)	0.0824 *** (2.97)	0.2338 *** (8.41)
Months	− 0.1003 *** (− 5.80)	− 0.1008 *** (− 5.88)	− 0.1530 *** (− 8.69)
Duality	0.0228 (0.86)	0.0294 (1.10)	0.0279 (1.02)
Ind_ ratio	− 0.0301 *** (− 2.77)	− 0.0285 *** (− 2.63)	− 0.0488 *** (− 4.29)
Ind_ address	− 0.0955 *** (− 4.43)	− 0.0902 *** (− 4.20)	− 0.1277 *** (− 5.91)
FS_ share	0.0039 (0.33)	0.0063 (0.53)	0.0035 (0.29)
Ma_ share	0.0221 (1.47)	0.0229 (1.54)	0.0474 *** (2.97)
Ins_ share	− 0.0090 (− 0.73)	− 0.0032 (− 0.26)	− 0.0208 * (− 1.75)
Big4	− 0.3498 *** (− 7.09)	− 0.3582 *** (− 7.29)	− 0.3185 *** (− 6.25)
截距项	0.1741 * (1.83)	0.1528 (1.63)	0.2538 *** (4.86)
行业/年度/板块	控制	控制	控制
观测数	23654	23654	23654
Pseudo R^2	0.437	0.433	0.460
Wald chi2	(3201.1) ***	(3226.6) ***	(2966.4) ***

续表

自变量	Panel B 投资者情绪与公司盈余管理大小多元回归分析结果		
	因变量 EM_1	因变量 EM_2	因变量 EM_3
	系数 （T 统计量）	系数 （T 统计量）	系数 （T 统计量）
Sent	0.0341 *** （7.65）	0.0350 *** （7.83）	0.0195 *** （4.86）
lnSize	0.0732 *** （13.55）	0.0713 *** （13.20）	0.0749 *** （16.15）
Lev	− 0.1739 *** （ − 31.74）	− 0.1688 *** （ − 30.83）	− 0.1411 *** （ − 30.72）
Growth	− 0.1156 *** （ − 6.63）	− 0.0537 *** （ − 3.10）	0.0294 * （1.81）
ROE	1.8342 *** （69.97）	1.8422 *** （70.34）	1.1805 *** （54.35）
CFO	− 1.1978 *** （ − 205.17）	− 1.1995 *** （ − 204.66）	− 1.2476 *** （ − 231.26）
State	0.0201 *** （2.61）	0.0191 ** （2.49）	0.0397 *** （5.68）
Months	− 0.0560 *** （ − 11.68）	− 0.0590 *** （ − 12.27）	− 0.0583 *** （ − 13.23）
Duality	0.0077 （1.02）	0.0114 （1.49）	0.0106 （1.51）
Ind_ ratio	− 0.0054 * （ − 1.76）	− 0.0061 ** （ − 1.98）	− 0.0028 （ − 1.00）
Ind_ address	− 0.0340 *** （ − 5.60）	− 0.0320 *** （ 5.25）	− 0.0341 *** （ − 6.11）
FS_ share	0.0035 （1.06）	0.0019 （0.57）	0.0044 （1.46）
Ma_ share	0.0157 *** （3.63）	0.0205 *** （4.64）	0.0189 *** （4.59）
Ins_ share	0.0003 （0.08）	0.0015 （0.47）	− 0.0043 （ − 1.48）
Big4	− 0.0990 *** （ − 7.32）	− 0.0977 *** （ − 7.25）	− 0.0852 *** （ − 6.86）
截距项	0.1250 *** （4.70）	0.0938 *** （3.60）	0.1353 *** （5.53）
行业、年度	控制	控制	控制
观测数	23654	23654	23654
Adj. R^2	0.779	0.779	0.810
F	（1128.8）***	（1140.2）***	（1399.6）***

注：（1）Panel A 括号中的 Z 统计量和 Panel B 括号中的 T 统计量都根据稳健标准差计算；（2）***、**、*分别表示 0.01、0.05、0.1 的显著性水平。

表 4 - 20　　　稳健性检验：采用聚类稳健标准差进行参数显著性检验

Panel A 投资者情绪与公司盈余管理方向 Probit 回归分析结果

自变量	因变量 $DirectionEM_1$ 系数（Z 统计量）	因变量 $DirectionEM_2$ 系数（Z 统计量）	因变量 $DirectionEM_3$ 系数（Z 统计量）
$Sent$	0.0755 *** (4.73)	0.0700 *** (4.37)	0.0604 *** (3.54)
$\ln Size$	0.1961 *** (8.24)	0.1907 *** (8.07)	0.2234 *** (9.78)
Lev	-0.4757 *** (-22.06)	-0.4586 *** (-21.40)	-0.3590 *** (-18.18)
$Growth$	-0.4055 *** (-7.05)	-0.2432 *** (-4.27)	0.0621 (1.06)
ROE	4.2630 *** (25.20)	4.2483 *** (25.19)	2.0617 *** (21.96)
CFO	-2.0928 *** (-43.74)	-2.0857 *** (-43.79)	-2.4375 *** (-44.73)
$State$	0.0595 (1.57)	0.0476 (1.28)	0.1000 *** (2.74)
$Months$	-0.0766 *** (-3.35)	-0.0769 *** (-3.41)	-0.0878 *** (-3.91)
$Duality$	0.0380 (1.25)	0.0339 (1.12)	0.0547 * (1.85)
Ind_ratio	-0.0405 *** (-3.02)	-0.0374 *** (-2.85)	-0.0124 (-0.94)
$Ind\_address$	-0.0959 *** (-3.80)	-0.0803 *** (-3.21)	-0.1180 *** (-4.73)
FS_share	0.0174 (1.08)	0.0175 (1.10)	0.0281 * (1.85)
Ma_share	0.0121 (0.71)	0.0232 (1.38)	0.0431 ** (2.49)
Ins_share	0.0107 (0.73)	0.0167 (1.13)	0.0077 (0.56)
$Big4$	-0.3123 *** (-4.19)	-0.2874 *** (-3.99)	-0.3289 *** (-4.34)
截距项	-0.2571 ** (-1.96)	-0.2765 ** (-2.18)	-0.1563 (-1.18)
行业/年度/板块	控制	控制	控制
观测数	23654	23654	23654
Pseudo R^2	0.437	0.433	0.460
Wald chi2	(3201.1) ***	(3226.6) ***	(2966.4) ***

	Panel B 投资者情绪与公司盈余管理大小多元回归分析结果		
自变量	因变量 EM_1	因变量 EM_2	因变量 EM_3
	系数（T 统计量）	系数（T 统计量）	系数（T 统计量）
Sent	0.0458 *** (6.25)	0.0465 *** (6.39)	0.0255 *** (4.15)
lnSize	0.0897 *** (9.56)	0.0865 *** (9.31)	0.0932 *** (11.84)
Lev	−0.2135 *** (−25.42)	−0.2057 *** (−24.82)	−0.1689 *** (−24.53)
Growth	−0.1707 *** (−8.20)	−0.0914 *** (−4.41)	0.0332 * (1.73)
ROE	1.9961 *** (47.26)	2.0022 *** (47.42)	1.0806 *** (33.45)
CFO	−1.1124 *** (−133.76)	−1.1140 *** (−134.95)	−1.2027 *** (−162.31)
State	−0.0107 (−0.73)	−0.0110 (−0.77)	0.0177 (1.37)
Months	−0.0491 *** (−5.55)	−0.0528 *** (−6.03)	−0.0539 *** (−6.81)
Duality	0.0063 (0.55)	0.0111 (0.97)	0.0106 (1.06)
Ind_ratio	−0.0101 ** (−1.97)	−0.0107 ** (−2.11)	−0.0065 (−1.47)
Ind_address	−0.0440 *** (−4.60)	−0.0412 *** (4.35)	−0.0424 *** (−4.95)
FS_share	0.0136 ** (2.15)	0.0115 * (1.84)	0.0151 *** (2.73)
Ma_share	0.0111 * (1.66)	0.0171 ** (2.57)	0.0163 *** (2.76)
Ins_share	0.0062 (1.22)	0.0077 (1.54)	−0.0001 (−0.01)
Big4	−0.1258 *** (−4.17)	−0.1229 *** (−4.14)	−0.1051 *** (−3.83)
截距项	0.0323 (0.62)	−0.0015 (−0.03)	0.0369 (0.78)
行业、年度	控制	控制	控制
观测数	23654	23654	23654
Adj. R^2	0.779	0.779	0.810
F	(1128.8) ***	(1140.2) ***	(1399.6) ***

注：（1）Panel A 括号中的 Z 统计量和 Panel B 括号中的 T 统计量都根据聚类稳健标准差计算；（2）***、**、* 分别表示0.01、0.05、0.1的显著性水平。

4.3 投资者情绪与上市公司盈余管理策略动机

4.3.1 问题提出

公司金融与会计领域对于盈余管理动机的探究和争论由来已久，目前存在机会主义动机和非机会主义动机两类对立而又辩证统一的观点，其中，非机会主义动机又以"信息观"为代表。两种观点的对立之处体现在，前者认为盈余管理加剧了信息不对称，而后者正好相反；两者的辩证统一之处则在于，管理者的决策可能是基于两类不同动机综合权衡的结果①，而且，两类动机的主导地位可能在不同时期相互转换。国内文献主要关注盈余管理的机会主义动机（魏涛等，2007；蒋基路和王华，2009；许罡和朱卫东，2010；卢煜和曲晓辉，2016），而忽略了对非机会主义动机的分析和检验，迄今也很少有文献提供 A 股公司盈余管理信息传递动机的经验证据，因此，检验盈余管理的信息传递动机在 A 股市场是否存在，是本节希望解决的第一个问题。

格雷厄姆等（Graham et al.，2005）提供的问卷调查结果表明，盈余管理背后可能存在多种动机，这意味着探寻盈余管理动机的决定因素以及动机变化的原因是一个有意义的问题。另外，自莫克尔等（Morck et al.，1990）首次研究了投资者情绪与公司投资决策之间关系的问题后，聚焦市场投资者情绪对微观企业行为决策影响的相关研究已经全面展开，并取得了丰富的成果，然而，投资者情绪在影响企业行为决策的同时，是否会进一步影响其行为动机，当前仍然少有研究涉及。本章在第一节的基础上，进一步探寻盈余管理迎合行为的动机何在，或者说盈余管理的动机是否受到投资者情绪的影响，是本节希望解决的第二个问题。

---

① 格雷厄姆等（Graham et al.，2005）的调查结果表明，超过 70% 的受访公司管理者承认进行盈余管理是为了使管理团队获得良好的外部声誉，这是一种典型的机会主义动机，同时，也有超过 70% 的受访公司管理者表示盈余管理的目的是为了向投资者传递公司未来发展前景信息，这是一种典型的非机会主义动机。上述调查结果意味着，管理者可能在不同的动机之间进行综合权衡，然后进行盈余管理决策。

4.3.2　假设提出

4.3.2.1　上市公司盈余管理动机——机会主义还是信息传递?

当前文献对盈余管理动机问题的争议并没有定论。盈余管理的"机会主义动机观"认为,管理者为了自身利益在财务报告中粉饰或隐瞒了公司的真实业绩,损害了投资者的利益(Burgstahler & Dichev, 1997; Teoh et al., 1998a/b; Dechow & Skinner, 2000; Beneish, 2001; Nelson et al., 2002; 魏涛等, 2007; 蒋基路和王华, 2009; 许罡和朱卫东, 2010; Badertscher, 2011); 盈余管理的非机会主义动机的"信息观"认为,基于权责发生制基础以及谨慎性原则,会计盈余可能无法及时反映企业的真实业绩进而造成证券错误定价,管理层为了缓解信息不对称,有动机通过盈余管理向外界传递公司业绩以及未来发展状况的内部信息(Holthausen, 1990; Guay et al., 1996; Subramanyam, 1996; Graham et al., 2005; Louis & Robinson, 2005; Tucker & Zarowin, 2006; Bowen et al., 2008; Badertscher et al., 2012)。本书认为,不同文献所得出的不同结论可能源于研究对象以及背景条件设定方面的差异,在我国证券市场当前的制度背景下,上市公司盈余管理动机何在,难以轻易作出逻辑上的推断。基于此,本章提出 H4.3a 和 H4.3b 两个竞争性假设,并通过经验数据来检验 A 股上市公司盈余管理的主导性动机。

H4.3a: 中国 A 股上市公司盈余管理行为具有信息传递动机。

H4.3b: 中国 A 股上市公司盈余管理行为具有机会主义动机。

4.3.2.2　投资者情绪对盈余管理动机的影响

盈余管理作为国内外上市公司普遍采用的一种会计利润披露策略,并不违反相关法规,但是会产生潜在成本。从投资者角度而言,盈余管理往往被视为一种机会主义甚至欺骗行为①,因此,盈余管理的潜在成本包括可能的诉讼风险、声誉损失或投资者信心的丧失等。公司盈余管理行为被市场揭露的概率越大,则潜

①　即使有研究表明,公司可能通过盈余管理向投资者传递核心价值信息,但从投资者角度来看往往并不认同这一点。

在的成本越高。

社会认知心理学的一系列研究发现，与处于乐观情绪时相比，在情绪悲观时人们将会用一种更为系统性、更注重细节的方式来处理信息（Schwarz，1990；Taylor，1991；Bless et al.，1996）。行为金融研究中也有类似的观点，即市场泡沫或非理性繁荣得以持续存在，是由于乐观的投资者对信息的关注不够以及没有仔细评价信息（Shiller，2003；Nofsinger，2005）。以上结论意味着，投资者在情绪悲观时对上市公司披露的信息处理更为仔细、审查更为严格，这将加大公司的盈余管理行为被市场发现的概率，从而导致盈余管理的潜在成本增加；而投资者在情绪乐观时对信息的审查不够仔细，有"掉以轻心"之嫌，从而大大降低盈余管理被发现的概率，盈余管理策略的潜在成本下降。综上所述，本书认为，盈余管理的动机很可能受到投资者情绪变化的影响。具体如下：当投资者情绪低落时，为了以相对稳健的策略应对投资者对盈余信息的审视，公司盈余管理的信号传递动机会加强；当投资者情绪高涨时，面对"狂热"且"粗心"的投资者，公司很可能采取较为激进的披露策略，此时盈余管理的信号传递动机会减弱而机会主义动机倾向将增强。由此提出假设 H4.4。

H4.4：投资者情绪的高涨对上市公司盈余管理的信息传递动机产生负面影响，同时增强其机会主义动机倾向。

4.3.3　研究设计

4.3.3.1　模型设定与变量定义

（1）盈余管理动机检验。由于机会主义动机的盈余管理意在掩饰企业的真实业绩并有损企业价值，而信息传递动机的盈余管理有利于消除信息不对称，提高盈余数据的信息含量，因此，前期文献大多通过检验盈余数据与企业未来业绩之间的相关性来判断两种观点的适用性（Subramanyam，1996；Louis & Robinson，2005；Tucker & Zarowin，2006；Bowen et al.，2008；Badertscher et al.，2012）。借鉴先前研究者的设计，本节设定模型（4 - 5）来对 H4.3a 和 H4.3b 进行检验：

$$FuCFO = \alpha_0 + \alpha_1 DA_{1-3} + \sum Controls + \sum Industry + \sum Year + \sum Board + \varepsilon$$

$$(4-5)$$

模型（4-5）中，因变量为企业未来业绩（$FuCFO$）。现有文献往往采用市场指标股票回报率（Subramanyam，1996；Louis & Robinson，2005；Tucker & Zarowin，2006）或会计指标资产收益率、经营活动的现金净流量（Bowen et al.，2008；Badertscher et al.，2012）对其进行衡量。鲍恩等（Bowen et al.，2008）曾指出上述三种指标各有利弊：首先，以股票回报率衡量业绩的前提是市场必须具备有效性；其次，资产收益率指标可能因为受到盈余管理的影响而不能反映企业真实业绩，而且由于应计反转等原因，未来资产收益率与本期盈余管理之间可能本身就存在一定内在关联；最后，经营活动的净现金流量指标不依赖于市场效率前提，并且可以避免盈余管理所带来的影响，相对较为合适，但在业绩衡量上又可能缺乏及时性。考虑到我国证券市场效率欠佳以及本书的研究目的，在权衡上述三种指标的利弊之后，本书最终选择经营活动的净现金流量作为衡量业绩的指标。美国财务会计准则委员会（FASB，1978）曾指出，财务报告的一个重要目标是向使用者提供在预测公司未来现金流量方面有用的信息，这说明财务信息的信息含量至少部分应该体现在对未来现金流量的预测上。同时，在当前证券市场中，企业的现金流状况甚至已经超过盈利数据，成为衡量企业价值最为关键的因素，因此，选择现金流指标作为模型的因变量在理论上及实务中都具有较强的合理性。为了进一步减轻该指标及时性不强的缺点，本书取经营现金净流量（经过期初资产总额调整）未来 3 年的均值作为模型的因变量。

模型（4-5）的自变量是操控性应计利润（DA_{1-3}）。为了保证研究结论的稳健性，本书分别选取了基本琼斯模型（Jones，1991）、修正琼斯模型（Dechow，1995）和收益匹配琼斯模型（Kothari，2005）三类最具代表性的方法对其进行衡量。模型（4-5）的控制变量与本章上一节中模型（4-1）相同，具体定义见表 4-1。$Industry$、$Year$、$Board$ 分别为行业虚拟变量、年度虚拟变量和上市公司板块（包括主板、中小板和创业板）虚拟变量，用于控制行业差异、年度差异和上市公司板块差异。

如果模型（4-5）中自变量 DA_{1-3} 的系数 α_1 显著为正，表明操控性应计利润对企业未来业绩具有一定的解释能力，公司管理层通过盈余管理向外界传递了企业未来业绩的相关信息，H4.3a 得到验证；如果自变量 DA_{1-3} 的系数 α_1 显著为负，即操控性应计利润越大企业未来业绩越差，表明公司的盈余管理行为加剧了信息不对称，误导了信息使用者，H4.3b 得到验证。

（2）投资者情绪对盈余管理动机影响的检验。设定模型（4-6）来对 H4.4 进行检验：

$$FuCFO = \beta_0 + \beta_1 DA_{1-3} + \beta_2 Sent + \beta_3 Sent \times DA_{1-3} + \sum Controls + \sum Industry +$$
$$\sum Year + \sum Board + \varepsilon \qquad (4-6)$$

为了检验投资者情绪变化对盈余管理动机的影响，模型（4-6）中加入了衡量投资者情绪水平的变量 Sent 作为调节变量，同时，加入投资者情绪水平和操控性应计利润的交叉项（$Sent \times DA_{1-3}$），模型（4-6）中其余变量的定义与模型（4-5）相同。与本章第一节一致，本节采用分解 Tobin'Q 法衡量单个证券的投资者情绪水平。

根据 H4.4，预期交叉项 $Sent \times DA_{1-3}$ 系数 β_3 显著为负。这说明随着投资者情绪的高涨，操控性应计利润（DA_{1-3}）对企业未来业绩的预测能力逐渐下降，即盈余管理信息传递动机减弱，机会主义动机倾向增强。

回归分析时，对模型（4-5）和模型（4-6）中所有非虚拟变量都进行了 Z 标准化处理，以便消除量纲影响并更好地分析实证结果的经济意义。实证分析采用 Stata 作为统计软件。

4.3.3.2 样本选取与数据来源

本节以中国 A 股市场 2007~2014 年所有主上市公司作为初始样本，并进行了必要的筛选。以 2007 年作为研究时间窗口的起点，是因为 2007 年起我国上市公司开始实施全新的会计准则体系。由于实证模型的因变量为未来三年的经营现金净流量均值，鉴于数据的可获取性，研究的时间窗口截至 2014 年。初始样本具体筛选过程见表 4-21。书中所用到的财务数据均来自上市公司年报，最终获得 14491 个有效年度观测值，除最终控制人性质数据来源于色诺芬数据库外，所有数据均从 CSMAR 数据库取得。

表 4 – 21　　　　　　　　　　　　初始样本筛选过程

年份	全部 A 股公司数	剔除金融类公司数	剔除被特别处理公司数	剔除必要财务数据缺失的公司数	最终样本数
2007	1526	27	200	15	1284
2008	1602	27	162	18	1395
2009	1693	30	160	17	1486
2010	2040	36	178	17	1809
2011	2317	40	172	11	2094
2012	2470	42	121	31	2276
2013	2468	43	107	114	2204
2014	2591	44	173	431	1943
合计	16707	289	1273	654	14491

4.3.4　实证结果分析

4.3.4.1　描述性统计

本章主要变量的描述性统计情况见表 4 – 22。因变量 $FuCFO$ 均值和中位数都在 0.05 左右，说明整体来看样本观测在未来 3 年大多能获得正的经营现金净流量，但是单位资产所创造的经营现金净流量并不高；三个自变量 DA_{1-3} 的相关统计数据存在差异，说明通过不同的琼斯模型所获取的操控性应计利润指标有所区别，这将有助于保证实证结果的稳健性；调节变量 $Sent$ 的均值和中位数都小于 0，说明 A 股市场中投资者情绪普遍比较低落，这与 A 股在 2007 ~ 2014 年一直保持颓势的现实状况相吻合，从而也证明了本书衡量投资者情绪的方法具有合理性。$Sent$ 的最大值达到 9.18，同时，在未列出的统计数据中也发现有 5500 个样本观测的 $Sent$ 变量值大于 0，这表明即使证券市场整体不景气，某些证券的投资者情绪依然可能高涨，市场整体投资者情绪和单个证券投资者情绪并不完全一致。

表 4 – 22　　　　　　　　　　　　主要变量描述性统计

变量	观测数	均值	中位数	标准差	Max	Min
$FuCFO$	14491	0.0475	0.0459	0.0842	0.5448	– 1.9277
DA_1	14491	0.0003	– 0.0047	0.1015	2.1375	– 1.0118
DA_2	14491	0.0026	– 0.0032	0.1031	2.1368	– 1.0043
DA_3	14491	– 0.0002	– 0.0049	0.0993	2.1438	– 0.9992
$Sent$	14491	– 0.0124	– 0.2159	1.1108	9.1750	– 3.6870
$\ln Size$	14491	21.8345	21.6510	1.2691	28.5087	17.7569
Lev	14491	0.4412	0.4461	0.2144	1.5672	0.0071
$Growth$	14491	0.1881	0.1243	0.8630	58.3567	– 0.9861

变量	观测数	均值	中位数	标准差	Max	Min
ROE	14491	0.0845	0.0830	0.3172	29.7372	− 6.5774
CFO	14491	0.0507	0.0498	0.1123	1.0296	− 1.9774
State	14491	0.4800	0	0.4996	1	0
Months	14491	106.1452	104	71.9230	288	0
Duality	14491	0.2159	0	0.4114	1	0
Ind_ratio	14491	0.3677	0.3333	0.0537	0.8	0.0909
Ind_address	14491	0.4668	0	0.4989	1	0
FS_share	14491	0.3671	0.3517	0.1549	0.8941	0.0220
Ma_share	14491	0.1060	0.0001	0.1975	0.8972	0
Ins_share	14491	0.0454	0.0267	0.0536	0.7499	0
Big4	14491	0.0598	0	0.2371	1	0

4.3.4.2 回归分析

模型（4-5）的回归结果见表4-23。三个子模型的拟合优度都在0.26左右，对于大样本回归而言并不算低，F值都通过了0.01水平上的显著性检验，模型中大部分自变量（包括控制变量）都和因变量存在显著的相关关系，表明模型整体设定较为理想。为了避免异方差影响，所有回归系数的T统计量都通过稳健标准差计算得出。从表4-23可以看出，三个子模型中自变量DA_{1-3}的系数都为正，并且都通过了0.01水平上的显著性检验，说明在控制了其他因素之后操控性应计利润与企业未来业绩显著正相关，且实证结果具备一定的稳健性。三个子模型中DA_{1-3}的系数略有差异，最大为0.1561，最小为0.1335，说明操控性应计利润提高1个标准差则未来业绩指标约提高0.16个或0.13个标准差，可见自变量对因变量的影响程度并不低。综合上述结论，操控性应计利润对企业未来业绩具有一定的解释能力，因此，有理由相信管理者通过盈余管理向投资者传递了有关公司未来业绩或发展前景的核心信息，从而在中国A股市场上验证了盈余管理动机的"信息观"，H4.3a得到验证。应该指出的是，这一实证结论的前提是剔除了被交易所特别处理的上市公司。

表4-23　　　　　　　盈余管理动机检验多元回归分析结果

自变量	(1)	(2)	(3)
	系数 （T统计量）	系数 （T统计量）	系数 （T统计量）
DA_1	0.1561 *** (10.44)		

续表

自变量	(1) 系数（T 统计量）	(2) 系数（T 统计量）	(3) 系数（T 统计量）
DA_2		0.1457 *** (9.73)	
DA_3			0.1335 *** (8.30)
lnSize	0.0172 * (1.82)	0.0181 * (1.92)	0.0163 * (1.72)
Lev	− 0.0308 *** (− 3.49)	− 0.0333 *** (− 3.78)	− 0.0392 *** (− 4.45)
Growth	− 0.1042 *** (− 3.17)	− 0.1107 *** (− 3.36)	− 0.1270 *** (− 3.83)
ROE	0.0603 (1.39)	0.0795 * (1.83)	0.1943 *** (5.08)
CFO	0.5439 *** (26.05)	0.5312 *** (25.34)	0.5227 *** (22.86)
State	− 0.0479 *** (− 3.06)	− 0.0479 *** (− 3.06)	− 0.0505 *** (− 3.22)
Months	0.0309 *** (2.90)	0.0306 *** (2.86)	0.0306 *** (2.86)
Duality	− 0.0293 * (− 1.89)	− 0.0299 * (− 1.93)	− 0.0299 * (− 1.92)
Ind_ ratio	− 0.0086 (− 1.45)	− 0.0086 (− 1.44)	− 0.0090 (− 1.51)
Ind_ address	− 0.0204 * (− 1.71)	− 0.0211 * (− 1.77)	− 0.0212 * (− 1.78)
FS_ share	0.0319 *** (4.98)	0.0321 *** (5.01)	0.0319 *** (4.96)
Ma_ share	− 0.0219 *** (− 2.70)	− 0.0225 *** (− 2.77)	− 0.0225 *** (− 2.76)
Ins_ share	0.0454 *** (6.72)	0.0453 *** (6.70)	0.0471 *** (6.96)
Big4	0.1822 *** (7.85)	0.1809 *** (7.79)	0.1807 *** (7.76)
截距项	0.0465 (0.88)	0.0527 (1.00)	0.0471 (0.89)
行业/年度/板块	控制	控制	控制
观测数	14491	14491	14491
Adj. R^2	0.265	0.264	0.262
F	(108.5) ***	(107.9) ***	(106.8) ***

注：（1）括号中的 T 统计量根据稳健标准差计算；（2）***、**、* 分别表示 0.01、0.05、0.1 的显著性水平。

模型（4-6）的回归结果见表4-24。在加入了调节变量 $Sent$ 和交叉变量 $Sent \times DA_{1-3}$ 之后，三个子模型中自变量 DA_{1-3} 的系数仍然在 0.01 的显著性水平上为正，说明操控性应计利润对企业未来业绩仍然具有显著的解释能力，这进一步增强了 H4.3a 检验结果的稳健性。与此同时，$Sent$ 的系数全部为正且通过了 0.01 水平上的显著性检验，说明高涨的投资者情绪对上市公司的未来业绩具有正向促进作用。这与贝克和斯坦（Baker & Stein，2004）、赫舒拉发等（Hirshleifer et al.，2006）的研究结论完全一致——由于乐观投资者的购进行为会通过股票价格影响公司现金流和资本成本，因此会对公司基本面产生间接的正向影响。三个子模型中，交叉项 $Sent \times DA_{1-3}$ 的系数全部在 0.01 水平上显著为负，这一结果表明：当投资者情绪高涨时，操控性应计利润对企业未来业绩的解释能力会逐步下降，公司盈余管理策略表现出机会主义动机倾向；当投资者情绪不断低落时，操控性应计利润（DA_{1-3}）对企业未来业绩的解释能力得到持续提升，管理者向投资者传递信息的动机进一步加强。例如，在子模型（1）中，当 $Sent$ 取值为 0 时，DA_1 的系数约为 0.15，此时盈余管理表现出信息传递动机，此后，投资者情绪水平每增加 1 个标准差，DA_1 的系数则降低约 0.038，当 $Sent$ 取值增加到 4 时，DA_1 的系数将变为负值（$0.15 - 0.038 \times 4 = -0.002$），此时，盈余管理完全表现出机会主义动机。[①] 综上所述，投资者情绪的高涨确实会对盈余管理的信息传递动机产生负面影响，同时增强其机会主义动机，H4.4 得到验证。上述结论也意味着盈余管理动机并非永恒不变，管理者可能会在多种目标之间进行权衡，随着环境与客观条件的变化表现出不同的动机倾向，这也印证了格雷厄姆等（Graham et al.，2005）问卷调查的结果——盈余管理的背后可能存在多种动机！

表4-24　　　　投资者情绪对盈余管理动机影响的多元回归分析结果

自变量	(1) 系数 (T统计量)	(2) 系数 (T统计量)	(3) 系数 (T统计量)
DA_1	0.1505*** (10.06)		

———————————

① 这是一种极端情况，未报告的统计数据显示，14491 个样本观测中变量 $Sent$ 标准化后取值不小于 4 的样本观测仅为 104 个，比例不足 1%。这意味着上市公司的盈余管理行为总体上仍然表现出信息传递动机。

续表

自变量	(1) 系数 (T 统计量)	(2) 系数 (T 统计量)	(3) 系数 (T 统计量)
DA_2		0.1402 *** (9.35)	
DA_3			0.1275 *** (7.95)
Sent	0.0368 *** (4.05)	0.0375 *** (4.12)	0.0365 *** (3.99)
$Sent \times DA_1$	− 0.0378 *** (− 3.55)		
$Sent \times DA_2$		− 0.0363 *** (− 3.41)	
$Sent \times DA_3$			− 0.0510 *** (− 4.73)
lnSize	0.0190 ** (2.03)	0.0199 ** (2.13)	0.0184 * (1.95)
Lev	− 0.0324 *** (− 3.67)	− 0.0349 *** (− 3.96)	− 0.0393 *** (− 4.46)
Growth	− 0.1023 *** (− 3.12)	− 0.1085 *** (− 3.31)	− 0.1251 *** (− 3.79)
ROE	0.0886 ** (2.04)	0.1076 ** (2.47)	0.2089 *** (5.46)
CFO	0.5352 *** (25.50)	0.5225 *** (24.79)	0.5135 *** (22.47)
State	− 0.0438 *** (− 2.81)	− 0.0437 *** (− 2.80)	0.0465 *** (− 2.98)
Months	0.0285 *** (2.68)	0.0281 *** (2.64)	0.0281 *** (2.64)
Duality	− 0.0302 * (− 1.95)	− 0.0309 ** (− 1.99)	− 0.0309 ** (− 2.00)
Ind_ ratio	− 0.0099 * (− 1.67)	− 0.0099 * (− 1.67)	− 0.0104 * (− 1.75)
Ind_ address	− 0.0190 (− 1.60)	− 0.0197 * (− 1.66)	− 0.0196 * (− 1.65)
FS_ share	0.0298 *** (4.66)	0.0299 *** (4.67)	0.0298 *** (4.65)
Ma_ share	− 0.0222 *** (− 2.74)	− 0.0228 *** (− 2.81)	− 0.0228 *** (− 2.81)
Ins_ share	0.0399 *** (5.96)	0.0396 *** (5.92)	0.0412 *** (6.17)
Big4	0.1666 *** (7.18)	0.1650 *** (7.11)	0.1647 *** (7.08)
截距项	0.0454 (0.86)	0.0516 (0.98)	0.0447 (0.85)

续表

自变量	(1)	(2)	(3)
	系数 （T 统计量）	系数 （T 统计量）	系数 （T 统计量）
行业/年度/板块	控制	控制	控制
观测数	14491	14491	14491
Adj. R^2	0.267	0.266	0.266
F	(105.4) ***	(104.8) ***	(104.2) ***

注：（1）括号中的 T 统计量根据稳健标准差计算；（2）***、**、* 分别表示 0.01、0.05、0.1 的显著性水平。

4.3.5 稳健性检验

本节从自变量、因变量、调节变量的选取以及实证检验方法四个方面进行了稳健性检验。

首先，本节通过基本琼斯模型、修正琼斯模型和收益匹配琼斯模型三种方法来获取模型（4 - 5）和模型（4 - 6）的自变量，并得到一致的假设检验结果，这从一定程度上保证了本书结论的稳健性。

其次，以公司未来 2 年经营现金净流量的均值（经过期初资产总额调整）作为模型（4 - 5）和模型（4 - 6）的因变量，进行稳健性检验。鉴于数据的可获取性，此时研究时间窗口扩充至 2015 年，最终获得 17238 个样本观测值。从表 4 - 25 的检验结果可以看出：模型（4 - 5）的三个子模型自变量的系数全部在 0.01 水平上显著为正，H4.3a 检验结果不变；模型（4 - 6）的三个子模型自变量 DA_{1-3} 的系数全部在 0.01 水平上显著为正，同时，交叉项 $Sent \times DA_{1-3}$ 的系数全部在 0.01 水平上显著为负，这意味着高涨的投资者情绪对盈余管理的信息传递动机产生负面影响，H4.4 检验结果保持不变。

再次，以 B/M 指标衡量单个证券投资者情绪水平作为模型（4 - 6）的调节变量，对 H4.4 进行稳健性检验。从表 4 - 26 的回归结果可知，三个子模型中自变量的系数全部在 0.01 水平上显著为正，同时，交叉项 $Sent \times DA_{1-3}$ 的系数分别在 0.1、0.1 和 0.01 水平上显著为负，整体来看，H4.4 检验结果是稳健的。

最后，考虑到本章使用的数据集为面板数据，同一样本公司在不同年份的扰动项之间可能存在自相关，为了避免由此所导致的参数显著性检验失效，本章通过聚类稳健标准差对模型（4 - 5）和模型（4 - 6）所有变量系数的显著性再次进行检验，研究结论并未发生改变，相关检验结果见表 4 - 27。

表 4 - 25　稳健性检验：以未来 2 年经营现金净流量的均值作为因变量

自变量	模型 (4 - 5) 系数 (T 统计量)			模型 (4 - 6) 系数 (T 统计量)		
DA_1	0. 1428 ***			0. 1404 ***		
	(10. 84)			(10. 66)		
DA_2		0. 1333 ***		0. 1308 ***		
		(10. 11)		(9. 93)		
DA_3			0. 1220 ***		0. 1187 ***	
			(8. 53)		(8. 33)	
$Sent$				0. 0197 ***	0. 0202 ***	0. 0199 ***
				(2. 73)	(2. 81)	(2. 74)
$Sent \times DA_1$				- 0. 0324 ***		
				(- 3. 54)		
$Sent \times DA_2$					- 0. 0309 ***	
					(- 3. 37)	
$Sent \times DA_3$						- 0. 0431 ***
						(- 4. 65)
ln$Size$	0. 0160 *	0. 0169 **	0. 0158 *	0. 0172 **	0. 0180 **	0. 0172 **
	(1. 94)	(2. 05)	(1. 91)	(2. 10)	(2. 21)	(2. 09)
Lev	- 0. 0326 ***	- 0. 0348 ***	- 0. 0399 ***	- 0. 0333 ***	- 0. 0355 ***	- 0. 0396 ***
	(- 4. 23)	(- 4. 52)	(- 5. 19)	(- 4. 32)	(- 4. 62)	(- 5. 14)
$Growth$	- 0. 1330 ***	- 0. 1404 ***	- 0. 1545 ***	- 0. 1325 ***	- 0. 1398 ***	- 0. 1552 ***
	(- 4. 61)	(- 4. 87)	(- 5. 32)	(- 4. 60)	(- 4. 85)	(- 5. 36)
ROE	0. 0455	0. 0626 *	0. 1668 ***	0. 0635 *	0. 0805 **	0. 1757 ***
	(1. 20)	(1. 65)	(4. 96)	(1. 67)	(2. 11)	(5. 22)
CFO	0. 5132 ***	0. 5017 ***	0. 4940 ***	0. 5097 ***	0. 4980 ***	0. 4892 ***
	(27. 72)	(27. 06)	(24. 20)	(27. 40)	(26. 72)	(23. 97)
$State$	- 0. 0361 ***	- 0. 0360 ***	- 0. 0383 ***	- 0. 0336 **	- 0. 0334 **	- 0. 0362 ***
	(- 2. 61)	(- 2. 60)	(- 2. 76)	(- 2. 43)	(- 2. 41)	(- 2. 62)
$Months$	0. 0195 **	0. 0194 **	0. 0191 **	0. 0193 **	0. 0191 **	0. 0192 **
	(2. 14)	(2. 12)	(2. 08)	(2. 13)	(2. 10)	(2. 10)
$Duality$	- 0. 0220	- 0. 0226 *	- 0. 0225 *	- 0. 0226 *	- 0. 0232 *	- 0. 0232 *
	(- 1. 64)	(- 1. 68)	(- 1. 67)	(- 1. 68)	(- 1. 73)	(- 1. 73)
$Ind\_ ratio$	- 0. 0050	- 0. 0049	- 0. 0053	- 0. 0060	- 0. 0060	- 0. 0065
	(- 0. 94)	(- 0. 93)	(- 1. 00)	(- 1. 14)	(- 1. 13)	(- 1. 23)
$Ind\_ address$	- 0. 0112	- 0. 0118	- 0. 0120	- 0. 0103	- 0. 0109	- 0. 0108
	(- 1. 06)	(- 1. 12)	(- 1. 14)	(- 0. 98)	(- 1. 04)	(- 1. 03)
$FS\_ share$	0. 0283 ***	0. 0286 ***	0. 0284 ***	0. 0273 ***	0. 0274 ***	0. 0275 ***
	(4. 98)	(5. 02)	(4. 99)	(4. 80)	(4. 82)	(4. 83)
$Ma\_ share$	- 0. 0192 ***	- 0. 0198 ***	- 0. 0195 ***	- 0. 0199 ***	- 0. 0204 ***	- 0. 0203 ***
	(- 2. 71)	(- 2. 79)	(- 2. 75)	(- 2. 81)	(- 2. 88)	(- 2. 87)
$Ins\_ share$	0. 0413 ***	0. 0412 ***	0. 0426 ***	0. 0383 ***	0. 0381 ***	0. 0394 ***
	(7. 02)	(7. 00)	(7. 23)	(6. 55)	(6. 51)	(6. 73)
$Big4$	0. 1549 ***	0. 1538 ***	0. 1530 ***	0. 1447 ***	0. 1433 ***	0. 1421 ***
	(7. 46)	(7. 40)	(7. 35)	(6. 95)	(6. 88)	(6. 82)

续表

自变量	模型（4-5）系数（T统计量）			模型（4-6）系数（T统计量）		
截距项	0.1001 **	0.1053 **	0.1000 **	0.0979 **	0.1032 **	0.0968 *
	（2.02）	（2.13）	（2.02）	（1.98）	（2.09）	（1.95）
行业/年度/板块	控制	控制	控制	控制	控制	控制
观测数	17238	17238	17238	17238	17238	17238
Adj. R^2	0.245	0.244	0.242	0.247	0.246	0.245
F	（106.5）***	（106.0）***	（104.4）***	（102.9）***	（102.4）***	（101.4）***

注：（1）括号中的 T 统计量根据稳健标准差计算；（2）***、**、* 分别表示 0.01、0.05、0.1 的显著性水平。

表 4-26　　　　　**稳健性检验：使用 B/M 指标衡量投资者情绪水平**

自变量	模型（4-6）系数（T统计量）		
DA_1	0.1481 ***		
	（9.66）		
DA_2		0.1377 ***	
		（8.95）	
DA_3			0.1224 ***
			（7.46）
Sent	0.1604	0.1636 *	0.1940 **
	（1.63）	（1.66）	（1.97）
$Sent \times DA_1$	-0.1560 *		
	（-1.72）		
$Sent \times DA_2$		-0.1557 *	
		（-1.71）	
$Sent \times DA_3$			-0.2578 ***
			（-2.81）
lnSize	0.0254 **	0.0266 ***	0.0262 ***
	（2.55）	（2.67）	（2.62）
Lev	-0.0362 ***	-0.0388 ***	-0.0451 ***
	（-3.96）	（-4.25）	（-4.96）
Growth	-0.1080 ***	-0.1142 ***	-0.1303 ***
	（-3.28）	（-3.47）	（-3.93）
ROE	0.0649	0.0841 *	0.1910 ***
	（1.49）	（1.93）	（4.98）
CFO	0.5376 ***	0.5248 ***	0.5151 ***
	（25.57）	（24.85）	（22.47）
State	-0.0460 ***	-0.0459 ***	-0.0484 ***
	（-2.94）	（-2.93）	（-3.09）
Months	0.0309 ***	0.0305 ***	0.0305 ***
	（2.89）	（2.85）	（2.85）
Duality	-0.0298 *	-0.0304 **	-0.0304 **
	（-1.92）	（-1.96）	（-1.96）

续表

自变量	模型（4-6）系数（T统计量）		
Ind_ratio	-0.0090 （-1.51）	-0.0090 （-1.51）	-0.0094 （-1.58）
Ind_address	-0.0194 （-1.63）	-0.0201 * （-1.69）	-0.0199 * （-1.67）
FS_share	0.0310 *** （4.84）	0.0312 *** （4.87）	0.0308 *** （4.79）
Ma_share	-0.0219 *** （-2.70）	-0.0225 *** （-2.77）	-0.0224 *** （-2.76）
Ins_share	0.0431 *** （6.36）	0.0430 *** （6.34）	0.0442 *** （6.52）
Big4	0.1784 *** （7.67）	0.1769 *** （7.60）	0.1771 *** （7.59）
截距项	0.0575 （1.09）	0.0634 （1.20）	0.0552 （1.04）
行业、年度	控制	控制	控制
观测数	14491	14491	14491
Adj. R^2	0.265	0.264	0.263
F	101.9746	101.4807	100.4479

注：（1）括号中的T统计量根据稳健标准差计算；（2）***、**、*分别表示0.01、0.05、0.1的显著性水平。

表4-27　稳健性检验：采用聚类稳健标准差进行参数显著性检验

自变量	模型（4-5）系数（T统计量）			模型（4-6）系数（T统计量）		
DA_1	0.1558 *** （8.66）			0.1502 *** （8.37）		
DA_2		0.1455 *** （8.06）			0.1399 *** （7.77）	
DA_3			0.1332 *** （7.05）			0.1271 *** （6.75）
Sent				0.0367 *** （2.81）	0.0374 *** （2.85）	0.0365 *** （2.81）
$Sent \times DA_1$				-0.0378 *** （-3.24）		
$Sent \times DA_2$					-0.0363 *** （-3.10）	
$Sent \times DA_3$						-0.0511 *** （-4.11）
lnSize	0.0166 （1.08）	0.0175 （1.14）	0.0158 （1.02）	0.0185 （1.21）	0.0194 （1.27）	0.0178 （1.17）
Lev	-0.0307 ** （-2.30）	-0.0332 ** （-2.49）	-0.0391 *** （-2.91）	-0.0323 ** （-2.41）	-0.0348 *** （-2.60）	-0.0392 *** （-2.91）
Growth	-0.1043 *** （-3.11）	-0.1107 *** （-3.30）	-0.1270 *** （-3.74）	-0.1023 *** （-3.07）	-0.1085 *** （-3.26）	-0.1251 *** （-3.71）

自变量	模型（4-5）系数（T 统计量）			模型（4-6）系数（T 统计量）		
ROE	0.0606 (1.18)	0.0798 (1.56)	0.1945 *** (4.28)	0.0889 * (1.72)	0.1079 ** (2.08)	0.2090 *** (4.60)
CFO	0.5437 *** (21.14)	0.5310 *** (20.55)	0.5224 *** (19.08)	0.5351 *** (20.78)	0.5224 *** (20.19)	0.5132 *** (18.77)
State	− 0.0473 * (− 1.89)	− 0.0473 * (− 1.89)	− 0.0499 ** (− 1.98)	− 0.0432 * (− 1.73)	− 0.0431 * (− 1.72)	− 0.0460 * (− 1.83)
Months	0.0320 * (1.87)	0.0317 * (1.85)	0.0317 * (1.85)	0.0296 * (1.73)	0.0291 * (1.71)	0.0292 * (1.71)
Duality	− 0.0295 (− 1.27)	− 0.0301 (− 1.29)	− 0.0301 (− 1.29)	− 0.0304 (− 1.31)	− 0.0311 (− 1.34)	− 0.0311 (− 1.34)
Ind_ ratio	− 0.0087 (− 1.03)	− 0.0087 (− 1.02)	− 0.0091 (− 1.07)	− 0.0100 (− 1.19)	− 0.0100 (− 1.19)	− 0.0105 (− 1.25)
Ind_ address	− 0.0198 (− 1.24)	− 0.0205 (− 1.28)	− 0.0206 (− 1.28)	− 0.0184 (− 1.15)	− 0.0191 (− 1.20)	− 0.0190 (− 1.19)
FS_ share	0.0321 *** (3.07)	0.0323 *** (3.08)	0.0320 *** (3.05)	0.0299 *** (2.87)	0.0300 *** (2.88)	0.0299 *** (2.87)
Ma_ share	− 0.0217 * (− 1.72)	− 0.0223 * (− 1.76)	− 0.0222 * (− 1.75)	− 0.0219 * (− 1.74)	− 0.0225 * (− 1.78)	− 0.0226 * (− 1.79)
Ins_ share	0.0456 *** (3.91)	0.0455 *** (3.90)	0.0473 *** (4.04)	0.0401 *** (3.50)	0.0399 *** (3.48)	0.0415 *** (3.62)
Big4	0.1828 *** (4.83)	0.1815 *** (4.80)	0.1813 *** (4.77)	0.1672 *** (4.41)	0.1656 *** (4.36)	0.1653 *** (4.35)
截距项	0.0619 (0.83)	0.0680 (0.92)	0.0624 (0.84)	0.0607 (0.81)	0.0669 (0.90)	0.0600 (0.80)
行业/年度/板块	控制	控制	控制	控制	控制	控制
观测数	14491	14491	14491	14491	14491	14491
Adj. R^2	0.264	0.263	0.261	0.267	0.266	0.265
F	49.5390	48.9724	48.4368	48.6166	48.0143	48.0302

注：（1）括号中的 T 统计量根据聚类稳健标准差计算；（2）***、**、* 分别表示 0.01、0.05、0.1 的显著性水平。

4.4 本章小结

投资者有限理性和管理者有限理性是行为金融理论的两大假设前提和重要研究对象。大量前期文献关注了投资者情绪对公司投资、筹资和分配等各项财务决策的影响，而对投资者情绪是否影响公司信息披露决策的研究则非常有限，并且，类似研究中将投资者情绪和管理者情绪纳入同一框架进行分析的模式更是少见。本章以行为金融相关理论为依据，利用中国 A 股市场经验数据，检验了投资者情绪是否以及如何影响强制性披露要求下公司盈余管理的方向以及大小，并进一步分析了公司盈余管理行为是否受到管理者自身情绪的影响。

实证结论表明，投资者情绪水平对公司盈余管理方向和大小都会产生显著影响。具体而言：（1）投资者情绪高涨时，公司倾向于正向盈余管理；投资者情绪低落时，公司倾向于负向盈余管理。（2）投资者情绪水平与盈余管理大小正相关，而且，上市公司盈余管理行为并未受到管理者自身情绪的影响。综上所述，本书认为，管理层能够识别市场上投资者情绪的变化，并理性地制定盈余管理策略以迎合投资者在不同情绪下的特定需求。上述结论与行为金融的"迎合理论"预期一致，同时也与伯格曼和罗伊乔杜里（Bergman & Roychowdhury，2008）以及布朗等（Brown et al.，2012）的研究结果相呼应并互为补充。另外，进一步研究还发现：第一，"实力强大"的上市公司利用盈余管理策略迎合投资者情绪的程度更高，这些"实力强大"的公司具备抗风险能力、发展能力较强，成熟度高，国有控股等特点；第二，在投资者情绪最为高涨时期，公司盈余管理迎合行为最为明显；第三，与中小板和创业板上市公司相比，主板公司盈余管理策略迎合特征更为显著。

在上述研究的基础上，本章继续检验了 A 股上市公司的盈余管理动机，以及投资者情绪对上市公司盈余管理动机的影响。相关结论表明，A 股公司的盈余管理行为整体上具有信息传递动机，这可能提高强制性披露规制下的信息披露质量，有利于减轻市场中的信息不对称进而增强市场效率。此外，投资者高涨的情绪会削弱上市公司盈余管理的信息传递动机，并增强其机会主义动机倾向，这一结论也证实了盈余管理动机的变化性。

第5章 自愿性披露视角下迎合投资者情绪的财务信息披露策略与动机检验

5.1 A股公司财务信息自愿披露的典型方式

在上市公司信息披露行为中，自愿性披露由于自主性、灵活性强被认为更能体现公司管理者的策略意图，其中，又以财务信息的自愿披露最受理论和实务界关注，前期文献伯格曼和罗伊乔杜里（Bergman & Roychowdhury，2008）以及布朗等（Brown et al.，2012）就一致聚焦于投资者情绪如何影响公司财务信息的自愿披露。延续以上两篇文献思路，本章试图利用 A 股市场经验数据，检验投资者情绪对我国上市公司自愿性信息披露行为及其动机的影响。

与王俊秋等（2013）不同，本书以上市公司业绩快报而不是业绩预告来分析公司自愿性信息披露策略，其原因在于：虽然我国上市公司财务信息的自愿披露有业绩（盈利）预测、业绩预告和业绩快报三种途径，但是这三种自愿性披露行为在内容和形式上存在较大区别，并不能混为一谈。业绩（盈利）预测是报告期结束前进行的"预测"，而业绩预告和业绩快报都属于报告期结束后进行的"预告"，不过，后两者在强制性、披露形式和披露内容方面又存在较大区别。根据我国沪深两市《证券交易所股票上市规则》（以下简称《规则》），上市公司预计业绩出现亏损、扭亏或大幅变动时必须在会计年度结束后 1 个月内进行业绩预告，其他情况可以自愿披露业绩预告，因此，业绩预告制度具有半强制半自愿的性质。此外，《规则》提及"上市公司可以在定期报告披露前发布业绩快报，披露本期及上年同期营业收入、营业利润、利润总额、净利润、总资产、净资产、每股收益、每股净资产和净资产收益率等主要财务数据和指标",从而,业绩快报属于单纯的自愿性披露行为。

从实际情况来看,盈利(业绩)预测往往存在内容形式化、数据指标不具体等突出问题,业绩预告的半强制半自愿性质,可能在一定程度上影响管理者的自主性,只有业绩快报才属于我国当前制度框架下上市公司(对于主板上市公司而言)的完全自愿行为。更为重要的是,与业绩(盈利)预测和业绩预告相比,业绩快报公布的数据指标更为全面和详细,因此更适合于实证检验。

5.2　投资者情绪对业绩快报披露行为的影响

5.2.1　假设提出

伯格曼和罗伊乔杜里(2008)的研究结论认为,投资者情绪水平与上市公司财务预测信息的自愿披露频率负相关,在投资者情绪高涨期,管理者通过减少财务预测信息披露以维持投资者的乐观预期,在投资者情绪低落期,管理者增加财务预测信息披露频率以提升投资者对未来业绩的信心。基于我国 A 股市场经验证据,王俊秋等(2013)也得出类似结论。然而,布朗等(2012)提供的证据却表明,随着投资者情绪的高涨,为了向乐观的投资者提供更多价值相关的信息,管理者自愿披露备考业绩指标的可能性增加,尤其是在备考业绩指标高于传统业绩指标时,这一现象更为明显。虽然上述文献涉及的自愿性披露具体项目并不相同,但从投资者情绪影响公司自愿披露行为的基本逻辑上看,相关结论确实存在一定冲突,前者认为高涨的投资者情绪会抑制自愿披露行为,后者则正好相反,发现高涨的投资者情绪会促进管理者的自愿披露行为。本书认为,导致这一冲突的可能原因在于伯格曼和罗伊乔杜里(2008)并未对被披露信息本身的性质进行深入分析,即没有详细探寻上市公司管理者分别掌握"好消息"和"坏消息"时在自愿性披露行为选择上的差异,而上述差异曾被斯金纳(Skinner,1994)明确指出并验证。[1]

---

① 斯金纳(Skinner,1994)认为,面对美国证券法规所施加的一种非对称性的损失函数,管理者会更及时地披露"坏消息"以避免可能发生的"昂贵"股东诉讼,相对而言,披露"好消息"却没那么及时。

正如前文叙及，信息披露策略由于成本相对较低，是管理者迎合投资者在情绪影响下非理性需求的良好选择。同时，根据米扬和桑卡拉古鲁瓦米（Mian & Sankaraguruswamy，2012）、姚海鑫等（2015）提供的检验证据，当情绪高涨时，投资者对于盈余信息的非理性需求表现为对"好消息"的强烈偏好。基于上述结论，借鉴迎合理论的相关原理，本书认为，掌握"好消息"和掌握"坏消息"的公司，面对投资者情绪变化时自愿性披露策略应该是不一致的。本书推测，随着投资者情绪的高涨，盈利公司越来越倾向于主动、及时地披露业绩快报并且在一定程度上乐观地估计盈利数据，以此来迎合投资者对"好消息"的偏好，而亏损公司则倾向于不披露业绩快报，以避免"浇灭"投资者高涨的情绪，从而避免股价下跌。根据上述推断，本节提出以下三个方面的具体假设。

H5.1：当公司盈利时，随着投资者情绪的高涨，上市公司披露业绩快报的可能性增加；当公司亏损时，随着投资者情绪的高涨，上市公司披露业绩快报的可能性下降。

H5.2：在公司披露业绩快报的前提下，投资者情绪越高涨，公司披露业绩快报就越及时。

H5.3：在公司披露业绩快报的前提下，投资者情绪越高涨，业绩快报中披露的盈利数据就越被高估。

5.2.2 研究设计

5.2.2.1 模型设定与变量定义

本书从三个方面来考察上市公司年度业绩快报的行为特征。[①] 具体包括：公司是否披露年度业绩快报、公司披露年度业绩快报的及时性以及公司披露年度业绩快报的准确性。对于第一个方面，拟设置虚拟变量 *Express* 来衡量，当公司披露了年度业绩快报时，变量 *Express* 等于 1，否则等于 0；对于已经披露了年度业绩快报的公司，本书进一步考察披露的及时性（*Timeliness*）和准确性（*Accura-*

---

① 本书仅考察上市公司年度业绩快报行为，原因在于：其一，中期财务数据可能会受季节性、周期性因素的影响，相对而言年度财务数据更具综合性和稳定性，因此年度业绩快报也最受使用者关注；其二，如果将年度业绩快报和中期业绩快报混合在一起进行考察，可能会破坏研究对象的同质性。

cy)。披露及时性为披露日期和上一个会计年末之间的间隔天数，变量 *Timeliness* 越大，意味着披露越不及时。对于披露准确性，采用业绩快报中披露的利润总额与实际利润总额的偏差率来衡量，具体计算方式为（业绩快报中的利润总额 - 实际利润总额）/（实际利润总额的绝对值），这一数值越大，表示业绩快报中的盈利数据越被高估，反之则越被低估。

拟通过模型（5 - 1）来检验 H5.1。

$$P(Express = 1) = \Phi(\alpha_0 + \alpha_1 Sent + \sum Controls + \sum Ind + \sum Year + \varepsilon) \quad (5 - 1)$$

模型（5 - 1）的左边表示上市公司披露业绩快报的概率。自变量 *Sent* 表示单个证券的投资者情绪水平，与前文一致，本章采用分解 Tobin'Q 法来对其进行衡量，同时，模型中加入了包含公司财务特征和公司治理两个方面的 14 个控制变量（*Controls*），具体包括：总资产对数（ln*Size*）、资产负债率（*Lev*）、营业收入增长率（*Growth*）、净资产收益率（*ROE*）、经营活动的现金流量净额（*CFO*）、最终控制人性质（*State*）、上市时间（*Months*）、董事长与总经理二职合一（*Duality*）、独董比例（*Ind_ratio*）、独立董事与上市公司工作地点一致性（*Ind_ address*）、第一大股东持股比例（*FS_ share*）、管理层持股比例（*Ma_ share*）、机构持股比例（*In_ share*）、四大事务所审计（*Big*4）。[①] 此外，模型中也控制了行业差异（*Ind*）和年度差异（*Year*）。在回归分析中，根据公司年度是否盈利将所有样本观测值分为两组，然后比较两组样本观测回归结果中 *Sent* 系数 α_1 的大小、方向和显著性，以此来检验 H5.1。

通过模型（5 - 2）和模型（5 - 3）来检验 H5.2 和 H5.3。

$$Timeliness = \alpha_0 + \alpha_1 Sent + \sum Controls + \sum Ind + \sum Year + \varepsilon \quad (5 - 2)$$

$$Accuracy = \alpha_0 + \alpha_1 Sent + \sum Controls + \sum Ind + \sum Year + \varepsilon \quad (5 - 3)$$

模型（5 - 2）和模型（5 - 3）的因变量 *Timeliness* 和 *Accuracy* 分别用来衡量业绩快报披露的及时性和准确性，具体定义如前所述。另外，在模型（5 - 2）和模型（5 - 3）的控制变量中增加了虚拟变量 *Loss*，当 *Loss* = 1 时表示公司当年发生亏损，否则为 0。其他变量定义与模型（5 - 1）相同。

---

① 控制变量的具体定义参见表 4 - 1。

回归分析时，对模型（5-1）、模型（5-2）和模型（5-3）中所有非虚拟变量都进行了 Z 标准化处理，以便消除量纲影响并更好地分析实证结果的经济意义。实证分析采用 Stata 作为统计软件。

5.2.2.2 样本选择与数据来源

本节的初始样本确定为 2007～2017 年所有 A 股主板上市公司。沪深两所对于主板上市公司的业绩快报行为一直都是采取鼓励的态度而非强制性要求，但对于中小板和创业板，深交所的相关规定则具有一定强制性。根据深交所《中小企业板信息披露业务备忘录第 1 号：业绩预告、业绩快报及其修正》和《创业板信息披露业务备忘录第 11 号——业绩预告、业绩快报及其修正》，年报预约披露在 3～4 月的中小板和创业板上市公司，应当在 2 月底之前披露年度业绩快报。鉴于此，中小板和创业板的业绩快报行为不再完全属于自愿性披露的范畴，为了在一定程度上确保研究对象的同质性，本节的初始样本只包含了主板上市公司。在进行必要筛选后，最终获得 14081 个有效年度观测值，具体筛选过程见表 5-1。

表 5-1　　　　　　　　　　　初始样本筛选过程

年份	全部 A 股主板公司数	剔除金融类上市公司数	剔除被特别处理的上市公司数	剔除必要财务数据缺失的上市公司数	最终样本数
2007	1324	26	198	0	1100
2008	1329	26	160	0	1143
2009	1330	29	157	1	1143
2010	1356	34	172	2	1148
2011	1390	38	163	0	1189
2012	1414	39	109	0	1266
2013	1412	40	67	1	1304
2014	1453	40	97	3	1313
2015	1540	46	128	5	1361
2016	1640	59	115	4	1462
2017	1854	68	131	3	1652
合计	16042	445	1497	19	14081

除最终控制人性质数据来源于色诺芬数据库外，本节所用到的其他数据均来自 CSMAR 数据库。值得注意的是，本书通过对公司年末 Tobin'Q 的分解得到了年末的投资者情绪指标，而年度业绩快报的披露一般发生于下一年度的第一季度，由于在时间上存在明确的先后关系，所以自变量和因变量之间的影响机制只可能是后者（业绩快报是否披露、披露及时性和披露准确性）受到前者（投资

者情绪）的影响，反之则在逻辑上难以成立。这种研究设计能在一定程度上避免解释变量和被解释变量互为因果所导致的内生性问题。

5.2.3　实证结果分析

5.2.3.1　描述性统计

表 5-2 对书中所有主要变量进行了描述性统计。*Express* 的均值为 0.14，说明只有将近 14% 的样本观测值披露了业绩快报，具体而言，14081 个样本观测中披露业绩快报的仅为 1995 个，说明自愿披露业绩快报并不是 A 股上市公司的普遍行为。在披露业绩快报的样本观测中，*Timeliness* 均值和中位数分别为 63 天和 65 天，而标准差达到了 34.68 天，最大值为 118 天，最小值为 −1 天，说明公司披露业绩快报的时间差异较大，并没有太多规律可循。由于 7 个样本观测未在业绩快报中披露利润总额，因此可获取 *Accuracy* 的样本观测数为 1988 个。*Accuracy* 的中位数为 0，意味着业绩快报中利润总额被高估和被低估的概率基本相同，从极端值可知，最大被高估了约 1116%，最小被低估了约 170%，同时，*Accuracy* 均值是一个正数（0.03），说明业绩高估的程度更大。投资者情绪变量 *Sent* 的均值和中位数都小于 0，说明市场中投资者情绪整体较为低落，这与我国股市在研究时间窗口内始终保持颓势的现实情况一致，在一定程度上也证明了本书衡量投资者情绪的方法是合理的。*Loss* 的均值约为 0.10，说明只有 10% 的样本观测业绩是亏损的。

表 5-2　　　　　　　　　　　主要变量描述性统计

变量	样本数	均值	中位数	标准差	Max	Min
Express	14081	0.1417	0	0.3487	1	0
Timeliness	1995	63.3544	65	34.6824	118	−1
Accuracy	1988	0.0317	0	0.4228	11.1594	−1.6983
Sent	14081	−0.0037	−0.2412	1.2802	8.7884	−3.7748
Loss	14081	0.1039	0	0.3051	1	0
ln*Size*	14081	22.3333	22.1764	1.3956	28.5087	17.6413
Lev	14081	0.5038	0.5112	0.2038	4.0260	0.0071
Growth	14081	0.1964	0.0926	1.5155	87.4837	−0.9861
ROE	14081	0.0688	0.0738	0.5604	29.7372	−29.1436
CFO	14081	0.0489	0.0490	0.1219	1.4519	−4.0503
State	14081	0.6281	1	0.4833	1	0
Months	14081	157.2711	165	70.8639	324	0

变量	样本数	均值	中位数	标准差	Max	Min
Duality	14081	0.1508	0	0.3579	1	0
Ind_ratio	14081	0.3690	0.3333	0.0553	0.8000	0.0909
Ind_address	14081	0.4594	0	0.4984	1	0
FS_share	14081	0.3671	0.3476	0.1602	0.8999	0.0029
Ma_share	14081	0.0284	0	0.1039	0.8788	0
Ins_share	14081	0.0465	0.0276	0.0574	0.7499	0
Big4	14081	0.0842	0	0.2778	1	0

5.2.3.2　回归分析

模型（5-1）、模型（5-2）和模型（5-3）的回归分析结果见表5-3。对于模型（5-1），本书根据公司年度盈利状况将总样本分为盈利样本组和亏损样本组分别进行回归。由于模型（5-1）设定为非线性模型，其估计系数并非自变量的边际效应，因此在表5-3中提供了各个变量的边际效应和对应的Z统计量，以便能更好地分析回归结果的经济意义。盈利样本组中 *Sent* 的边际效应为0.010，并且通过了0.01水平上的显著性检验，说明投资者情绪水平每提升1个标准差，公司披露年度业绩快报的可能性增加1%；亏损样本组中 *Sent* 的边际效应为-0.022，通过了0.05水平上的显著性检验，说明投资者情绪水平每提升1个标准差，公司披露业绩快报的可能性下降2.2%。上述结论完全符合H5.1的预期，即当公司盈利时，披露业绩快报的可能性与投资者情绪水平正相关，当公司亏损时，披露业绩快报的可能性与投资者情绪水平负相关。表外统计数据显示，盈利样本组的12618个样本中披露了业绩快报的有1761个，披露概率仅为14%，亏损样本组的1463个样本中披露了业绩快报的有234个，披露概率仅为16%，同时，两组样本中自变量 *Sent* 跨度都为5.93个标准差（最小值为-1.54，最大值4.39），结合表5-3中模型（5-1）的回归分析结果，在其他因素不变的前提下，盈利样本组中 *Sent* 从最低值提升到最高值将使得业绩快报披露概率提高约6%（5.93×1%），亏损样本组中 *Sent* 从最低值提升到最高值将使得业绩快报披露概率降低约13%（5.93×2.2%），因此，投资者情绪对业绩快报披露概率的影响相对较大。

模型（5-2）检验了在公司披露业绩快报的前提下，投资者情绪水平对披露及时性的影响。回归结果中自变量 *Sent* 的系数并不显著，说明在控制了其他相关因素后，投资者情绪对业绩快报披露的及时性没有影响，H5. 2 不成立。①

　　模型（5-3）检验了在公司披露业绩快报的前提下，投资者情绪水平对业绩快报披露准确性的影响。由于过多的冗余变量会提高模型的自由度，降低 F 值，同时可能导致多重共线性从而影响自变量的显著性，因此，表 5-3 中列出了包含所有控制变量和删除不显著控制变量的两种回归结果。两种回归结果都显示，自变量 Sent 的系数为正，并且通过了 0.01 水平上的显著性检验，这说明投资者情绪与业绩快报中盈利数据（利润总额）的准确性显著正相关，即投资者情绪越高涨，业绩快报中披露的利润总额就越被高估，H5. 3 得到验证。

　　模型（5-1）和模型（5-3）的实证结果都表明，上市公司试图利用业绩快报自愿披露策略迎合投资者情绪的变化：在公司盈利时，通过披露业绩快报和高估其中的盈利数据来迎合投资者高涨的情绪；在公司亏损时，为了维持投资者日益高涨的情绪，管理层倾向于不披露业绩快报。上述结论完全契合迎合理论的预期。

表 5-3　　　　投资者情绪与公司业绩快报行为多元回归分析结果

自变量	模型（5-1）：因变量 Express		模型（5-2）：因变量 Timeliness	模型（5-3）：因变量 Accuracy	
	盈利样本组	亏损样本组			
	边际效应（Z 统计量）		系数（T 统计量）	系数（T 统计量）	
Sent	0.010 ***	0.022 **	0.742	0.033 ***	0.032 ***
	(2.98)	(-2.50)	(1.03)	(2.80)	(2.86)
Loss			11.004 ***	0.094 **	0.105 ***
			(3.96)	(2.38)	(3.44)
lnSize	0.013 ***	0.032 **	-3.166 ***	-0.006	
	(2.96)	(2.45)	(-3.65)	(-0.73)	
Lev	-0.020 ***	-0.012	4.548 ***	0.003	
	(-5.15)	(-1.00)	(5.50)	(0.38)	
Growth	0.018	-0.008	4.042	0.061 *	0.066 **
	(1.39)	(-0.23)	(1.60)	(1.79)	(2.06)
ROE	0.117 ***	-0.001	-13.551 ***	0.005	
	(5.10)	(-0.04)	(-3.42)	(0.11)	
CFO	-0.007	-0.025	-2.409 ***	-0.009	
	(-1.58)	(-1.56)	(-2.64)	(-1.32)	
State	0.032 ***	-0.010	-13.537 ***	-0.020	
	(4.46)	(-0.45)	(-7.80)	(-1.43)	

---

　　①　未报告的数据显示，将 Timeliness 取对数后进行回归，自变量 Sent 的系数仍不显著。

续表

自变量	模型（5-1）：因变量 Express		模型（5-2）：因变量 Timeliness	模型（5-3）：因变量 Accuracy	
	盈利样本组	亏损样本组			
	边际效应（Z 统计量）		系数（T 统计量）	系数（T 统计量）	
Months	-0.002	0.045 ***	8.766 ***	0.014 ***	0.011 ***
	(-0.58)	(2.94)	(11.35)	(3.09)	(3.03)
Duality	-0.010	0.025	-2.500	-0.007	
	(-1.12)	(0.91)	(-1.23)	(-0.40)	
Ind_ ratio	-0.006 *	-0.002	2.482 ***	-0.004	
	(-1.91)	(-0.21)	(3.70)	(-0.92)	
Ind_ address	0.003	-0.048	-1.198	0.003	
	(0.73)	(-1.57)	(-1.51)	(0.64)	
FS_ share	-0.009	-0.063 ***	-1.212	-0.006	
	(1.50)	(-3.41)	(-0.88)	(-0.61)	
Ma_ share	0.006	-0.007	-2.666 ***	0.000	
	(1361)	(-0.67)	(-3.57)	(0.00)	
Ins_ share	-0.003	-0.013	-0.647	-0.001	
	(-0.86)	(-1.13)	(-0.83)	(-0.18)	
Big4	-0.026 **	-0.051	-0.604	-0.008	
	(-2.46)	(-1.47)	(-0.25)	(-0.55)	
截距项			66.491 ***	-0.047 *	-0.054 ***
			(8.83)	(-1.67)	(-12.85)
行业/年度	控制	控制	控制	控制	
观测数	12618	1463	1995	1988	1988
Pseudo R^2 或 R^2	0.029	0.076	0.293	0.046	0.050
F	(289.86) ***	(88.01) ***	(31.03) ***	(1.12)	(4.84) ***

注：（1）***、**、* 分别表示 0.01、0.05、0.1 的显著性水平；（2）括号中的 Z 统计量或 T 统计量都是根据稳健标准差计算；（3）模型（5-1）中所有自变量的边际效应都是通过 Stata 软件的 mfx 命令求得。

5.2.4 内生性处理

为了避免模型遗漏变量所导致的内生性问题，本书进行如下处理。

第一，进一步控制潜在遗漏变量。为了进一步控制公司治理方面的潜在遗漏变量，本书在模型（5-1）和模型（5-3）中加入了能够综合反映公司内控质量的迪博内部控制指数（ICI，取自然对数后标准化，最终得到 13526 个有效指标），回归结果见表 5-4。为了避免可能存在的多重共线性，表 5-4 中分别给出了包含所有控制变量和删除部分不显著控制变量的两种回归结果。模型（5-1）的盈利样本组 Probit 回归结果显示 Sent 边际效应在 0.01 水平上显著为正，亏损样本组 Probit 回归结果显示 Sent 边际效应在 0.05 和 0.01 水平上显著为负，H5.1 假设检验结果不变；模型（5-3）的回归结果显示 *Sent* 系数在 0.01 水平上显著为正，H5.3 假设检验结果不变。

表 5-4　内生性处理：进一步控制模型（5-1）和模型（5-3）潜在遗漏变量

自变量	模型（5-1）：因变量 *Express*				模型（5-3）：因变量 *Accuracy*	
	盈利样本组		亏损样本组			
	边际效应（Z 统计量）				系数（T 统计量）	
Sent	0.010 ***	0.009 ***	-0.022 **	-0.027 ***	0.0333 ***	0.0324 ***
	(2.87)	(2.70)	(-2.48)	(-3.15)	(2.68)	(2.76)
Loss					0.0855 **	0.0912 ***
					(2.15)	(2.83)
ln*ICI*	-0.007	-0.007 *	-0.005	-0.006	-0.0118	-0.0132
	(-1.64)	(-1.68)	(-1.28)	(-1.44)	(-1.29)	(-1.50)
ln*Size*	0.014 ***	0.013 ***	0.033 **	0.023 **	-0.0043	
	(3.22)	(3.12)	(2.53)	(2.32)	(-0.46)	
Lev	-0.021 ***	-0.021 ***	-0.011		0.0012	
	(-5.27)	(-5.23)	(-0.94)		(0.14)	
Growth	0.022 *	0.021 *	-0.009		0.0644 *	0.0678 **
	(1.66)	(1.65)	(-0.26)		(1.86)	(2.12)
ROE	0.115 ***	0.114 ***	0.009		0.0105	
	(4.98)	(4.99)	(0.26)		(0.22)	
CFO	-0.009 *	-0.008 *	-0.024	-0.032 *	-0.0091	
	(-1.89)	(-1.81)	(-1.53)	(-1.95)	(-1.24)	
State	0.031 ***	0.030 ***	-0.010		-0.0179	
	(4.39)	(4.48)	(-0.46)		(-1.23)	
Months	-0.001		0.043 ***	0.062 ***	0.0152 ***	0.0099 **
	(-0.353)		(2.77)	(5.14)	(2.95)	(2.47)
Duality	-0.011		0.027		-0.0046	
	(-1.218)		(0.99)		(-0.26)	
Ind_ ratio	-0.005		-0.002		-0.0048	
	(-1.55)		(-0.26)		(-1.01)	
Ind_ address	0.002		-0.050		0.0062	
	(0.46)		(-1.58)		(1.06)	
FS_ share	-0.008		-0.062 ***	-0.064 ***	-0.0050	
	(-1.27)		(-3.35)	(-3.50)	(-0.53)	
Ma_ share	0.006 *	0.006 *	-0.007		0.0006	
	(1.688)	(1.85)	(-0.67)		(0.10)	
Ins_ share	-0.003		-0.014		-0.0010	
	(-0.95)		(-1.16)		(-0.21)	
Big4	-0.028 ***	-0.028 ***	-0.054		-0.0104	
	(-2.68)	(-2.64)	(-1.55)		(-0.64)	
截距项					-0.0427	-0.0534 ***
					(-1.46)	(-11.99)
行业/年度	控制	控制	控制	控制	控制	
观测数	12069	12069	1457	1457	1894	1894

续表

自变量	模型（5-1）：因变量 Express				模型（5-3）：因变量 Accuracy	
	盈利样本组		亏损样本组			
	边际效应（Z 统计量）				系数（T 统计量）	
Pseudo R^2 或 Adj. R^2	0.031	0.030	0.077	0.054	0.050	0.051
F	(289.19)***	(282.48)***	(87.37)***	(64.47)***	(1.07)	(4.17)***

注：（1）***、**、*分别表示 0.01、0.05、0.1 的显著性水平；（2）括号中的 Z 统计量或 T 统计量都是根据稳健标准差计算；（3）模型（5-1）中所有自变量的边际效应都是通过 Stata 软件的 mfx 命令求得。

第二，工具变量法。与第 4 章一致，本章使用样本公司股票代码在年度最后一周的百度指数（BdI，取自然对数后标准化，最终得到 12559 个有效指标）作为单个证券投资者情绪的工具变量。在对模型（5-1）进行 IV Probit 估计和对模型（5-3）进行 2SLS 回归时，第一步（阶段）回归结果都显示百度指数（BdI）对投资者情绪的影响系数在 0.01 水平上显著，而且在对模型（5-3）进行 2SLS 回归时，第一阶段回归结果的 F 统计量为 108.86，远大于临界值 10。上述结果说明不存在弱工具变量问题。对模型（5-1）进行 IV Probit 估计的结果中（见表 5-5），外生性 Wald 检验拒绝了 Probit 结果有显著的内生性偏误，因此，原 Probit 检验结果有效。对模型（5-3）进行 2SLS 回归分析的结果中（见表 5-5），自变量 Sent 的系数在 0.05 水平上显著为正，实证结论不变。

表 5-5　内生性处理：对模型（5-1）和模型（5-3）分别进行 IV Probit、2SLS 回归

自变量	模型（5-1）：因变量 Express		模型（5-3）：因变量 Accuracy
	盈利样本组	亏损样本组	
	系数（Z 统计量）		系数（T 统计量）
Sent	0.0076	-0.0537	0.0654**
	(0.11)	(-0.46)	(2.33)
Loss			0.0823**
			(2.05)
lnSize	0.0741***	0.1715**	-0.0077
	(3.50)	(2.23)	(-0.85)
Lev	-0.1149***	-0.0685	0.0055
	(-5.92)	(-1.15)	(0.65)
Growth	0.0734	-0.0537	0.0635*
	(1.14)	(-0.33)	(1.74)
ROE	0.5811***	0.0571	-0.0083
	(4.05)	(0.29)	(-0.16)
CFO	-0.0433*	-0.0927	-0.0100
	(-1.94)	(-1.17)	(-1.20)

续表

自变量	模型（5-1）：因变量 Express		模型（5-3）：因变量 Accuracy
	盈利样本组	亏损样本组	
	系数（Z 统计量）		系数（T 统计量）
State	0.1066 ***	-0.0664	-0.0036
	(2.90)	(-0.60)	(-0.26)
Months	-0.0015	0.2767 ***	0.0130 ***
	(-0.08)	(3.69)	(2.65)
Duality	-0.0219	0.1691	-0.0086
	(-0.49)	(1.41)	(-0.47)
Ind_ ratio	-0.0288 *	-0.0384	-0.0050
	(-1.89)	(-0.84)	(-1.00)
Ind_ address	-0.0250	-0.1908	0.0095
	(-1.10)	(-1.36)	(1.29)
FS_ share	-0.0251	-0.3202 ***	-0.0068
	(-0.81)	(-3.41)	(-0.73)
Ma_ share	0.0311 *	-0.0477	-0.0029
	(1.79)	(-0.88)	(-0.43)
Ins_ share	-0.0170	-0.0541	-0.0003
	(-0.98)	(-0.93)	(-0.06)
Big4	-0.1165 *	-0.2550	-0.0137
	(-1.91)	(-1.12)	(-0.86)
截距项	-1.5642 ***	-6.4889 ***	-0.0739 *
	(-10.32)	(-7.38)	(-1.65)
行业/年度	控制	控制	控制
观测数	11217	1342	1789
Adj. R^2			0.035
Wald chi2	(250.85) ***	(885.50) ***	
Wald test of exogeneity	(0.33)	(0.05)	

注：（1）***、**、* 分别表示 0.01、0.05、0.1 的显著性水平；（2）括号中的 Z 统计量或 T 统计量都是根据稳健标准差计算。

5.2.5　稳健性检验

本章的稳健性检验包括三个方面：第一，重新设定 H5.1 的检验模型对该假设进行稳健性检验；第二，对自变量投资者情绪水平的衡量进行稳健性检验；第三，采用聚类稳健标准差进行参数显著性检验。

（1）重新设定 H5.1 的检验模型。前文通过对样本观测分组回归验证了 H5.1，为了进一步保证结论的稳健性，在模型（5-1）中引入调节变量 *Loss* 和交互项 *Sent* × *Loss*，并利用全部样本观测再次进行回归，模型的具体设定和回归结果分别见模型（5-4）和表 5-6。

$$P(Express=1) = \Phi(\alpha_0 + \alpha_1 Sent + \alpha_2 Loss + \alpha_3 Loss \times Sent + \sum Controls + \sum Ind + \sum Year + \varepsilon)$$

$$(5-4)$$

在自变量 $Sent$ 的系数 α_1 显著的前提下，如果交互项 $Loss \times Sent$ 的系数 α_3 显著，则说明调节变量 $Loss$ 对投资者情绪水平和业绩快报披露概率之间的关系产生了显著影响。为了考察交互项 $Sent \times Loss$ 对模型的影响，本书在表 5-6 中分别提供了带交互项和不带交互项的两种回归结果。在不加入交互项时，自变量 $Sent$ 的边际效应为 0.008，Z 统计量 2.76，通过了 0.01 水平的显著性检验，而在加入交互项 $Sent \times Loss$ 后，自变量 $Sent$ 的边际效应变为 0.012，Z 统计量变为 3.57，都得到了明显提升，这意味着变量 $Sent$ 和 $Loss$ 之间确实存在交互作用，交互项的加入有效地改善了模型的整体效果，否则，将会产生遗漏变量偏误而无法得到对自变量 $Sent$ 的无偏估计。值得注意的是，正如艾和诺顿（Ai & Norton，2003）以及诺顿等（Norton et al.，2004）指出的，在 Probit 等非线性模型中交互项的边际效应并不能通过 Stata 软件的 mfx 命令求得，其显著性也不能由该命令报告的 Z 检验来判断，大量文献中曾出现此类统计技术的应用错误。鉴于此，本节使用了诺顿等（2004）设计的 inteff 命令来正确估计模型（5-4）中交互项的边际效应和显著性水平。当非线性模型中只涉及一个交互项时，使用 inteff 命令进行估计是一个好的方法（张爽，2006；Zelner，2009）。

模型（5-4）加入交互项后，自变量 $Sent$ 的边际效应为 0.012，在 0.01 水平上显著，而交叉项 $Sent \times Loss$ 的边际效应为 -0.024，通过了 0.05 水平上的显著性检验。这说明当公司亏损时，$Sent$ 的边际效应为 -0.012（0.012-0.024），此时，投资者情绪水平和公司披露业绩快报的概率负相关，即投资者情绪越高涨，公司披露业绩快报的可能性越低；当公司盈利时，$Sent$ 的边际效应为 0.012，此时，投资者情绪水平和公司披露业绩快报的概率正相关，即投资者情绪越高涨，公司披露业绩快报的可能性越高。这一结论与前文分组回归结论完全一致，说明 H5.1 的检验结果稳健。

表 5-6　　　　　　　　稳健性检验：重新设定 H5.1 的检验模型

自变量	模型（5-4）：因变量 Express			
	边际效应	Z 统计量	边际效应	Z 统计量
Sent	0.008 ***	2.764	0.012 ***	3.573

续表

自变量	模型（5-4）：因变量 *Express*			
	边际效应	Z 统计量	边际效应	Z 统计量
Loss	0.079 ***	4.929	0.078 ***	4.914
Sent × Loss			− 0.024 **	− 2.152
ln*Size*	0.014 ***	3.392	0.013 ***	3.150
Lev	− 0.018 ***	− 4.803	− 0.017 ***	− 4.670
Growth	0.020	1.613	0.020	1.628
ROE	0.074 ***	3.947	0.065 ***	3.360
CFO	− 0.004	− 1.016	− 0.004	− 1.046
State	0.028 ***	4.147	0.028 ***	4.091
Months	0.000	0.049	0.000	0.063
Duality	− 0.005	− 0.619	− 0.005	− 0.636
Ind_ ratio	− 0.006 **	− 2.014	− 0.006 **	− 2.039
Ind_ address	0.003	0.746	0.003	0.707
FS_ share	− 0.014 **	− 2.393	− 0.014 **	− 2.389
Ma_ share	0.005	1.585	0.005	1.572
Ins_ share	− 0.002	− 0.789	− 0.002	− 0.777
Big4	− 0.026 **	− 2.524	− 0.026 **	− 2.527
行业/年度	控制		控制	
观测数	14081		14081	
Pseudo R^2	0.0278		0.0284	
Wald chi2	(309.90) ***		(314.19) ***	

注：（1）***、**、* 分别表示 0.01、0.05、0.1 的显著性水平；（2）括号中的 Z 统计量根据稳健标准差计算；（3）除交叉项外，其他自变量的边际效应和 Z 统计量都是通过 Stata 软件的 mfx 命令求得，交叉项的边际效应和 Z 统计量则通过 Stata 软件的 inteff 命令求得。

（2）采用聚类稳健标准差进行参数显著性检验。考虑到本章使用的数据集为面板数据，同一样本公司在不同年份的扰动项之间可能存在自相关，为了避免由此所导致的参数显著性检验失效，再次通过聚类稳健标准差对模型（5-1）和模型（5-3）所有变量系数的显著性进行检验，研究结论并未发生改变，相关检验结果见表 5-7。

表 5-7　　稳健性检验：采用聚类稳健标准差进行参数显著性检验

自变量	模型（5-1）：因变量 *Express*		模型（5-3）：因变量 *Accuracy*	
	盈利样本组	亏损样本组		
	边际效应（Z 统计量）		系数（T 统计量）	
Sent	0.010 **	− 0.022 **	0.0326 ***	0.0317 ***
	(2.07)	(− 2.23)	(2.86)	(2.96)
Loss			0.0940 **	0.1055 ***
			(2.24)	(3.16)
ln*Size*	0.013 *	0.032 **	− 0.0063	
	(1.66)	(2.16)	(− 0.74)	

续表

自变量	模型（5-1）：因变量 Express		模型（5-3）：因变量 Accuracy	
	盈利样本组	亏损样本组		
	边际效应（Z 统计量）		系数（T 统计量）	
Lev	- 0. 020 ***	- 0. 012	0. 0030	
	（ - 3. 15）	（ - 0. 89）	（0. 39）	
Growth	0. 018	- 0. 008	0. 0614 *	0. 0655 **
	（1. 39）	（ - 0. 23）	（1. 86）	（2. 11）
ROE	0. 117 ***	- 0. 001	0. 0051	
	（3. 93）	（ - 0. 04）	（0. 10）	
CFO	- 0. 007	- 0. 025	- 0. 0091	
	（ - 1. 37）	（ - 1. 48）	（ - 1. 28）	
State	0. 032 ***	- 0. 010	- 0. 0201	
	（2. 79）	（ - 0. 39）	（ - 1. 36）	
Months	- 0. 002	0. 045 ***	0. 0143 ***	0. 0109 ***
	（ - 0. 33）	（2. 64）	（2. 92）	（2. 82）
Duality	- 0. 010	0. 025	- 0. 0065	
	（ - 0. 85）	（0. 82）	（ - 0. 45）	
Ind_ ratio	- 0. 006	- 0. 002	- 0. 0042	
	（ - 1. 26）	（ - 0. 20）	（ - 0. 86）	
Ind_ address	0. 003	- 0. 048	0. 0026	
	（0. 54）	（ - 1. 54）	（0. 69）	
FS_ share	- 0. 009	- 0. 063 ***	- 0. 0055	
	（ - 1. 04）	（ - 3. 23）	（ - 0. 59）	
Ma_ share	0. 006	- 0. 007	0. 0000	
	（0. 91）	（ - 0. 59）	（0. 00）	
Ins_ share	- 0. 003	- 0. 013	- 0. 0008	
	（ - 0. 63）	（ - 1. 05）	（ - 0. 17）	
Big4	- 0. 026	- 0. 051	- 0. 0084	
	（ - 1. 24）	（ - 1. 24）	（ - 0. 61）	
截距项			- 0. 0473 *	- 0. 0542 ***
			（ - 1. 72）	（ - 12. 91）
行业/年度	控制	控制	控制	
观测数	12618	1463	1988	1988
Pseudo R^2 或 R^2	0. 029	0. 076	0. 046	0. 047
F	（167. 09） ***	（75. 92） ***	（1. 13）	（4. 44） ***

注：（1） ***、**、* 分别表示 0. 01、0. 05、0. 1 的显著性水平；（2） 括号中的 Z 统计量或 T 统计量都是根据聚类稳健标准差计算；（3） 模型（5-1）中自变量的边际效应通过 Stata 软件的 mfx 命令求得。

（3） 对自变量投资者情绪水平的衡量进行稳健性检验。以 B/M 指标衡量单个证券投资者情绪水平，作为模型（5-1）和模型（5-3）的自变量，对 H5. 1 和 H5. 3 再次进行稳健性检验。从表 5-8 的回归结果可知：模型（5-1）的盈利样本组中自变量 Sent 的边际效应在 0. 01 水平上显著为正，亏损样本组中自变量 Sent 的边际效应在 0. 05 水平上显著为负，H5. 1 检验结果保持稳健；模型

（5-3）中自变量 *Sent* 的系数在 0.05 水平上显著为正，H5.3 检验结果保持稳健。

表 5-8　　　　　稳健性检验：以 B/M 指标衡量单个证券投资者情绪水平

自变量	模型（5-1）：因变量 *Express*		模型（5-3）：因变量 *Accuracy*	
	盈利样本组	亏损样本组		
	边际效应（Z 统计量）		系数（T 统计量）	
Sent	0.151 ***	−0.154 **	0.2057 **	0.1917 **
	(3.98)	(−2.11)	(2.05)	(2.16)
Loss			0.1003 **	0.1036 ***
			(2.39)	(3.11)
ln*Size*	0.022 ***	0.021	0.0087	
	(4.53)	(1.34)	(0.99)	
Lev	−0.025 ***	−0.004	−0.0071	
	(−6.18)	(−0.28)	(−0.83)	
Growth	0.017	−0.001	0.0605 *	0.0615 **
	(1.26)	(−0.04)	(1.83)	(2.00)
ROE	0.101 ***	0.006	−0.0044	
	(4.29)	(0.16)	(−0.09)	
CFO	−0.006	−0.026	−0.0065	
	(−1.40)	(−1.60)	(−0.94)	
State	0.031 ***	−0.007	−0.0235	
	(4.45)	(−0.31)	(−1.57)	
Months	−0.003	0.046 ***	0.0137 ***	0.0089 **
	(−0.73)	(3.01)	(2.85)	(2.37)
Duality	−0.009	0.023	−0.0022	
	(−1.10)	(0.84)	(−0.14)	
Ind_ ratio	−0.006 *	−0.002	−0.0035	
	(−1.90)	(−0.22)	(−0.73)	
Ind_ address	0.003	−0.046	0.0035	
	(0.82)	(−1.50)	(0.97)	
FS_ share	−0.010	−0.061 ***	−0.0072	
	(−1.57)	(−3.32)	(−0.77)	
Ma_ share	0.005	−0.007	0.0011	
	(1.59)	(−0.66)	(0.19)	
Ins_ share	−0.003	−0.015	0.0011	
	(−0.84)	(−1.29)	(0.26)	
*Big*4	−0.027 ***	−0.048	−0.0089	
	(−2.61)	(−1.32)	(−0.61)	
截距项			−0.0426	−0.0476 ***
			(−1.50)	(−8.19)
行业/年度	控制	控制	控制	
观测数	12618	1463	1988	1988
Pseudo R² 或 R²	0.030	0.075	0.036	0.038
F			(1.02)	(4.15) ***

注：（1）***、**、* 分别表示 0.01、0.05、0.1 的显著性水平；（2）括号中的 Z 统计量或 T 统计量都是根据稳健标准差计算；（3）模型（5-1）中自变量的边际效应通过 Stata 软件的 mfx 命令求得。

5.3 投资者情绪对业绩快报披露动机的影响

5.3.1 问题提出

信号传递理论是解释证券市场自愿性披露行为动机的基石。在信息不对称的现实前提下，投资者的逆向选择可能导致证券"柠檬市场"，从而使所有公司面临价值低估的系统性风险，前景向好的上市公司为了凸显自身的竞争优势、避免价值折价，会主动披露内部人拥有的私人信息以向外界展示公司核心竞争力，自愿性披露方式应运而生，并逐渐成为全球资本市场信息披露管制方面一项不可或缺的制度安排。

业绩快报作为我国证券市场的一项制度创新，与盈利（业绩）预测、业绩预告一起，共同构成了上市公司财务信息自愿披露的三大途径。目前，国内研究较多关注上市公司的盈利（业绩）预测和业绩预告行为[①]，对业绩快报的分析则比较少见。正如本章第一节述及，这三种自愿性披露行为在内容和形式上存在较大区别，考虑到我国证券市场的相关规制和三种披露行为的自身特点，业绩快报作为 A 股的一种典型财务信息自愿性披露行为，相对而言更适合于实证检验。

业绩快报制度在我国推出的初衷是为了提高业绩信息披露的及时性，所以前期文献主要聚焦于业绩快报披露的信息质量和信息含量问题。柳木华（2005）首次对已披露 2004 年度业绩快报的 70 份样本进行分析，通过事件研究法检验了业绩快报披露窗口期的市场反应，发现业绩快报具有显著信息含量，但并不会减少年度盈余报告的信息含量。王宏昌和干胜道（2008）以深市 78 份 2007 年的中期业绩快报作为样本，得出中期业绩快报也具有显著信息含量的结论。除上述文献外，近期两篇文献则分别关注业绩快报对分析师预测的影响（陈翔宇，2015）和业绩快报披露行为的影响因素（王鹏和陈翔宇，2016）。然而，现有的几篇文献

---

① 盈利（业绩）预测的相关文献见秦玉熙（2004），张翼和林小驰（2005），戴德明等（2005），叶少琴和胡玮（2006），王克敏和廉鹏（2012），李馨子和罗婷（2014），于剑乔和罗婷（2016）等；业绩预告的相关文献见王惠芳（2009），宋云玲和罗玫（2010），宋云玲等（2011），王玉涛和王彦超（2012），罗玫和宋云玲（2012），冯旭南（2014），郑建明等（2015），罗玫和魏哲（2016）等。

都未对隐藏在业绩快报行为背后管理者的披露意图或动机进行分析。管理者是否通过主动披露业绩快报向市场传递了某种信号，目前依然不得而知，试图回答这一问题是本节的研究出发点之一。

此外，本书第4章的经验证据表明，投资者情绪会对强制性披露规制下的盈余管理行为动机产生影响，高涨的投资者情绪使得盈余管理的机会主义动机倾向增强，信息传递动机减弱，那么，业绩快报自愿披露的行为动机是否同样会受到投资者情绪影响，或者说，上市公司在利用业绩快报披露行为迎合投资者情绪时，其动机是否发生变化，将是本节的另一个关注点。

5.3.2　假设提出

迄今为止，国内外相关理论分析和经验证据几乎一致支持上市公司自愿性披露行为的信号传递动机。无论是对财务信息还是社会责任、内部控制等非财务信息的自愿披露行为，信号传递理论的解释机制都有普遍适用性（Ross，1979；Penman，1980；Anderson & Frankle，1980；Lev & Penman，1990；Newson & Deegan，2002；张宗新等，2005；乔引花和张淑惠，2009；谢江林等，2009；林斌和饶静，2009；黄寿昌等，2010；张然和张鹏，2011）。

上市公司自愿披露的信息内容多种多样，总的来说可以归纳为财务信息和非财务信息（包括内部控制信息、环境信息、社会责任信息等）两大类，尽管不同类型信息的自愿性披露都是为了展示企业的核心竞争力以及向外界传递企业竞争优势的信号，但侧重的角度是不一样的。财务信息的自愿披露倾向于传递公司财务业绩方面的预期或信号。另外，虽然有前期文献认为，公司为了降低诉讼成本也会自愿提前披露负面消息（Skinner，1994），但张然和张鹏（2011）指出，我国当前不尽完善的证券监管机制难以对信息披露行为产生约束，因此，我国上市公司为降低诉讼成本而自愿披露坏消息的动机相对不足。基于上述分析，本书认为，总体而言，上市公司倾向于利用业绩快报自愿披露行为向市场传递未来业绩向好的信号，进而提出本节的第一个假设。

H5.4：上市公司业绩快报的自愿披露行为具有信号传递动机，向外界传递了未来业绩向好的信号。

在 H5.4 的基础上，进一步分析投资者情绪的变化对业绩快报披露行为动机的影响。现有经验证据表明，投资者对上市公司信息披露的非理性需求表现为情绪高涨时对"好消息"的偏好（Mian & Sankaraguruswamy，2012；姚海鑫等，2015），本章第二节的实证结论也已经证实，随着投资者情绪的高涨，盈利公司会更主动地披露业绩快报以迎合投资者偏好，而亏损公司披露业绩快报的可能性下降。然而问题的关键在于，上市公司上述自愿披露迎合行为是希望向乐观的投资者主动传递更多公司未来业绩向好的信号，还是因为在投资者情绪高涨时，管理者的机会主义动机倾向有所增强呢？

本书第 4 章分析认为，投资者在情绪乐观时不会更为细致、谨慎地审视信息，导致上市公司盈余管理的机会主义动机倾向增强，那么，高涨的投资者情绪似乎同样可能增强业绩快报行为的机会主义动机。然而，应该注意的是，盈余管理与业绩快报两种披露策略之间存在本质差异。首先，盈余管理是上市公司在强制性披露规制下的一种隐蔽行为，非谨慎审视难以发现（特别是对于普通投资者而言），而自愿性披露则是非强制性要求下的一种公开策略，本身就被投资者广泛关注，特别是在我国业绩快报披露较为"稀缺"时①，这一行为理应倍受重视。面对市场的"关切"甚至"聚焦"，管理者的机会主义动机将受到较大约束。其次，自愿性披露方式下的相关财务信息并未接受审计，更可能受到投资者的本能质疑和细致推敲。相较而言，这种对未审计信息的审慎态度被投资者自身情绪影响的可能性较小，也就是说，投资者并不会（或很少会）因为自身情绪乐观而丧失对未审计信息的审慎态度。最后，即使投资者因为情绪高涨而在一定程度上丧失了对未审计信息的谨慎性，并"诱使"管理者的机会主义动机倾向增强，但作为理性的管理者，应该更倾向于通过隐蔽的盈余管理而不是公开的自愿性披露方式来迎合投资者的偏好，这样才能减轻策略的潜在风险。

综上所述，本书认为，与投资者情绪对盈余管理行为动机的影响逻辑不同，投资者情绪的高涨并不会增加公司业绩快报披露行为的机会主义动机倾向，反而，如果公司披露业绩快报的根本动机是为了向外界传递业绩向好的信号，在投

① 表 5-2 和表 5-10 的描述性统计数据显示，披露业绩快报的样本观测比例仅为 14.2% 和 13.5%。

资者情绪高涨并对"好消息"有更强烈需求时，这种自愿性披露方式"与生俱来"的信号传递动机很可能会得到增强。布朗等（2012）也曾指出，由于乐观投资者的购进行为会通过股票价格影响公司现金流和资本成本，从而对公司基本面产生间接的正向影响，因此，管理者更有动力向乐观的投资者传递更多价值相关信息。至此，本节提出第二个假设。

H5.5：投资者情绪越高涨，上市公司通过业绩快报行为向外界传递业绩向好信号的动机越强。

5.3.3　研究设计

5.3.3.1　模型设定与变量定义

为了检验 H5.4，设定以下模型：

$$FuROE_{1-3} = \alpha_0 + \alpha_1 Express + \sum Controls + \sum Ind + \sum Year + \varepsilon \qquad (5-5)$$

模型（5-5）的因变量 $FuROE_{1-3}$ 表示企业未来的财务业绩，通过净资产收益率指标（ROE）来衡量，为了保证检验结果的稳健性，本节分别选择了业绩快报报告期后一年期 ROE、两年 ROE 平均值以及三年 ROE 平均值共 3 种不同指标进行检验。这样的设计也是考虑到公司的财务业绩有被盈余管理的可能性，当期的盈余管理以及未来的盈余反转都会影响业绩指标的客观性进而破坏实证结论的稳健。由于盈余管理是一种"零和游戏"，当期的调增或调减行为在日后终究要通过反向操作予以转回，采用多年的业绩平均值则可以在一定程度上避免盈余指标短期失真所导致的问题。自变量 $Express$ 设定为虚拟变量，当公司披露了年度业绩快报则取值为 1，否则为 0。[①] 控制变量（$Controls$）包括公司财务特征和公司治理两个方面的 14 个指标，具体包括：总资产对数（$lnSize$）、资产负债率（Lev）、营业收入增长率（$Growth$）、净资产收益率（ROE）、经营活动的现金流量净额（CFO）、最终控制人性质（$State$）、上市时间（$Months$）、董事长与总经理二职合一（$Duality$）、独董比例（Ind_ratio）、独立董事与上市公司工作地点一致性（$Ind\_address$）、第一大股东持股比例（FS_share）、管理层持股比例

---

① 为了在一定程度上保证研究对象的同质性，本书只考察相对更受关注的年度业绩快报行为。

（*Ma_ share*）、机构持股比例（*In_ share*）、四大事务所审计（*Big*4）。[①] 此外，模型中也控制了行业差异（*Ind*）和年度差异（*Year*）。

根据 H5.4，预期模型（5 - 5）中自变量 *Express* 的系数 α_1 显著为正，表明披露业绩快报的公司具有更好的未来业绩，从而验证业绩快报的自愿披露行为传递了企业未来业绩向好的信号。[②] 值得说明的是，前期文献认为，自愿性披露能够减轻资本市场中的信息不对称，进而通过降低投资者的预测风险和提高证券流动性这两条路径，使得企业资本成本下降，最终提升企业价值。[③] 根据上述作用机理，业绩快报的自愿披露同样会对企业未来业绩产生正向影响，但是这一现象属于自愿性披露行为所导致的经济后果，而并非源于管理者的信号传递动机。

然而，根据上述理论线索，减轻信息不对称只可能降低企业新的筹资行为的资本成本，而对企业原有资本的成本（这是一种沉没成本）并无影响，也就是说，如果业绩快报披露后公司有新的筹资行为，其资本成本才可能因为信息不对称程度减轻而得到降低。需要进一步指出的是，业绩快报具有一定的特殊性，由于其披露的信息完全被包含于随后的定期报告中，所以在定期报告公布之后，业绩快报降低信息不对称的作用将不复存在，即业绩快报只能降低披露日到定期报告公布日这段时间内的信息不对称。考虑到我国证券市场的现实情况，从业绩快报披露到定期报告公布这一段较短的时间内，上市公司通过一级市场发行债券或增发股票的概率极小，所以，上市公司的资本成本不太可能因为业绩快报减轻了市场中的信息不对称而得到降低。[④] 综上所述，本书认为，在我国当前的现实条件下，公司难以通过业绩快报的自愿披露来降低资本成本进而提升企业未来业绩，因此，如果模型（5 - 5）中 *Express* 系数 α_1 显著为正，应该验证了管理者的信号传递动机。

为了检验 H5.5，设定以下模型：

---

① 控制变量的具体定义参见表 4 - 1。
② 如果系数 α_1 不显著，表明业绩快报的披露行为与公司未来业绩不存在统计意义上的相关关系，从而该行为不具备任何信号传递效应。
③ 相关综述见何玉和张天西（2006）。
④ 除通过发行股票、债券等方式进行直接融资外，企业还可能通过银行等金融机构进行间接融资，然而，间接融资通常不需要从公开渠道获取信息，因此，证券市场的公开披露行为对间接融资成本并无太大影响。

$$FuROE_{1-3} = \alpha_0 + \alpha_1 Express + \alpha_2 Sent + \alpha_3 Sent \times Express + \sum Controls + \sum Ind + \sum Year + \varepsilon$$

$$(5-6)$$

模型（5-6）中，$Sent$ 表示投资者情绪水平，本节继续通过分解 Tobin'Q 的方法获得衡量单个证券投资者情绪水平的指标，模型中其他变量的定义与模型（5-5）一致。为了检验投资者情绪对业绩快报信号传递动机的影响，在模型（5-6）中加入交叉项 $Sent \times Express$。根据 H5.5，本书预期模型（5-6）中交叉项的系数 α_3 显著为正，表明投资者情绪对业绩快报披露行为与公司未来业绩之间的关系有显著的正向调节效应，即投资者情绪越高涨，上市公司通过业绩快报行为向外界传递业绩向好信号的动机越强。

回归分析时，对模型（5-5）和模型（5-6）中所有非虚拟变量都进行了 Z 标准化处理，以便消除量纲影响并更好地分析实证结果的经济意义。实证分析采用 Stata 作为统计软件。

5.3.3.2　样本选择与数据来源

由于深交所对中小板和创业板公司的业绩快报披露提出了一些强制性要求，所以初始样本仅包含 A 股主板上市公司。由于 2007 年起我国上市公司开始实施全新的会计准则体系，为了避免会计与税收政策的重大变化对公司财务信息披露策略产生不确定影响，研究的时间窗口开始于 2007 年。模型（5-5）和模型（5-6）的因变量涉及未来 3 年净资产收益率均值，鉴于数据的可获取性，研究时间窗口截至 2014 年。对初始样本进行必要的筛选后获得 9158 个有效年度观测值，筛选过程见表 5-9。除最终控制人性质数据来源于色诺芬数据库外，本节实证检验所用到的所有数据均来自 CSMAR 数据库。

表 5-9　　　　　　　　　　　初始样本筛选过程

年份	全部 A 股主板公司数	剔除金融类公司数	剔除被特别处理公司数	剔除必要财务数据缺失的公司数	最终样本数
2007	1324	26	198	15	1085
2008	1329	26	160	18	1125
2009	1330	29	157	17	1127
2010	1356	34	172	17	1133
2011	1390	38	163	11	1178
2012	1414	39	109	24	1242
2013	1412	40	67	79	1226

续表

年份	全部A股主板公司数	剔除金融类公司数	剔除被特别处理公司数	剔除必要财务数据缺失的公司数	最终样本数
2014	1453	40	97	274	1042
合计	11008	272	1123	455	9158

5.3.4 实证结果分析

5.3.4.1 描述性统计

表 5 – 10 中，$FuROE_{1-3}$ 是模型（5 – 5）和模型（5 – 6）的因变量，分别表示样本观测的未来 1 年、未来 2 年平均以及未来 3 年平均的净资产收益率，从上述变量的均值和中位数可以看出，A 股主板公司研究窗口期的平均年度总资产报酬率在 7% 左右。$Express$ 是模型（5 – 5）和模型（5 – 6）的自变量，从其均值可以看出，只有 13.5% 的样本观测披露了年度业绩快报，这一比例非常低，说明上市公司自愿披露业绩快报的动机不足。$Sent$ 是模型（5 – 6）的调节变量，表 5 – 10 中 $Sent$ 均值和中位数都低于 0，说明研究窗口期投资者情绪整体上偏向低迷，这与我国股市 2007 ~ 2014 年始终处于熊市的现实情况相符，该统计结果也在一定程度上印证了本书投资者情绪衡量方法的合理性。$Sent$ 的最大值达到 8.73，同时，在未列出的统计数据中也发现有 3443 个样本观测的 $Sent$ 变量值大于 0，这表明即使证券市场整体不景气，某些证券的投资者情绪依然可能高涨，市场整体投资者情绪和单个证券投资者情绪并不完全一致。

表 5 – 10 主要变量描述性统计

变量	样本数	均值	中位数	标准差	Max	Min
$FuROE_1$	9158	0.0706	0.0703	0.4819	29.7372	– 7.2128
$FuROE_2$	9158	0.0702	0.0706	0.3774	15.2540	– 7.6671
$FuROE_3$	9158	0.0691	0.0697	0.3226	10.1375	– 5.3475
$Express$	9158	0.1345	0	0.3412	1	0
$Sent$	9158	– 0.0177	– 0.2185	1.1254	8.7341	– 3.2063
$lnSize$	9158	22.2043	22.0370	1.3406	28.5087	17.7569
Lev	9158	0.5158	0.5277	0.1921	1.5672	0.0071
$Growth$	9158	0.1752	0.1015	1.0549	58.3567	– 0.9861
ROE	9158	0.0792	0.0768	0.3938	29.7372	– 6.5774
CFO	9158	0.0511	0.0497	0.1082	0.7937	– 1.9774
$State$	9158	0.6784	1	0.4671	1	0
$Months$	9158	147.1318	150	56.7722	288	0

续表

变量	样本数	均值	中位数	标准差	Max	Min
Duality	9158	0.1246	0	0.3303	1	0
Ind_ratio	9158	0.3662	0.3333	0.0547	0.8000	0.0909
Ind_address	9158	0.4545	0	0.4979	1	0
FS_share	9158	0.3702	0.3529	0.1616	0.8941	0.0220
Ma_share	9158	0.0127	0	0.0644	0.8060	0
Ins_share	9158	0.0468	0.0258	0.0581	0.7499	0
*Big*4	9158	0.0853	0	0.2793	1	0

5.3.4.2　回归分析

模型（5-5）的回归分析结果见表 5-11。三个子模型的 F 值都在 0.01 水平上显著，调整的 R^2 最小为 0.260，最大 0.284，模型中绝大部分自变量与因变量显著相关，以上结果表明模型整体是显著的，对于大样本而言拟合优度也较为理想，模型设定合理。表 5-11 中，所有变量的 T 统计量都采用稳健标准差计算，避免了可能存在的异方差影响。为了检验 H5.4，重点关注自变量 *Express* 的系数及其显著性。在三个子模型中，*Express* 的系数全部为正，并且都通过了 0.01 水平上的显著性检验，说明在控制了其他影响因素的前提下，披露业绩快报的上市公司未来具有更好的财务业绩。根据前文分析，在我国当前的制度背景和现实条件下，业绩快报的自愿披露很难通过减轻市场中的信息不对称从而降低企业的资本成本，因此上述实证结果只可能意味着，上市公司管理层通过业绩快报的自愿披露行为向外界传递了未来业绩向好的信号，从而验证了管理者的信号传递动机。

表 5-11　　　　业绩快报披露行为动机检验多元回归分析结果

自变量	因变量 *FuROA*₁	因变量 *FuROA*₂	因变量 *FuROA*₃
	系数 （T 统计量）	系数 （T 统计量）	系数 （T 统计量）
Express	0.0185 ***	0.0206 ***	0.0279 ***
	(3.19)	(2.92)	(3.18)
ln*Size*	0.0049	-0.0011	-0.0026
	(1.48)	(-0.29)	(-0.55)
Lev	-0.0025	-0.0021	-0.0028
	(-0.79)	(-0.57)	(-0.63)
Growth	0.0163	0.0199	0.0196
	(1.40)	(1.50)	(1.23)

自变量	因变量 $FuROA_1$	因变量 $FuROA_2$	因变量 $FuROA_3$
	系数 （T 统计量）	系数 （T 统计量）	系数 （T 统计量）
ROE	0.3606 *** (16.42)	0.4724 *** (18.32)	0.5470 *** (17.90)
CFO	0.0358 *** (11.31)	0.0426 *** (11.47)	0.0526 *** (11.60)
State	− 0.0232 *** (− 4.95)	− 0.0366 *** (− 6.52)	− 0.0504 *** (− 7.30)
Months	0.0043 * (1.67)	0.0070 ** (2.16)	0.0101 ** (2.50)
Duality	0.0054 (0.83)	0.0116 (1.48)	0.0160 * (1.67)
Ind_ ratio	− 0.0037 * (− 1.86)	− 0.0032 (− 1.33)	− 0.0023 (− 0.80)
Ind_ address	0.0070 ** (2.46)	0.0083 ** (2.30)	0.0081 (1.63)
FS_ share	0.0090 ** (2.23)	0.0156 *** (3.16)	0.0169 *** (2.73)
Ma_ share	0.0118 *** (5.57)	0.0156 *** (5.90)	0.0198 *** (5.97)
Ins_ share	0.0259 *** (12.51)	0.0342 *** (12.74)	0.0421 *** (12.83)
Big4	0.0241 *** (3.60)	0.0474 *** (5.66)	0.0642 *** (5.78)
截距项	− 0.0620 *** (− 3.44)	− 0.0845 *** (− 3.67)	− 0.0883 *** (− 3.09)
行业/年度	控制	控制	控制
观测数	9158	9158	9158
Adj. R^2	0.264	0.284	0.260
F 值	(52.68) ***	(58.87) ***	(53.24) ***

注：（1）括号中的 T 统计量根据稳健标准差计算；（2）***、**、* 分别表示 0.01、0.05、0.1 的显著性水平。

在 H5.4 得到验证的前提下，进一步关注 H5.5 的检验。表 5 – 12 中，三个子模型 F 值都在 0.01 水平上显著，调整 R^2 最小为 0.269，最大 0.294，模型整体显著且拟合效果比较理想。在加入了调节变量 Sent 和交叉项 Express × Sent 之后，三个子模型中自变量 Express 系数依然为正，并且通过 0.01 水平上的显著性检验，意味着投资者情绪平稳时（Sent = 0），上市公司业绩快报披露行为整体上仍然传递业绩向好的信号，这进一步保证了 H5.4 检验结果的稳健性。与第 4 章第三节的检验结果类似，Sent 的系数在 0.01 的显著性水平上全部为正，说明高涨的投资者情绪对企业未来的财务业绩有正向的促进作用。交叉项的系数全部为正并且通过了 0.05 或者 0.01 水平上的显著性检验，这意味着投资者情绪越高涨，业绩快报披露行为与企业未来业绩之间的正相关关系越强，公司通过业绩快报披露向外界传递业绩向好信号的动机越为明显，H5.5 得到验证。一个值得注意的现象是，表 5-12 中三个子模型的自变量 $Express$ 的系数、交叉项 $Express \times Sent$ 的系数及其显著性水平依次增大，都在因变量为 $FuROA_3$ 时达到最大值，这可能是短期盈利指标存在一定程度失真所导致的，但是综合来看，研究结论依然稳健。此外，根据表 5-12 的回归结果，当投资者情绪非常低落时，自变量 $Express$ 可能与因变量呈现出负相关关系。以第 1 个子模型为例，当 $Sent$ 取值为 -1 时，$Express$ 的系数变为负值（$0.0171 - 0.0173 \times 1 = -0.002$），其他子模型中也有类似现象，这意味着在投资者情绪非常低落时，公司披露业绩快报实质上传递了未来业绩不佳的信号。这一结果与本章 5.2 节的研究结论互为印证：随着投资者情绪不断低落，由于迎合投资者情绪而传递"好消息"的动机不足，盈利公司披露业绩快报的可能性降低，同时，因为不再面临"泼冷水"的压力，亏损公司披露业绩快报的概率相应增大，当投资者情绪悲观到一定程度时，市场中披露业绩快报的大多是亏损公司，所以总体而言传递了未来业绩不佳的信号。

表 5-12　　投资者情绪对业绩快报披露行为动机影响的多元回归分析结果

自变量	因变量 $FuROE_1$	因变量 $FuROE_2$	因变量 $FuROE_3$
	系数 （T 统计量）	系数 （T 统计量）	系数 （T 统计量）
$Express$	0.0171 *** (3.00)	0.0185 *** (2.69)	0.0254 *** (2.96)
$Sent$	0.0199 *** (5.85)	0.0291 *** (7.48)	0.0311 *** (6.47)
$Express \times Sent$	0.0173 ** (2.12)	0.0224 ** (2.27)	0.0342 *** (2.92)
$\ln Size$	0.0053 (1.62)	-0.0005 (-0.13)	-0.0021 (-0.44)
Lev	-0.0028 (-0.88)	-0.0025 (-0.69)	-0.0032 (-0.72)
$Growth$	0.0168 (1.42)	0.0206 (1.55)	0.0203 (1.27)
ROE	0.3647 *** (16.88)	0.4783 *** (18.93)	0.5534 *** (18.45)

自变量	因变量 FuROE₁ 系数（T 统计量）	因变量 FuROE₂ 系数（T 统计量）	因变量 FuROE₃ 系数（T 统计量）
CFO	0.0335 *** (10.56)	0.0394 *** (10.69)	0.0490 *** (10.84)
State	− 0.0201 *** (− 4.34)	− 0.0321 *** (− 5.79)	− 0.0455 *** (− 6.65)
Months	0.0031 (1.23)	0.0052 (1.64)	0.0082 ** (2.05)
Duality	0.0042 (0.64)	0.0097 (1.26)	0.0140 (1.47)
Ind_ ratio	− 0.0044 ** (− 2.24)	− 0.0042 * (− 1.77)	− 0.0034 (− 1.20)
Ind_ address	0.0070 ** (2.49)	0.0083 ** (2.32)	0.0081 (1.63)
FS_ share	0.0097 ** (2.40)	0.0167 *** (3.39)	0.0179 *** (2.91)
Ma_ share	0.0103 *** (4.88)	0.0134 *** (5.12)	0.0173 *** (5.28)
Ins_ share	0.0232 *** (11.38)	0.0301 *** (11.59)	0.0377 *** (11.76)
Big4	0.0162 ** (2.48)	0.0359 *** (4.36)	0.0515 *** (4.70)
截距项	− 0.0651 *** (− 3.64)	− 0.0890 *** (− 3.90)	− 0.0932 *** (− 3.28)
行业、年度	控制	控制	控制
观测数	9158	9158	9158
Adj. R²	0.271	0.294	0.269
F 值	(60.31) ***	(67.21) ***	(60.11) ***

注：（1）括号中的 T 统计量根据稳健标准差计算；（2）***、**、* 分别表示 0.01、0.05、0.1 的显著性水平。

5.3.5 稳健性检验

本节设置了未来一年期 ROE、两年 ROE 平均值以及三年 ROE 平均值三个因变量，在一定程度上保证了实证结果的稳健。除此之外，再从以下两个方面进一步检验研究结论的稳健性：第一，所有实证模型采用聚类稳健标准差进行参数显著性检验；第二，采用 B/M 指标衡量单个证券投资者情绪，作为模型（5 - 6）的调节变量进行回归分析。上述稳健性检验结果分别见表 5 - 13 和表 5 - 14，所有研究结论不变。

表 5 – 13　　　　　稳健性检验：采用聚类稳健标准差进行参数显著性检验

自变量	模型（5－5）系数（T 统计量）			模型（5－6）系数（T 统计量）		
	因变量 $FuROE_1$	因变量 $FuROE_2$	因变量 $FuROE_3$	因变量 $FuROE_1$	因变量 $FuROE_2$	因变量 $FuROE_3$
Express	0.0185 ***	0.0205 **	0.0277 **	0.0170 ***	0.0184 **	0.0252 **
	(3.07)	(2.47)	(2.51)	(2.91)	(2.28)	(2.35)
Sent				0.0198 ***	0.0291 ***	0.0310 ***
				(5.87)	(6.29)	(5.13)
Express × Sent				0.0173 **	0.0225 **	0.0343 ***
				(2.20)	(2.32)	(2.88)
lnSize	0.0048	− 0.0013	− 0.0030	0.0052	− 0.0007	− 0.0024
	(1.35)	(− 0.25)	(− 0.41)	(1.46)	(− 0.14)	(− 0.34)
Lev	− 0.0026	− 0.0022	− 0.0030	− 0.0029	− 0.0026	− 0.0034
	(− 0.83)	(− 0.47)	(− 0.49)	(− 0.91)	(− 0.57)	(− 0.56)
Growth	0.0166	0.0205	0.0206	0.0171	0.0213	0.0213
	(1.46)	(1.55)	(1.37)	(1.49)	(1.60)	(1.41)
ROE	0.3606 ***	0.4723 ***	0.5469 ***	0.3646 ***	0.4783 ***	0.5533 ***
	(16.57)	(17.45)	(17.11)	(17.04)	(18.00)	(17.60)
CFO	0.0359 ***	0.0429 ***	0.0531 ***	0.0337 ***	0.0397 ***	0.0496 ***
	(9.72)	(9.76)	(9.83)	(9.38)	(9.37)	(9.44)
State	− 0.0234 ***	− 0.0369 ***	− 0.0509 ***	− 0.0203 ***	− 0.0324 ***	− 0.0460 ***
	(− 4.67)	(− 4.92)	(− 4.90)	(− 4.04)	(− 4.32)	(− 4.42)
Months	0.0045	0.0073	0.0105	0.0033	0.0056	0.0087
	(1.53)	(1.60)	(1.61)	(1.14)	(1.23)	(1.34)
Duality	0.0053	0.0113	0.0157	0.0040	0.0095	0.0135
	(0.79)	(1.15)	(1.16)	(0.60)	(0.98)	(1.02)
Ind_ ratio	− 0.0035	− 0.0030	− 0.0019	− 0.0042 **	− 0.0039	− 0.0030
	(− 1.64)	(− 1.00)	(− 0.47)	(− 2.00)	(− 1.38)	(− 0.76)
Ind_ address	0.0070 **	0.0083	0.0082	0.0071 **	0.0084	0.0082
	(2.03)	(1.59)	(1.06)	(2.04)	(1.61)	(1.07)
FS_ share	0.0092 **	0.0159 ***	0.0174 **	0.0099 **	0.0170 ***	0.0185 **
	(2.22)	(2.74)	(2.25)	(2.40)	(2.96)	(2.41)
Ma_ share	0.0118 ***	0.0157 ***	0.0199 ***	0.0103 ***	0.0134 ***	0.0174 ***
	(4.81)	(4.32)	(3.90)	(4.23)	(3.75)	(3.45)
Ins_ share	0.0260 ***	0.0343 ***	0.0423 ***	0.0232 ***	0.0303 ***	0.0379 ***
	(8.17)	(8.26)	(8.08)	(7.52)	(7.57)	(7.46)
Big4	0.0242 ***	0.0477 ***	0.0645 ***	0.0163 **	0.0362 ***	0.0519 ***
	(3.20)	(4.02)	(3.71)	(2.20)	(3.11)	(3.03)
截距项	− 0.0581 ***	− 0.0762 ***	− 0.0751 **	− 0.0607 ***	− 0.0801 ***	− 0.0793 **
	(− 3.73)	(− 2.99)	(− 2.11)	(− 3.93)	(− 3.18)	(− 2.26)
行业、年度	控制	控制	控制	控制	控制	控制
观测数	9158	9158	9158	9158	9158	9158
Adj. R^2	0.264	0.284	0.260	0.271	0.293	0.268
F 值	(48.89) ***	(39.42) ***	(30.79) ***	(53.71) ***	(43.76) ***	(33.38) ***

注：（1）括号中的 T 统计量根据聚类稳健标准差计算；（2）***、**、* 分别表示 0.01、0.05、0.1 的显著性水平。

表 5-14 　　　　稳健性检验：使用 B/M 指标衡量投资者情绪水平

自变量	因变量 $FuROE_1$ 系数（T 统计量）	因变量 $FuROE_2$ 系数（T 统计量）	因变量 $FuROE_3$ 系数（T 统计量）
Express	0.0337 *** (4.53)	0.0365 *** (4.20)	0.0444 *** (4.06)
Sent	0.2323 *** (3.85)	0.3743 *** (5.94)	0.4254 *** (5.34)
Express × Sent	0.4384 *** (4.44)	0.4743 *** (4.13)	0.4998 *** (3.44)
lnSize	0.0199 *** (5.84)	0.0215 *** (5.19)	0.0229 *** (4.55)
Lev	-0.0117 *** (-3.91)	-0.0161 *** (-4.50)	-0.0186 *** (-4.25)
Growth	0.0103 (0.86)	0.0111 (0.83)	0.0098 (0.61)
ROE	0.3571 *** (16.72)	0.4671 *** (18.60)	0.5410 *** (18.19)
CFO	0.0341 *** (10.53)	0.0400 *** (10.69)	0.0497 *** (10.81)
State	-0.0203 *** (-4.33)	-0.0322 *** (-5.76)	-0.0454 *** (-6.57)
Months	0.0022 (0.87)	0.0037 (1.17)	0.0064 (1.61)
Duality	0.0034 (0.52)	0.0085 (1.12)	0.0127 (1.34)
Ind_ ratio	-0.0044 ** (-2.25)	-0.0043 * (-1.80)	-0.0035 (-1.23)
Ind_ address	0.0067 ** (2.37)	0.0079 ** (2.19)	0.0077 (1.54)
FS_ share	0.0088 ** (2.21)	0.0155 *** (3.18)	0.0167 *** (2.74)
Ma_ share	0.0100 *** (4.74)	0.0128 *** (4.93)	0.0167 *** (5.10)
Ins_ share	0.0229 *** (10.95)	0.0295 *** (11.37)	0.0368 *** (11.46)
Big4	0.0125 * (1.92)	0.0301 *** (3.64)	0.0447 *** (4.09)
截距项	-0.0670 *** (-3.74)	-0.0916 *** (-4.01)	-0.0962 *** (-3.38)
行业、年度	控制	控制	控制
观测数	9158	9158	9158
Adj. R^2	0.277	0.302	0.275
F 值	(56.78) ***	(65.40) ***	(57.97) ***

注：（1）括号中的 T 统计量根据稳健标准差计算；（2）***、**、* 分别表示 0.01、0.05、0.1 的显著性水平。

5.4　本章小结

财务业绩的预测或预告披露是提高信息及时性、维护证券市场公平的有效机制，在西方成熟市场中已经成为一种较为普遍的现象，然而在我国，上市公司自愿披露此类信息的动机严重不足，进而导致披露公司所占比重低、披露内容空泛等一系列问题。加强对上市公司业绩信息自愿披露行为以及行为动机的研究，对于进一步完善市场相关披露引导和规范机制有所裨益。

本章以业绩快报披露为例，利用 A 股市场数据实证检验了投资者情绪是否以及如何影响上市公司自愿性信息披露行为。结论表明，投资者情绪对上市公司自愿披露业绩快报的可能性以及业绩快报中盈利数据的准确性都会产生显著影响。具体而言：当公司盈利时，随着投资者情绪的高涨，上市公司披露业绩快报的概率增加，而当公司亏损时，投资者情绪水平越高，公司披露业绩快报的概率则越低；另外，业绩快报中的盈利数据会随着投资者情绪的高涨而被高估。上述结果意味着，公司可能策略性地利用业绩快报行为来应对投资者情绪的波动：在盈利时，通过自愿披露业绩快报和高估其中的盈利数据迎合投资者日益高涨的情绪；在亏损时，为了维持投资者高涨的情绪则倾向于不披露业绩快报。这与行为金融的"迎合理论"预期一致。此外，研究也发现，投资者情绪对公司披露业绩快报的及时性没有显著影响。

在上述研究的基础上，本章进一步检验了业绩快报自愿披露行为背后的动机，以及市场投资者情绪对上市公司管理者披露动机的影响。研究结果表明：第一，自愿披露业绩快报的上市公司普遍具有更好的未来业绩，管理层有动机通过业绩快报的披露行为向市场传递未来业绩向好的信号；第二，高涨的投资者情绪会增强管理者关于"好消息"的信号传递动机，即随着投资者情绪的高涨，管理者更积极地通过主动披露业绩快报来传递公司未来业绩向好的信号。

第6章　综合策略视角下迎合投资者情绪的财务信息披露行为检验

6.1　问题提出

强制性披露与自愿性披露互为补充、相互依存，共同构成股票市场信息供给的两大渠道，同时也是上市公司信息披露策略运用的两种方式。本书第4章和第5章分别沿两条线索，验证了投资者情绪对强制性披露要求下上市公司的盈余管理行为以及非强制性披露要求下业绩快报披露行为的影响。然而，由于两种披露方式各有特点（例如，盈余管理行为更为隐蔽，而业绩快报披露的及时性更强），面对市场投资者情绪的变化，上市公司既可能利用其中的一种披露方式予以应对，也可能综合运用两种方式形成"组合拳"以增强策略效果。本章希望进一步探索的是，上市公司在这两种策略方式的选择上存在何种权衡，更为重要的是，两种披露应对方式之间是否存在相互影响。

目前来看，领域内文献一般对上市公司盈余管理和自愿性披露问题分开研究，探寻两者之间相互影响或策略综合运用的成果非常罕见，本章以投资者情绪为切入点，分析宏观市场环境的变化对微观企业多种会计策略综合运用的影响，既丰富了上市公司信息披露问题的研究文献，也为投资者情绪与上市公司行为决策之间关系的研究提供了新思路。

6.2　假设提出

以前述章节为基础，本章具体分析投资者情绪影响下上市公司在盈余管理和业绩快报披露两种具体策略之间的权衡，以及综合运用两种策略的可能方式。

在两种策略的权衡上，由于业绩快报披露发生在定期报告正式披露之前，如果管理者希望更及时地迎合投资者情绪，业绩快报可能是较好选择。然而，业绩快报要求上市公司更高效地进行财务核算、更快地提供信息，策略成本可能更高，此外，业绩快报作为一种公开的自愿性披露行为相对更受关注，如果披露失误所产生的负面影响（策略的潜在风险）也更大，从降低成本和规避风险的角度来看，在年报披露时进行隐蔽的盈余管理仍不失为部分上市公司的理想选择。上述分析意味着，两种策略并没有绝对的优劣，上市公司可能根据自身需求灵活抉择。那么，接下来的问题是，公司是否会综合运用两种披露策略以实现目的呢？

由于业绩快报是对定期报告中盈余数据（如营业收入、营业利润、利润总额以及净利润等）的提前披露，从逻辑上看，应该先有盈余数据，后有业绩快报披露，否则业绩快报数据将变成凭空臆测，而这种情况在现实中比较少见①，因此，如果上市公司希望利用盈余管理策略来调整盈余，在业绩快报披露之前就应该已经完成。基于以上分析，本书认为，盈余管理可能会对业绩快报披露产生单向影响，即上市公司先进行盈余管理，确定了盈余数据之后再通过业绩快报披露予以配合，反之，在披露了业绩快报之后，根据业绩快报的数据来调整定期报告中的盈余信息，则在逻辑上难以成立，同时也欠缺理性。结合前文盈余管理和业绩快报披露动机的研究结论②，本书推测，如果管理层希望向外界传递公司未来

---

①　本书推断管理层不太可能随意编造业绩快报数据。理由在于：第一，业绩快报披露发生在报告期结束后，此时上期所有经营活动都已经完成，盈余信息的不确定性极小，完全具备客观披露的条件；第二，根据沪深两市《证券交易所股票上市规则》，上市公司业绩快报数据出现偏差时董事会需要发表致歉公告，并说明内部责任人认定情况，披露失误造成的负面影响或声誉损失较大。因此，无论是从客观条件还是主观意愿上考虑，管理层随意编造业绩快报数据并主动披露的可能性都不大。

②　见本书 4.3 节和 5.3 节。

发展向好的信号，很可能先进行正向盈余管理，然后披露业绩快报，综合运用两种策略以增强效果，否则，管理者将不进行盈余管理或进行负向盈余管理，同时倾向于不披露业绩快报。至此，本章提出第一个假设。

H6.1：盈余管理大小与业绩快报披露概率正相关。

在 H6.1 的基础上，本章进一步推测，随着投资者情绪的高涨，上市公司可能通过逐渐加大的正向盈余管理予以迎合，然后再结合主动披露业绩快报以增强策略效果。这意味着，在投资者情绪的影响下，调增盈余可能是一些上市公司决定披露业绩快报的逻辑前提。然而，正如前文分析，由于业绩快报的及时性更强而且相对更受关注，一些上市公司也可能独立地运用业绩快报策略应对投资者情绪，此时不进行盈余管理，因此本章提出第二个假设。

H6.2：盈余管理在投资者情绪影响业绩快报披露过程中存在部分中介作用。

6.3　研究设计

6.3.1　中介效应的检验程序

综合索贝尔（Sobel，1982）、巴伦和肯尼（Baron & Kenny，1986）提出的两种不同的中介效应检验方法，温忠麟等（2004）设计了一个既兼顾稳健性（第一类错误率较低）又能确保功效（第二类错误率较低）的中介效应检验程序，并经温忠麟和叶宝娟（2014）再次进行了改进。上述中介效应检验程序得到了学界的普遍认同，并获得了广泛的运用。[①] 中介模型示意图如图 6 - 1 所示，温忠麟和叶宝娟（2014）改进后的中介效应检验程序如图 6 - 2 所示。

温忠麟和叶宝娟（2014）分析认为，如果检验结果都显著，巴伦和肯尼（1986）提出的逐步法要优于 Bootstrap 法，因此首先应该按照逐步法进行检验。具体步骤为：第一步，检验图 6 - 1 中的模型（1）自变量系数 c，如果系数显著

---

① 截至目前，温忠麟等（2004）在《心理学报》杂志发表的《中介效应检验程序及其引用》一文在知网被引 6100 余次，温忠麟和叶宝娟（2014）发表的《中介效应分析：方法和模型发展》一文被引 1600 余次。晁罡等（2008）、冯泰文（2009）、花贵如等（2011）、曾垂凯（2011）、任曙明和张静（2013）、张祥建等（2015）、郑馨等（2017）都曾运用该程序进行过中介检验。

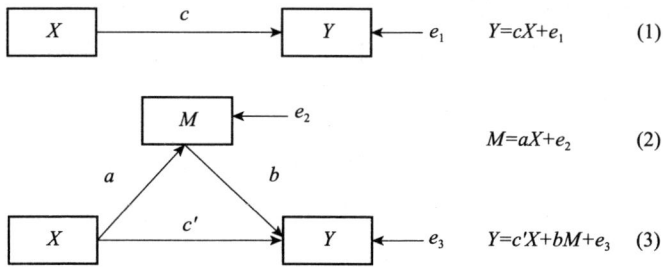

图 6-1　中介模型示意图

资料来源：温忠麟，张雷，侯杰泰等. 中介效应检验程序及其应用 [J]. 心理学报，2004，36（5）：614-620.

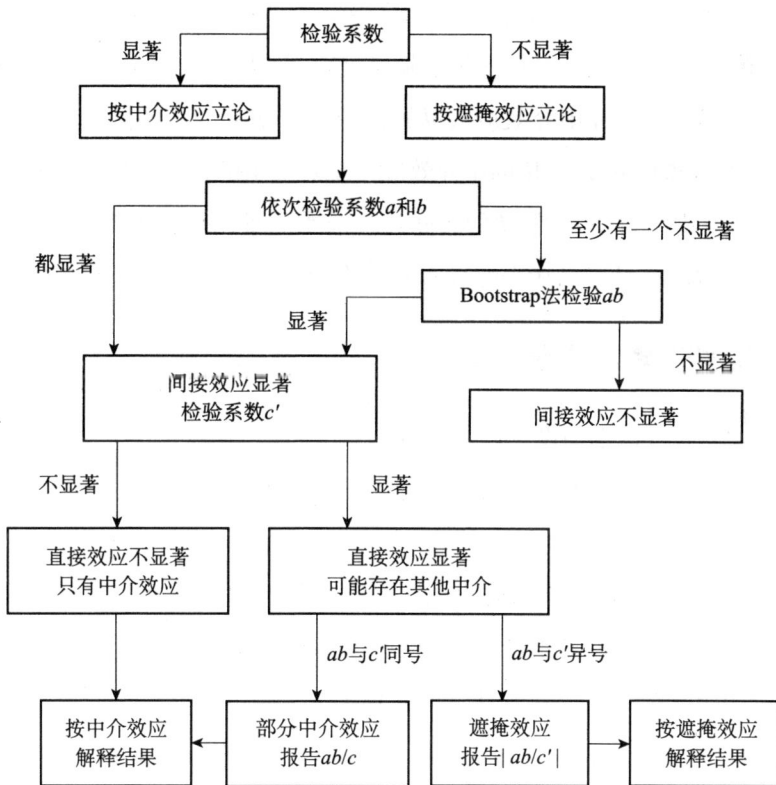

图 6-2　中介效应检验程序

资料来源：温忠麟，叶宝娟. 中介效应分析：方法和模型发展 [J]. 心理科学进展，2014，22（5）：731-745.

（总效应显著）则按照中介效应立论，如果系数不显著（总效应不显著）则按照遮掩效应立论[①]；第二步，依次检验图 6 - 1 中的模型（2）自变量系数 a 和模型（3）自变量系数 b，如果系数 a 和系数 b 都显著，则中介变量 M 的中介效应显著；第三步，检验图 6 - 1 中的模型（3）自变量系数 c'，如果系数不显著则属于完全中介，意味着自变量 X 完全通过中介变量 M 对因变量 Y 产生影响，如果系数显著，说明在控制了中介变量 M 以后，自变量 X 仍然对因变量 Y 产生直接影响，即自变量 X 对因变量 Y 的影响仅部分通过中介变量 M 产生。

如果上述逐步法检验的第二步中系数 a 和系数 b 至少有一个不显著，则应该利用 Bootstrap 法直接检验 H_0：$ab = 0$，以降低第二类错误概率，如果显著则中介变量 M 的中介效应仍然存在，再进行上述逐步法的第三步检验。

应该注意的是，在逐步法第三步检验完成后，如果直接效应（c'）显著，则应该比较直接效应（c'）和中介效应（ab）的符号，如果符号相同，可以通过报告 ab/c 的大小来反映中介变量 M 的中介效应在总效应中的占比，如果符号不同，说明发生了遮掩问题，中介变量 M 的中介效应抵消了部分或者全部的直接效应，应该通过报告 | ab/c' | 来反映中介变量 M 的中介效应抵消（遮掩）直接效应的比例。

6.3.2 模型设定与变量定义

为了检验 H6.1，本书设定以下模型：

$$P(Express = 1) = \Phi(\alpha_0 + \alpha_1 EM_{1-3} + \sum Controls + \sum Ind + \sum Year + \varepsilon)$$

$$(6 - 1)$$

模型（6 - 1）的左边表示公司披露业绩快报的概率，其中，$Express$ 为虚拟变量，当上市公司披露了年度业绩快报时取值为 1，否则取值为 0。自变量 EM_{1-3} 表示盈余管理大小，分别对应根据基本琼斯模型、修正琼斯模型和收益匹配琼斯模型获得的操纵性应计利润。控制变量包括：公司年度是否亏损（$Loss$）、

---

① 如果图 6 - 1 中直接效应（c'）和间接效应（ab）的符号相反，将会产生抵消效果导致总效应（c）减弱甚至不显著，但此时中介变量 M 的中介作用仍然存在。为了以示区别，一些文献将上述情况称为"遮掩效应"（Mackinnon et al.，2000，2002；Shrout & Bolger，2002；Kenny，2003；温忠麟等，2004；温忠麟和叶宝娟，2014；张三峰和魏下海，2019；赵昕东和刘成坤，2019）。从本质上看，遮掩效应属于中介效应的一种特例。

总资产对数（lnSize）、资产负债率（Lev）、营业收入增长率（Growth）、净资产收益率（ROE）、经营活动的现金流量净额（CFO）、最终控制人性质（State）、上市时间（Months）、董事长与总经理二职合一（Duality）、独董比例（Ind_ ratio）、独立董事与上市公司工作地点一致性（Ind_ address）、第一大股东持股比例（FS_ share）、管理层持股比例（Ma_ share）、机构持股比例（In_ share）、四大事务所审计（Big4）、行业虚拟变量（Ind）和年度虚拟变量（Year）。[1] 根据 H6.1，本书预测系数 α_1 显著为正，表明盈余管理大小与业绩快报的披露概率正相关。结合本书信息披露策略动机的研究结论，这意味着管理层可能利用正向盈余管理和主动披露业绩快报的组合策略，向市场传递业绩向好的消息。

　　为了检验 H6.2，根据温忠麟和叶宝娟（2014）提出的中介效应检验程序，本书构造了三个模型，具体见模型（6-2）、模型（6-3）和模型（6-4），对应的中介模型示意图如图 6-3 所示。

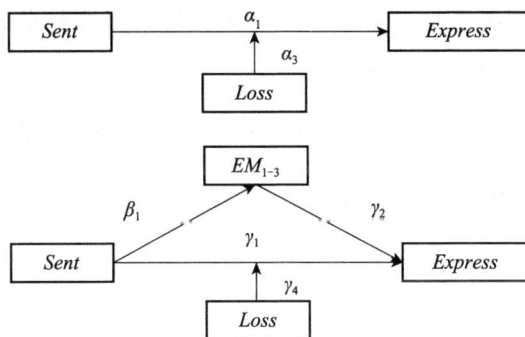

图 6-3　投资者情绪、盈余管理与业绩快报披露中介模型示意图

$$P(Express = 1) = \Phi(\alpha_0 + \alpha_1 Sent + \alpha_2 Loss + \alpha_3 Loss \cdot Sent + \sum Controls +$$
$$\sum Ind + \sum Year + \varepsilon) \qquad (6-2)$$

$$EM_{1-3} = \beta_0 + \beta_1 Sent + \sum Controls + \sum Ind + \sum Year + \varepsilon \qquad (6-3)$$

$$P(Express = 1) = \Phi(\gamma_0 + \gamma_1 Sent + \gamma_2 EM_{1-3} + \gamma_3 Loss + \gamma_4 Loss \cdot Sent +$$
$$\sum Controls + \sum Ind + \sum Year + \varepsilon) \qquad (6-4)$$

三个模型中相关变量的定义与前文一致。具体检验过程如下：首先，如果系

――――――――――

[1] 控制变量的具体定义参见表 4-1。

数 α_1 显著，说明投资者情绪确实会对业绩快报的披露概率产生影响，此时应按中介效应立论；其次，依次检验系数 β_1 和系数 γ_2，如果都显著，表明盈余管理大小在投资者情绪影响业绩快报披露过程中的中介效应存在，如果至少有一个不显著，为了降低第二类错误概率应继续利用 Bootstrap 法检验 $\beta_1\gamma_2$，如果 Bootstrap 法的检验结果显著，则盈余管理大小的中介效应仍然存在；最后，检验系数 γ_1，如果显著，意味着投资者情绪直接影响了业绩快报披露，也就是说，盈余管理大小在投资者情绪对业绩快报披露的影响中仅起到了部分中介作用。事实上，本书前述章节的实证结论表明，投资者情绪显著影响了业绩快报披露概率和盈余管理大小，即系数 α_1 和系数 β_1 应该是显著的，本章后续的检验中将重点关注 γ_1 和 γ_2 的显著性。

值得注意的是，本书 5.2 节的检验结果已经证实，公司是否亏损（$Loss$）显著调节了投资者情绪（$Sent$）对业绩快报披露（$Express$）的影响，即模型（6 - 2）中 $Sent$ 对 $Express$ 总效应的大小由 $\alpha_1 + \alpha_3 Loss$ 来刻画，其中，α_3 衡量了调节效应的大小，但应该指出的是，只要 α_1 显著，α_3 是否显著并不影响中介效应的立论。同理，模型（6 - 4）中 $Sent$ 对 $Express$ 直接效应的大小由 $\gamma_1 + \gamma_4 Loss$ 来刻画，其中，γ_4 衡量了调节效应的大小，但是只要 γ_1 显著，就说明直接效应存在。

6.3.3 样本选取与数据来源

与本书 5.2 节一致，本章以中国 A 股市场 2007～2017 年所有主板上市公司作为初始样本，并进行了必要的筛选，筛选过程见表 6 - 1。书中所用到的财务数据均来自上市公司年报，除最终控制人性质数据来源于色诺芬数据库外，所用到的其他数据均来源于 CSMAR 数据库。

表 6 - 1　　　　　　　　　　初始样本筛选过程

年份	全部 A 股主板公司数	剔除金融类上市公司数	剔除被特别处理的上市公司数	剔除必要财务数据缺失的上市公司数	最终样本数
2007	1324	26	198	0	1100
2008	1329	26	160	0	1143
2009	1330	29	157	1	1143
2010	1356	34	172	2	1148
2011	1390	38	163	0	1189
2012	1414	39	109	0	1266
2013	1412	40	67	1	1304

续表

年份	全部 A 股主板公司数	剔除金融类上市公司数	剔除被特别处理的上市公司数	剔除必要财务数据缺失的上市公司数	最终样本数
2014	1453	40	97	3	1313
2015	1540	46	128	5	1361
2016	1640	59	115	4	1462
2017	1854	68	131	3	1652
合计	16042	445	1497	19	14081

6.4　实证结果分析

模型（6-1）的回归分析结果见表6-2。三个子模型中，自变量 EM_1、EM_2 和 EM_3 的边际效应都是正数，并且通过了0.01或0.05水平上的显著性检验，表明盈余管理大小与业绩快报披露概率正相关，即实施较大程度正向盈余管理的上市公司更可能披露业绩快报，H6.1得到验证。这一实证结果意味着上市公司可能综合运用强制性和自愿性两种披露方式，实施组合策略以实现特定目的。

表6-2　盈余管理大小与公司业绩快报披露概率 Probit 回归分析结果

自变量	(1) 边际效应（Z统计量）	(2) 边际效应（Z统计量）	(3) 边际效应（Z统计量）
EM_1	0.016 *** (2.79)		
EM_2		0.016 *** (2.89)	
EM_3			0.016 ** (2.55)
Loss	0.084 *** (5.22)	0.084 *** (5.22)	0.082 *** (5.16)
lnSize	0.012 *** (3.04)	0.012 *** (3.03)	0.012 *** (2.99)
Lev	-0.014 *** (-3.74)	-0.014 *** (-3.73)	-0.015 *** (-3.98)
Growth	0.021 * (1.68)	0.020 (1.63)	0.018 (1.43)
ROE	0.044 * (1.95)	0.043 * (1.88)	0.058 *** (2.85)
CFO	0.013 * (1.80)	0.014 * (1.89)	0.015 * (1.79)

续表

自变量	(1) 边际效应 (Z 统计量)	(2) 边际效应 (Z 统计量)	(3) 边际效应 (Z 统计量)
State	0.027 ***	0.027 ***	0.027 ***
	(4.02)	(4.03)	(3.94)
Months	0.001	0.001	0.001
	(0.22)	(0.23)	(0.23)
Duality	− 0.005	− 0.005	− 0.004
	(− 0.55)	(− 0.55)	(− 0.54)
Ind_ ratio	− 0.005 *	− 0.005 *	− 0.005 *
	(− 1.80)	(− 1.80)	(− 1.81)
Ind_ address	0.002	0.002	0.003
	(0.68)	(0.66)	(0.70)
FS_ share	− 0.014 **	− 0.014 **	− 0.014 **
	(− 2.29)	(− 2.29)	(− 2.29)
Ma_ share	0.005	0.005	0.005
	(1.58)	(1.57)	(1.61)
Ins_ share	− 0.002	− 0.002	− 0.002
	(− 0.61)	(− 0.62)	(− 0.56)
Big4	− 0.022 **	− 0.022 **	− 0.022 **
	(− 2.11)	(− 2.10)	(− 2.11)
行业/年度	控制	控制	控制
观测数	14081	14081	14081
Pseudo R^2	0.028	0.028	0.028
Wald chi2	(313.62) ***	(314.37) ***	(311.49) ***

注：(1) ***、**、* 分别表示 0.01、0.05、0.1 的显著性水平；(2) 括号中的 Z 统计量根据稳健标准差计算；(3) 自变量的边际效应和 Z 统计量都是通过 Stata 软件的 mfx 命令求得。

模型（6 - 2）、模型（6 - 3）和模型（6 - 4）的回归结果分别见表 6 - 3、表 6 - 4 和表 6 - 5。首先，表 6 - 3 中模型（6 - 2）的 Probit 回归结果显示，自变量 Sent 的系数在 0.01 水平上显著，说明投资者情绪显著影响了业绩快报的披露概率，中介效应检验过程中总效应显著，应该按照中介效应立论。其次，表 6 - 4 中模型（6 - 3）的自变量 Sent 系数都是正数，并且全部通过 0.01 水平上的显著性检验，表明投资者情绪对盈余管理大小产生显著的正向影响；同时，表 6 - 5 中模型（6 - 4）的 Probit 回归结果显示，自变量 EM_{1-3} 系数全部显著为正，说明在控制了 Sent 之后，盈余管理大小仍然对业绩快报披露概率产生正向影响，因此，盈余管理大小在投资者情绪影响业绩快报披露过程中的中介效应存在。最后，表 6 - 5 中 Probit 回归结果显示，Sent 的系数在 0.01 水平上全部显著为正，意味着投资者情绪除了通过盈余管理大小影响业绩快报的披露之外，还会直接对业绩快报披露产生影响，即盈余管理策略在投资者情绪影响业绩快报披露过程中仅仅起到部分中介作用，H6.2 得到验证。

需要注意的是，表 6 - 3 和表 6 - 5 中交叉项 *Sent · Loss* 的系数都是显著的，即公司是否盈利（*Loss*）分别调节了中介效应检验过程中投资者情绪影响业绩快报披露的总效应和直接效应。[①] 温忠麟和叶宝娟（2014）曾指出，非线性模型的中介效应大小不能直接通过回归系数 a 和系数 b 直接相乘获得，考虑到表 6 - 3 和表 6 - 5 中模型的 OLS 回归结果与 Probit 回归结果差异极小，为方便起见，本书以 OLS 回归结果来分析中介效应大小。当公司盈利时（*Loss* = 0），投资者情绪影响业绩快报披露的总效应为正（0.013），直接效应也为正（0.012），此时中介效应也为正（0.062×0.014）[②]，可得出中介效应在总效应中占比约为 6.7%（$0.062 \times 0.014/0.013 = 0.0667$）；当公司亏损时，投资者情绪影响业绩快报披露的总效应为负（$0.013 - 0.021 = -0.008$），直接效应也为负（$0.012 - 0.021 = -0.009$），但是中介变量 EM_{1-3} 产生的中介效应为正（0.062×0.014），由于直接效应与中介效应符号相反，此时发生遮掩问题，即正向的中介效应抵消了部分负向的直接效应，抵消的比例为 9.6%（$|(0.062 \times 0.014)/-0.009| = 0.0964$）。

表 6 - 3　中介效应检验：投资者情绪与业绩快报披露概率回归分析结果

自变量	因变量 *Express*	
	Probit 回归结果	OLS 回归结果
	边际效应 Z 统计量	系数（T 统计量）
Sent	0.012 *** (3.573)	0.0130 *** (3.55)
Loss	0.078 *** (4.914)	0.0724 *** (5.19)
Sent × Loss	-0.024 ** (-2.152)	-0.0212 ** (-2.56)
ln*Size*	0.013 *** (3.150)	0.0135 *** (3.17)

① 在未报告的检验中，本书还将交叉项 *Sent × Loss* 加入模型（6 - 3），但是回归结果显示其系数并不显著，因此，没有证据表明公司是否盈利（*Loss*）会对投资者情绪水平（*Sent*）与盈余管理大小（EM_{1-3}）之间的关系产生调节影响，也就是说，不管是盈利公司还是非盈利公司，随着投资者情绪的高涨，都通过逐渐增大的正向盈余管理予以迎合。

② 以表 6 - 4 和表 6 - 5 中第一个子模型的回归分析结果为例，下同。

自变量	因变量 Express	
	Probit 回归结果	OLS 回归结果
	边际效应 Z 统计量	系数（T 统计量）
Lev	− 0.017 ***	− 0.0172 ***
	(− 4.670)	(− 4.61)
Growth	0.020	0.0197
	(1.628)	(1.51)
ROE	0.065 ***	0.0666 ***
	(3.360)	(3.49)
CFO	− 0.004	− 0.0048
	(− 1.046)	(− 1.10)
State	0.028 ***	0.0274 ***
	(4.091)	(4.08)
Months	0.000	0.0003
	(0.063)	(0.07)
Duality	− 0.005	− 0.0065
	(− 0.636)	(− 0.79)
Ind_ ratio	− 0.006 **	− 0.0057 **
	(− 2.039)	(− 2.00)
Ind_ address	0.003	0.0025
	(0.707)	(0.69)
FS_ share	− 0.014 **	− 0.0139 **
	(− 2.389)	(− 2.32)
Ma_ share	0.005	0.0052
	(1.572)	(1.52)
Ins_ share	− 0.002	− 0.0029
	(− 0.777)	(− 0.98)
Big4	− 0.026 **	− 0.0290 **
	(− 2.527)	(− 2.39)
行业/年度	控制	控制
观测数	14081	14081
Pseudo R^2	0.0284	0.024
Wald chi2/F	(314.19) ***	(7.54) ***

注：（1）***、**、*分别表示 0.01、0.05、0.1 的显著性水平；（2）括号中的 Z 统计量和 T 统计量根据稳健标准差计算；（3）除交叉项外，其他自变量的边际效应和 Z 统计量都是通过 Stata 软件的 mfx 命令求得，交叉项的边际效应和 Z 统计量则通过 Stata 软件的 inteff 命令求得。

表 6 - 4　中介效应检验：投资者情绪与公司盈余管理大小多元回归分析结果

自变量	因变量 EM_1	因变量 EM_2	因变量 EM_3
	系数（T 统计量）	系数（T 统计量）	系数（T 统计量）
Sent	0.0616 ***	0.0617 ***	0.0352 ***
	(8.41)	(8.42)	(5.56)
lnSize	0.0753 ***	0.0733 ***	0.0891 ***
	(9.76)	(9.49)	(13.91)

续表

自变量	因变量 EM_1 系数（T 统计量）	因变量 EM_2 系数（T 统计量）	因变量 EM_3 系数（T 统计量）
Lev	−0.2051 *** （−26.79）	−0.2013 *** （−26.26）	−0.1556 *** （−25.50）
Growth	−0.0656 ** （−2.31）	−0.0223 （−0.78）	0.1447 *** （5.39）
ROE	1.9760 *** （46.82）	1.9877 *** （47.06）	0.9955 *** （30.19）
CFO	−1.0872 *** （−130.68）	−1.0902 *** （−131.17）	−1.1956 *** （−158.40）
State	−0.0310 *** （−2.91）	−0.0325 *** （−3.05）	0.0034 （0.35）
Months	−0.0284 *** （−4.91）	−0.0297 *** （−5.10）	−0.0302 *** （−5.65）
Duality	0.0064 （0.47）	0.0082 （0.61）	0.0048 （0.41）
Ind_ ratio	−0.0163 *** （−3.59）	−0.0166 *** （−3.64）	−0.0134 *** （−3.37）
Ind_ address	−0.0472 *** （−5.29）	−0.0456 *** （−5.11）	−0.0507 *** （−6.36）
FS_ share	0.0337 *** （6.80）	0.0333 *** （6.72）	0.0279 *** （6.26）
Ma_ share	0.0302 *** （5.06）	0.0340 *** （5.62）	0.0290 *** （5.24）
Ins_ share	0.0203 *** （4 16）	0.0209 *** （4.27）	0.0112 *** （2.61）
Big4	−0.0994 *** （−5.74）	−0.0979 *** （−5.69）	−0.0883 *** （−5.39）
截距项	−0.1422 *** （−4.06）	−0.1456 *** （−4.17）	−0.0967 *** （−2.95）
行业/年度	控制	控制	控制
观测数	14081	14081	14081
Adj. R^2	0.710	0.712	0.761
F	（499.45）***	（504.26）***	（679.21）***

注：（1）括号中的 T 统计量根据稳健标准差计算；（2）***、**、* 分别表示 0.01、0.05、0.1 的显著性水平。

表6−5 中介效应检验：投资者情绪、盈余管理大小与业绩快报披露回归结果

自变量	因变量 Express					
	Probit 回归结果 边际效应（Z 统计量）			OLS 回归结果 系数（T 统计量）		
Sent	0.011 *** （3.30）	0.011 *** （3.28）	0.012 *** （3.44）	0.012 *** （3.31）	0.012 *** （3.30）	0.013 *** （3.44）
EM_1	0.014 ** （2.55）			0.014 ** （2.47）		

续表

自变量	因变量 Express					
	Probit 回归结果			OLS 回归结果		
	边际效应（Z 统计量）			系数（T 统计量）		
EM_2	0.015 ***			0.015 **		
	(2.65)			(2.56)		
EM_3		0.015 **			0.015 **	
		(2.44)			(2.31)	
Loss	0.077 ***	0.077 ***	0.075 ***	0.072 ***	0.072 ***	0.070 ***
	(4.83)	(4.82)	(4.74)	(5.13)	(5.13)	(5.02)
Sent × Loss	− 0.024 **	− 0.024 **	− 0.024 **	− 0.021 ***	− 0.021 ***	− 0.022 ***
	(− 2.20)	(− 2.20)	(− 2.21)	(− 2.60)	(− 2.60)	(− 2.62)
lnSize	0.012 ***	0.012 ***	0.011 ***	0.012 ***	0.012 ***	0.012 ***
	(2.83)	(2.83)	(2.78)	(2.90)	(2.89)	(2.82)
Lev	− 0.014 ***	− 0.014 ***	− 0.015 ***	− 0.014 ***	− 0.014 ***	− 0.015 ***
	(− 3.65)	(− 3.64)	(− 3.85)	(− 3.65)	(− 3.64)	(− 3.82)
Growth	0.021 *	0.020 *	0.018	0.021	0.020	0.018
	(1.70)	(1.65)	(1.46)	(1.58)	(1.54)	(1.34)
ROE	0.035	0.034	0.047 **	0.037	0.036	0.050 **
	(1.52)	(1.46)	(2.26)	(1.63)	(1.58)	(2.44)
CFO	0.011	0.012	0.013	0.011	0.012	0.013
	(1.50)	(1.59)	(1.59)	(1.43)	(1.51)	(1.48)
State	0.028 ***	0.028 ***	0.028 ***	0.028 ***	0.028 ***	0.027 ***
	(4.15)	(4.16)	(4.08)	(4.14)	(4.15)	(4.07)
Months	0.001	0.001	0.001	0.001	0.001	0.001
	(0.17)	(0.18)	(0.19)	(0.18)	(0.18)	(0.19)
Duality	− 0.005	− 0.005	− 0.005	− 0.007	− 0.007	− 0.007
	(− 0.65)	(− 0.65)	(− 0.64)	(− 0.80)	(− 0.80)	(− 0.80)
Ind_ ratio	− 0.006 *	− 0.006 *	− 0.006 **	− 0.006 *	− 0.006 *	− 0.006 *
	(− 1.96)	(− 1.96)	(− 1.97)	(− 1.92)	(− 1.91)	(− 1.93)
Ind_ address	0.002	0.002	0.002	0.002	0.002	0.002
	(0.57)	(0.55)	(0.58)	(0.57)	(0.55)	(0.57)
FS_ share	− 0.013 **	− 0.013 **	− 0.013 **	− 0.013 **	− 0.013 **	− 0.013 **
	(− 2.26)	(− 2.26)	(− 2.25)	(− 2.21)	(− 2.21)	(− 2.20)
Ma_ share	0.005	0.005	0.005	0.005	0.005	0.005
	(1.42)	(1.42)	(1.44)	(1.38)	(1.37)	(1.40)
Ins_ share	− 0.003	− 0.003	− 0.003	− 0.003	− 0.003	− 0.003
	(− 0.85)	(− 0.85)	(− 0.82)	(− 1.07)	(− 1.08)	(− 1.03)
Big4	− 0.025 **	− 0.025 **	− 0.025 **	− 0.028 **	− 0.028 **	− 0.028 **
	(− 2.38)	(− 2.38)	(− 2.39)	(− 2.27)	(− 2.26)	(− 2.27)
行业/年度	控制	控制	控制	控制	控制	控制
观测数	14081	14081	14081	14081	14081	14081
Pseudo R^2	0.029	0.029	0.029	0.021	0.021	0.020
Wald chi2	(325.22) ***	(326.01) ***	(323.85) ***	(7.54) ***	(7.56) ***	(7.52) **

注：（1）***、**、* 分别表示0.01、0.05、0.1 的显著性水平；（2）括号中的 Z 统计量和 T 统计量根据稳健标准差计算；（3）除交叉项外，其他自变量的边际效应和 Z 统计量都是通过 Stata 软件的 mfx 命令求得，交叉项的边际效应和 Z 统计量则通过 Stata 软件的 inteff 命令求得。

上述实证结论意味着：对于盈利公司而言，高涨的投资者情绪会增强其披露业绩快报的可能性，同时也会促使其通过调增盈余的手段予以迎合，但是其中部分公司会将盈余管理与业绩报告披露策略结合起来，在调增盈余之后披露业绩快报以增强迎合效果；对于亏损公司而言，高涨的投资者情绪会从整体上降低其披露业绩快报的可能性，但仍有部分公司希望通过正向盈余管理和提前披露业绩快报的组合策略迎合投资者情绪，然而，这一投资者情绪经由盈余管理策略对业绩快报披露所产生的正向促进作用，被更强大的负向直接影响所遮掩，从而难以被直接观测。

6.5　稳健性检验

本章从以下三个方面确保研究结论的稳健性。

首先，在对 H6.1 和 H6.2 进行检验的过程中，通过基本琼斯模型、修正琼斯模型和收益匹配琼斯模型三种方法来衡量模型（6-1）、模型（6-3）和模型（6-4）中的关键变量盈余管理大小，并得到一致的假设检验结果，这从一定程度上保证了本章结论的稳健性。

其次，考虑到本章使用的数据集为面板数据，同一样本公司在不同年份的扰动项之间可能存在自相关，为了避免由此所导致的参数显著性检验失效，通过聚类稳健标准差对模型（6-1）和模型（6-4）所有变量系数的显著性再次进行检验①，发现研究结论并未发生改变。相关检验结果见表 6-6 和表 6-7。

最后，以 B/M 指标衡量单个证券投资者情绪水平（$Sent$），对模型（6-4）进行再次回归。表 6-8 的回归结果表明，相关结论并未发生改变，H6.2 检验结果仍然稳健。

---

① 本书第 4 章和第 5 章已对模型（6-2）和模型（6-3）的实证结果进行过相应稳健性检验，本章不再重复。

表 6 - 6 稳健性检验：采用聚类稳健标准差对模型（6 - 1）进行参数显著性检验

自变量	（1） 边际效应 （Z 统计量）	（2） 边际效应 （Z 统计量）	（3） 边际效应 （Z 统计量）
EM_1	0.016 ** (2.32)		
EM_2		0.016 ** (2.41)	
EM_3			0.016 ** (2.09)
Loss	0.084 *** (4.82)	0.084 *** (4.81)	0.082 *** (4.74)
lnSize	0.012 * (1.69)	0.012 * (1.69)	0.012 * (1.66)
Lev	− 0.014 ** (− 2.25)	− 0.014 ** (− 2.24)	− 0.015 ** (− 2.39)
Growth	0.021 * (1.71)	0.020 * (1.66)	0.018 (1.44)
ROE	0.044 * (1.65)	0.043 (1.6)	0.058 ** (2.4)
CFO	0.013 (1.4)	0.014 (1.48)	0.015 (1.38)
State	0.027 ** (2.49)	0.027 ** (2.49)	0.027 ** (2.43)
Months	0.001 (0.13)	0.001 (0.13)	0.001 (0.13)
Duality	− 0.005 (− 0.41)	− 0.005 (− 0.41)	− 0.004 (− 0.4)
Ind_ ratio	− 0.005 (− 1.19)	− 0.005 (− 1.19)	− 0.005 (− 1.2)
Ind_ address	0.002 (0.49)	0.002 (0.48)	0.003 (0.51)
FS_ share	− 0.014 (− 1.59)	− 0.014 (− 1.59)	− 0.014 (− 1.59)
Ma_ share	0.005 (0.88)	0.005 (0.87)	0.005 (0.89)
Ins_ share	− 0.002 (− 0.44)	− 0.002 (− 0.45)	− 0.002 (− 0.4)
Big4	− 0.022 (− 1.06)	− 0.022 (− 1.06)	− 0.022 (− 1.07)
行业/年度	控制	控制	控制
观测数	14081	14081	14081
Pseudo R^2	0.028	0.028	0.028
Wald chi2	(200.03) ***	(200.62) ***	(199.08) ***

注：（1） ***、**、* 分别表示 0.01、0.05、0.1 的显著性水平；（2）括号中的 Z 统计量根据聚类稳健标准差计算；（3）自变量的边际效应和 Z 统计量都是通过 Stata 软件的 mfx 命令求得。

表 6-7　稳健性检验：采用聚类稳健标准差对模型（6-4）进行参数显著性检验

自变量	(1) 边际效应（Z 统计量）	(2) 边际效应（Z 统计量）	(3) 边际效应（Z 统计量）
Sent	0.011 ** (2.31)	0.011 ** (2.30)	0.012 ** (2.40)
EM_1	0.014 ** (2.13)		
EM_2		0.015 ** (2.21)	
EM_3			0.015 ** (1.99)
Loss	0.077 *** (4.49)	0.077 *** (4.49)	0.075 *** (4.40)
Sent×Loss	-0.024 * (-1.94)	-0.024 * (-1.94)	0.024 * (-1.95)
lnSize	0.012 (1.58)	0.012 (1.58)	0.011 (1.55)
Lev	-0.014 ** (-2.20)	-0.014 ** (-2.19)	-0.015 ** (-2.31)
Growth	0.021 * (1.74)	0.020 * (1.69)	0.018 (1.48)
ROE	0.035 (1.29)	0.034 (1.24)	0.047 * (1.91)
CFO	0.011 (1.17)	0.012 (1.24)	0.013 (1.22)
State	0.028 ** (2.57)	0.028 ** (2.57)	0.028 ** (2.52)
Months	0.001 (0.10)	0.001 (0.10)	0.001 (0.10)
Duality	-0.005 (-0.48)	-0.005 (-0.48)	-0.005 (-0.48)
Ind_ratio	-0.006 (-1.30)	-0.006 (-1.30)	-0.006 (-1.31)
Ind_address	0.002 (0.41)	0.002 (0.40)	0.002 (0.42)
FS_share	-0.013 (-1.57)	-0.013 (-1.57)	-0.013 (-1.56)
Ma_share	0.005 (0.79)	0.005 (0.79)	0.005 (0.80)
Ins_share	-0.003 (-0.61)	-0.003 (-0.61)	-0.003 (-0.59)
Big4	-0.025 (-1.20)	-0.025 (-1.20)	-0.025 (-1.21)
行业/年度	控制	控制	控制
观测数	14081	14081	14081
Pseudo R^2	0.029	0.029	0.029
Wald chi2	(205.51) ***	(206.10) ***	(205.47) ***

注：（1）***、**、* 分别表示 0.01、0.05、0.1 的显著性水平；（2）括号中的 Z 统计量根据聚类稳健标准差计算；（3）除交叉项外，其他自变量的边际效应和 Z 统计量都是通过 Stata 软件的 mfx 命令求得，交叉项的边际效应和 Z 统计量则通过 Stata 软件的 inteff 命令求得。

表 6 – 8　　　稳健性检验：以 B/M 指标衡量单个证券投资者情绪水平

自变量	(1) 系数（Z 统计量）	(2) 系数（Z 统计量）	(3) 系数（Z 统计量）
Sent	0.168 *** (4.56)	0.168 *** (4.55)	0.170 *** (4.65)
EM_1	0.015 *** (2.79)		
EM_2		0.016 *** (2.89)	
EM_3			0.016 *** (2.61)
Loss	0.069 *** (4.32)	0.069 *** (4.32)	0.068 *** (4.26)
Sent × Loss	− 0.150 ** (− 1.97)	− 0.149 ** (− 1.96)	− 0.142 * (− 1.87)
lnSize	0.021 *** (4.57)	0.021 *** (4.56)	0.021 *** (4.57)
Lev	− 0.019 *** (− 4.77)	− 0.019 *** (− 4.76)	− 0.020 *** (− 5.04)
Growth	0.019 (1.56)	0.018 (1.5)	0.016 (1.29)
ROE	0.023 (0.98)	0.021 (0.92)	0.036 * (1.73)
CFO	0.013 * (1.77)	0.013 * (1.86)	0.015 * (1.81)
State	0.029 *** (4.24)	0.029 *** (4.25)	0.028 *** (4.16)
Months	0.000 (0.02)	0.000 (0.03)	0.000 (0.03)
Duality	− 0.005 (− 0.65)	− 0.005 (− 0.66)	− 0.005 (− 0.64)
Ind_ ratio	− 0.006 ** (− 1.97)	− 0.006 ** (− 1.97)	− 0.006 ** (− 1.99)
Ind_ address	0.002 (0.61)	0.002 (0.59)	0.002 (0.63)
FS_ share	− 0.014 ** (− 2.33)	− 0.014 ** (− 2.33)	− 0.014 ** (− 2.32)
Ma_ share	0.004 (1.34)	0.004 (1.33)	0.004 (1.36)
Ins_ share	− 0.003 (− 0.9)	− 0.003 (− 0.9)	− 0.003 (− 0.86)
Big4	− 0.026 ** (− 2.56)	− 0.026 ** (− 2.56)	− 0.026 *** (− 2.58)
行业/年度	控制	控制	控制
观测数	14081	14081	14081
Pseudo R^2	0.030	0.030	0.029
Wald chi2	(331.29) ***	(332.14) ***	(329.18) ***

注：（1）***、**、* 分别表示 0.01、0.05、0.1 的显著性水平；（2）括号中的 Z 统计量根据稳健标准差计算；（3）除交叉项外，其他自变量的边际效应和 Z 统计量都是通过 Stata 软件的 mfx 命令求得，交叉项的边际效应和 Z 统计量则通过 Stata 软件的 inteff 命令求得。

6.6　本章小结

在第 4 章和第 5 章的基础上，本章从管理者对不同披露策略的权衡以及策略的综合运用视角，进一步分析了投资者情绪对上市公司财务信息披露策略的影响，并试图从实证的角度回答以下两个具体问题：第一，公司的盈余管理策略是否影响业绩快报的披露行为；第二，投资者情绪对业绩快报披露的影响是否通过盈余管理策略产生中介作用。

经验证据表明：（1）盈余管理大小与业绩快报的披露概率正相关，结合第 4 章和第 5 章的研究结论，本书认为，管理层可能利用调增盈余并提前披露业绩快报的组合策略向市场传递未来发展向好的信息。（2）在投资者情绪高涨时，部分上市公司先利用盈余管理手段调增盈余，再通过业绩快报予以提前披露（对于这些公司而言，调增盈余是其主动披露业绩快报的逻辑前提），这一组合策略可能增强对投资者情绪的迎合效果。应该注意的是，对于盈利公司而言，投资者情绪对公司业绩快报披露概率的正向影响部分通过盈余管理策略发生作用，但对于亏损公司而言，高涨的投资者情绪会对业绩快报披露产生直接抑制作用，投资者情绪经由盈余管理策略对业绩快报披露所产生的间接正向影响，会被直接的抑制作用所遮掩。本章的研究有助于深入了解上市公司不同信息披露策略之间的交互影响，并进一步厘清投资者情绪对上市公司不同信息披露策略的作用机理。

第7章　改善证券市场运行效率的政策建议

作为现代经济社会资源配置的重要场所——证券市场的有效运行与整个国民经济稳定向好发展密切相关。面对投资者非理性情绪导致的市场失效，政策体系的完善和运行机制的稳定已经成为市场良性发展的迫切需求，然而，市场整体法规框架的建立与各种具体监管措施的出台又需要科学的理论指导和严谨的经验总结，否则将陷入头痛医头脚痛医脚疲于应付的怪圈。根据本书研究结论，特提出如下政策建议。

7.1　加速孕育成熟的证券投资者群体

行为金融领域多年的理论与实务研究表明，投资者的非理性行为是导致证券市场失效的关键原因。同时，本书的统计数据表明（见图1-1和图1-2），与国外成熟的证券市场相比，我国股市的投资者情绪问题可能更为严重，因此，孕育一个成熟的证券投资者群体是解决问题的首要任务。具体而言，解决途径可以从三个方面入手。

7.1.1　建立全方位与多层次的投资者教育体系

投资者情绪产生的根源在于非知情投资者专业素质较低以及信息获取渠道受限。为此，应开展专业基础知识普及、风险防范意识强化、信息收集与处理技术推广、诉求与沟通渠道宣传等全方位的投资者教育，同时，建立政府监管部门、官方专业媒体、证券机构以及上市公司等多层次的教育主体结构。政府监管部门应该制定投资者教育的整体规划，成立专门的投资者教育部门，有计划有步骤地推动投资者教育的实施，并确保诉求与沟通渠道的通畅；官方专业媒体如"四大"证券报等应该配合政府监管部门的整体规划，积极利用传统与新兴媒体——特别是投资者广泛使用且心理上更易接受的微信公众号、微博等开展专业知识普及教育，利用真实案例进行风险警示教育，帮助投资者形成正确的投资理念；证券机构应该利用与投资者直接联系的优势，建立投资者风险评估与分级机制，并针对性地进行风险警示，及时推广科学的信息收集与处理技术；上市公司应该与投资者建立信息实时沟通机制，保持良好的互动关系，避免不切实际的"小道消息"或"传言"迅速传播所带来的负面影响和"羊群效应"。

7.1.2　大力培育理性套利者

传统金融与行为金融理论一致认同，理性套利行为是维护市场平稳运行、改善市场效率的关键力量。

机构投资者因为具备信息、专业优势，自然成为证券市场中理性套利的核心主体，我国证券市场近年来也一直致力于发展机构投资者，希望其在市场稳定和成熟过程中起到关键性作用。然而，目前来看仍然存在一些问题。首先，机构投资者总体占比仍有待进一步提高。我国 A 股机构投资者持股市值占比从 2006 年的 30% 增加到 2017 年的 62.3%[①]，但是与欧美等成熟资本市场相比，机构投资者比重仍有进一步提升空间。其次，应加速培育长期的价值型机构投资者。事实表明，我国的机构投资者中，部分私募基金和产业资本的投资行为仍有一定机会主义倾向，很可能在市场情绪出现剧烈波动时起到推波助澜的作用，而政府持股、境外投资机构往往才是注重长期价值投资进而稳定市场的中坚力量。[②] 当前，A 股中政府持股和境外投资机构持股市值占比分别为 9.16% 和 1.97%，特别是其中的境外投资机构持股占比极小，对市场很难起到重要影响，因此，为了培育长期价值型投资者，应加速国家社保、养老基金等入市，同时，以 A 股纳入 MSCI

[①]　本书涉及的中国证券投资者结构数据都来源于申万宏源发展研究团队发布的《中国证券投资者结构全景分析报告 2016》和《中国证券投资者结构全景分析报告 2017》，其中，机构投资者包括产业资本、政府持股、境内投资机构和境外投资机构。

[②]　申万宏源发展研究团队的分析表明，与境内机构投资者相比，以 QFII 为代表的境外机构投资者持有时间更长、更注重价值投资。

为契机吸引海外投资，进一步扩大 QFII 投资占比，实现不同类型机构投资者群体在我国证券市场的差异化发展。

7.1.3 促进中小投资者维权意识提升

促进维权意识的提升是孕育成熟证券投资者群体过程中必不可少的一环。随着我国法制化进程的有力推进，证券投资者的维权意识正在逐步觉醒，然而，维权环境仍需进一步改善。

我国当前证券诉讼模式中，单独诉讼和共同诉讼模式都存在各种弊端。面对举证难、耗时长、成本高、获赔少等现实问题，中小投资者维权常常"有心无力"。更有甚者，由于信息不对称以及维权意识不强，一些中小投资者面对侵权行为往往并不知情，更不了解可以通过法律途径诉讼获赔。近年来，A 股在相关制度建设上已经实施了一些重要改革，例如，中证中小投资者服务中心（以下简称"投服中心"）于 2016 年提起全国首例证券支持诉讼，迄今为止，已累计提起 9 例证券支持诉讼，这一诉讼模式极大地节约了中小投资者的维权成本。然而，目前全国范围内投服中心仅有一家，虽然示范效应明显，但面对证券市场上亿的投资者，资源受限问题严重。本书认为，可以采取成立各地投服中心，推行证券集团诉讼制度，由专业公益机构（如投服中心）及时发布准确的维权信息等措施，进一步帮助中小投资者降低诉讼成本，提高诉讼效率，优化维权环境，促进中小投资者维权意识的提升。

7.2 强化上市公司信息披露弹性监管机制

弹性管理既强调原则性，又注重灵活性。上市公司赖以生存的经济环境具有较强的不确定性，同时，信息使用者的需求又呈多样化趋势，这必然要求上市公司信息披露监管遵循弹性原则，在设定刚性底线的基础上，给予披露主体自我调整、选择和管理的空间，以适应环境和需求的变化。结合当前现状，强化 A 股信息披露弹性监管机制的具体建议如下。

7.2.1 加大对违法披露的惩处力度

刚性原则是弹性管理的质量保证，严肃对违法行为的惩处则是信息披露监管刚性原则的体现。财务造假、内幕交易等信息披露违法行为一直是 A 股市场顽疾，随着市场规模的持续壮大，这一问题并未得到缓解，反而有越演越烈之势。据统计，2013～2017 年，共有 59 家上市公司牵涉财务造假①，同时，近年来泽熙投资、龙薇传媒等影响巨大、性质恶劣的内幕交易案件也不断出现，给投资者特别是中小投资者造成巨大损失。值得警惕的是，这些已暴露的案例很可能只是冰山一角。

目前，A 股市场的信息披露制度体系日趋完善，建立了以《公司法》《证券法》《会计法》等为代表的顶层法律，建立了以《公开发行证券的公司信息披露内容与格式准则》《公开发行证券的公司信息披露编报规则》《企业会计准则》等为代表的部门规章或规范性文件，还建立了以沪深两市《证券交易所股票上市规则》等为代表的行业自律规则，这一系列法规从制度上构建了一套完整的信息披露约束机制。A 股市场的信息披露监管主体也已经非常明确，除证监会和沪深交易所共同对上市公司信息披露进行日常监管之外，交易所还负责对市场信息和所有证券交易活动进行实时监测，及时发现内幕交易以及市场操纵等违法行为。然而，整个监管体系的薄弱环节在于两个方面：第一，监管力量严重不足；第二，对违法披露行为的惩处力度不足。

面对 3500 余家 A 股上市公司，证监会提出了"精准立案、精准查处、精准打击"的信息披露监管原则，这从一定程度上反映了监管力量薄弱、无法全面从严打击所有违法行为的客观现实。必须承认的是，基于资源与条件的限制，在 A 股市场逐步发展壮大的过程中，监管力量不足的问题尚无良好的解决方案，因此，唯有从行政、民事和刑事责任三个方面加大对违法行为的惩处力度，提高违法成本，才能形成威慑效应，促进市场信用环境的改善。当前的现实情况却不容乐观，亟待改善。从行政责任来看，现行《证券法》第一百九十三条规定，对

① 数据来源于 2018 年 5 月 21 日《财会信报》A05 版刊发的《财务造假套路深 近期都有哪些造假大案》一文。

于信息披露违法行为主体的罚款最高为 60 万元，与违法披露所带来的巨大利益相比，违法的经济成本显得微不足道；从民事责任来看，尽管《证券法》第六十九条明确了信息披露违法行为主体的赔偿责任，但根据最高法的司法解释《关于审理证券市场因虚假陈述引发的民事赔偿案件的若干规定》，赔偿范围为投资者的实际损失，并没有像英美国家一样引入惩罚性赔偿；从刑事责任来看，《刑法》第一百六十条、第一百六十一条和第一百六十二条规定，对涉及信息披露严重违法的公司直接责任人，视情况分别处以三年或五年以下的有期徒刑或者拘役，与违法行为给广大投资者带来的巨大损失相比，这一量刑仍然较轻。综合起来，以上三个方面的处罚力度都难以形成威慑力，在一定程度上助长了披露主体的机会主义动机，因此，加大对违法披露行为的惩处力度势在必行，也刻不容缓！

7.2.2 激发上市公司自主披露动力

留有自主选择余地是弹性管理的典型特征。自愿性披露是上市公司适应市场环境变化与需求多样性的一种自主选择，对缓解证券市场信息不对称、提升市场效率具有积极作用。本书的统计数据表明，A 股上市公司业绩快报的自愿性披露行为并不普遍。[①] 导致这一现状的原因，除了我国证券市场欠成熟、竞争效应不明显之外，可能还在于缺少监管部门的引导和鼓励。

作为成熟的证券市场，美国早在 1978 年和 1979 年就分别颁布了《揭示预测经营业绩的指南》和《保护盈利预测安全港规则》，鼓励公司自愿披露盈利预测信息。美国财务会计准则委员会（FASB）于 2001 年再次发表《改进企业报告：对加强自愿性披露的见解》一文，提出改进自愿性披露的政策建议，之后，美国证券交易委员会（SEC）列出了一系列上市公司可以自愿披露的具体信息项目，进一步对自愿性披露行为进行引导。与之相比，A 股至今没有出台一套系统、全面的自愿性信息披露指引，只在相关法规中出现一些零散的提示和原则性要求。身处 A 股的"年轻"上市公司，欠缺披露经验是毋庸置疑的客观事实，一些公

---

① 本书第 5 章的描述性统计结果都表明，披露年度业绩快报的样本观测比重不足 15%。

司，特别是具备核心竞争力、发展前景向好的上市公司，并非不愿进行自愿披露，而是不会进行自愿披露，因此，建立一套符合 A 股市场特点，具有前瞻性和战略眼光的完整自愿性披露指引是监管部门不容推脱的责任。

面对自愿性披露动机弱、披露水平低的现状，在加强引导的基础上应进一步放松管制。例如，取消沪深两市《证券交易所股票上市规则》中关于业绩快报数据出现偏差时要求董事会发表致歉公告，并说明内部责任人认定情况的相关条款①，从而减轻公司披露行为的潜在成本和压力，减少公司管理层的后顾之忧。自愿性披露生来就是市场自由竞争的产物，较少的制度干预有利于市场竞争机制充分发挥作用、激发这一行为的原始生命力、更高效地实现供需均衡。现有的理论与实证研究成果都表明，自愿性披露行为具有"与生俱来"的可靠性。艾因霍恩和齐夫（Einhorn & Ziv，2012）通过设定理论模型分析得出，在放松真实披露的标准假定之后，自愿性披露仍然保持可信赖和稳健性。大量前期文献和本书的实证结论都表明，自愿性披露行为普遍具有信号传递效应。因此，放松管制并非一定会助长披露主体的机会主义行为，即使市场中少数上市公司可能出现误导甚至不实的自愿披露，投资者对于自愿性披露信息的审慎态度和市场的声誉机制也能实现对机会主义行为的惩罚。

7.2.3 建立动态监管机制

能够实现对环境变化的动态响应是弹性管理的核心优势。证券市场信息披露监管的最终目标在于实现市场效率，而正如行为金融领域的普遍共识——投资者情绪是导致市场失效的关键原因，经历了近年来多次大起大落之后，这一共识也在 A 股市场得到了验证，因此，建立一套适应投资者情绪变化的信息披露动态监管机制，通过适时调整监管策略，避免情绪波动期市场信息不对称程度的加剧，是实现监管目标的内在要求。

结合本书的研究结论，相应建议如下：首先，上市公司的盈余管理行为并未违反法规，一般情况下监管者无须干预也无从干预，不过，随着投资者情绪的高

---

① 见《上海证券交易所股票上市规则》第11.3.6条和《深圳证券交易所股票上市规则》第11.3.7条。

涨，公司盈余管理的机会主义动机倾向增强，因此监管部门应该密切关注股价大幅上涨公司的定期报告①，发现盈余数据异常时可以通过下发关注函、问询函等方式，及时向投资者提示报告中可能存在的高估盈余风险，一旦核实存在违法披露等越界行为，即可实现"精准立案、精准查处、精准打击"。其次，对于自愿性披露行为，总的来说应该从政策层面加强引导和鼓励，同时，本书研究结论表明，在投资者情绪高涨时，上市公司更有动力通过业绩信息的自愿披露向投资者传递未来发展向好的信号，因此监管部门应该通过高管培训等方式（培训对象可以包括董事会秘书、独立董事以及财务总监等），对特定公司的自愿性披露行为进行辅导，在警示其遵守法规的同时，帮助公司提高自愿性信息披露质量。

值得一提的是，上市公司出于机会主义目的的信息披露应对策略可能对市场非理性情绪起到推波助澜作用，进而带来更剧烈的暴涨暴跌风险。鉴于股票市场在整个金融系统中举足轻重的作用，股市情绪的失控极有可能引发系统性金融风险，因此，警惕投资者情绪和上市公司信息披露交互影响所可能导致的系统性金融风险，是监管过程中应该重视的问题。

总之，面对投资者情绪所导致的市场失效，监管方应该从加强信息披露监管的角度入手，建立动态应对机制，确保整体的信息披露质量以维护市场公平。这样也许比采用行政手段干预市场行为更为恰当，同时，这一解决思路对于缓解市场的非理性情绪、维护市场稳定也具有一定的积极意义。

7.3 进一步丰富证券市场产品

丰富的交易产品是证券市场有效套利的前提。目前，A 股市场中交易产品较少，交易限制较多，尚未形成良好的套利环境，导致投资者套利成本较高、效率低下。本书认为，可以从以下方面采取相应措施。

第一，稳步推进 A 股扩容。首先，从扩容空间来看，A 股上市公司数量已经

---

① 应该指出的是，股价大幅上涨并不一定是因为投资者情绪高涨，但是，投资者情绪高涨的公司，其股价必然大幅上涨。

从 2000 年底的 1060 家增加到 2017 年底的 3467 家，十多年来扩容 2.27 倍，极大地丰富了投资者的选择余地，不过，与美国等成熟证券市场相比，A 股股票数量仍有进一步扩充空间。其次，从扩容速度来看，图 7－1 显示了 2000～2018 年 A 股年度 IPO 数量，从中可以看出，2000 年以来，年度 IPO 数量波动较大，在 2013 年达到最低谷 2 家，在 2017 年达到最高峰 438 家，标准差达到 113，人为干预痕迹明显。任何一个开放包容的市场都是以完善的法律机制作为基础，而较少实施人为干预，监管部门应该根据企业的上市需求以及企业本身质量来决定能否成功上市，不宜人为控制股市扩容速度，面对国内社会信用体系尚不完善、证券投资者尚不成熟等特定市场环境，A 股扩容更应该稳步、有序推进。最后，从扩容质量来看，A 股一方面应该吸引更多高质量企业上市，另一方面应该严格执行退市制度。近年来，市场已经为吸引红筹股回归、独角兽企业上市做出了很多制度上的创新和改革，后续应该进一步放开限制，在一定条件下可以吸引国外优质企业登录 A 股，继续推进 A 股的国际化进程。在退市制度方面，应该保证退市工作机制的常态化，形成"有进有出"的市场生态，严格执行重大违法、财务指标不合格等公司强制退市的政策规定，提高 A 股上市公司的整体质量。

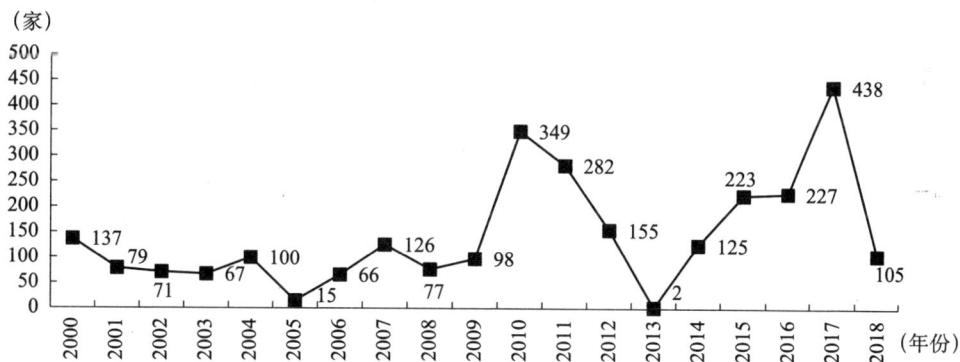

图 7－1　2000～2018 年 A 股每年 IPO 数量趋势

资料来源：数据来源于国泰安数据库。

第二，积极发展衍生证券市场。衍生证券种类繁多，从国际经验来看，股指期货和股指期权是股票市场风险管理的两大基石，应该予以优先发展。2010 年，我国推出了首只期指产品"沪深 300"，2015 年再度上市"上证 50"和"中证

500"两只期指产品，然而到目前为止，A 股的期指仅此三种，数量明显偏少，因此，应借鉴西方成熟证券市场经验，进一步丰富 A 股期指产品数量，逐步放宽各种交易限制，以利于发挥其正常功能。同时，应该允许境外投资者购买我国股指期权，为其提供有效的 A 股风险管理工具，以此作为吸引外资的有效策略之一。另外，股指期权与股指期货一般起着互为补充的作用，但由于股指期权更为方便灵活，在国际市场中更受投资者青睐，目前我国尚未推出股指期权，应该将其作为下一步推广的对象。

第8章　结论与展望

8.1　主要结论

投资者情绪和上市公司信息披露质量作为影响证券市场效率的两大关键问题，分别在各自的研究领域——行为金融与财务会计领域备受关注，然而，将两方面问题结合起来分析的文献并不多见。投资者的非理性情绪如何通过对证券价格的影响，进一步影响上市公司的信息披露策略，其作用机理尚不明确，也未形成一致的研究结论。本书以行为金融的迎合理论作为主要依据，充分运用理论分析与实证检验相结合的方法，对非对称信息环境下股票市场投资者情绪影响上市公司财务信息披露策略的问题进行了全面、系统的研究。具体而言，本书从强制性披露规制下的盈余管理策略以及非强制性要求下的自愿性披露策略两个不同角度，深入分析了投资者情绪对上市公司披露行为以及行为动机的影响逻辑，并以中国 A 股上市公司作为样本，提供了支持上述理论逻辑的横截面证据。

本书的理论分析和实证结论一致表明，理性的管理者试图通过财务信息披露策略迎合投资者情绪的变化，但是在盈余管理和自愿性披露两类不同策略方式的运用上，又存在一定差异。当投资者情绪的高涨并对"好消息"有更强烈的偏好时，公司普遍通过逐渐增大的正向盈余管理予以迎合，而在自愿性披露策略的运用上，盈利公司可能更加主动地披露业绩快报并高估其中的盈利数据，亏损公司则倾向于不披露业绩快报，以免"浇灭"投资者高涨的情绪；当投资者情绪低落时，公司往往通过负向盈余管理弥补前期盈余管理导致的"亏空"或者为以后正向盈余管理做准备，同时，盈利公司自愿披露业绩快报以迎合投资者情绪的可能性下降，亏损公司因为不再面临"泼冷水"的压力，此时披露业绩快报的概率相对增加。上述结论与"迎合理论"的预期完全一致。另外，本书的实证结论也表明，管理者的上述盈余管理策略并非受到自身情绪的影响，而是一种基于市场环境变化的理性应对行为。尽管根据西蒙（Simon）的有限理性假说，管理者的决策普遍具有有限理性特征，但本书认为，在不同类型的决策项目上，情况应该有所区别。如果一项决策的依据越充分、结果的不确定性越小，管理者决策的理性程度应该越高。与受外部环境影响较大、不确定性较强的投资、筹资以及其他类型的决策不同，管理者作为内部人已经及时、充分地掌握了公司的核心信息，因此在历史信息披露时受到自身情绪非理性影响的可能性较小。对盈余管理迎合策略的进一步研究还发现：第一，"实力强大"的上市公司利用盈余管理策略迎合投资者情绪的程度更高，这些"实力强大"的公司具备抗风险能力、发展能力较强，成熟度高，国有控股等特点；第二，在投资者情绪最为高涨时期，公司盈余管理迎合行为最为明显；第三，与中小板和创业板上市公司相比，主板公司盈余管理策略迎合特征更为显著。

在分别验证了投资者情绪对盈余管理和业绩快报披露行为的影响之后，本书进一步分析了投资者情绪影响下两种财务信息披露行为可能存在的相互作用，以探寻上市公司是否综合运用两种不同策略来迎合投资者情绪。研究结果表明，盈余管理策略在投资者情绪对业绩快报披露行为的影响中起到了部分中介作用。具体而言：对于盈利公司，高涨的投资者情绪会增强其披露业绩快报的可能性，同时也会促使其通过调增盈余的手段予以迎合，但是其中部分公司会将盈余管理与业绩报告披露策略结合起来，在调增盈余之后主动披露业绩快报以增强迎合效果（此时调增盈余是其主动披露业绩快报的逻辑前提）；对于亏损公司，高涨的投资者情绪会从整体上降低其披露业绩快报的可能性，但仍有部分公司希望通过正向盈余管理并提前披露业绩快报的组合策略迎合投资者情绪，然而，投资者情绪经由盈余管理策略对业绩快报披露所产生的正向促进作用，会被更强大的负向直接影响所遮掩，从而难以被直接观测。

投资者情绪不仅影响上市公司信息披露行为，同时还会导致其行为动机产生变化，不过，投资者情绪对公司盈余管理和自愿性披露两种行为动机的影响逻辑并不一致。本书的实证结论表明，一方面，A 股上市公司的盈余管理行为总体上存在信息传递动机，随着市场情绪的高涨，在投资者有失谨慎的行为特征诱使下，公司信息传递动机减弱而机会主义动机倾向增强，在极端情况下（投资者情绪特别高涨），盈余管理可能完全表现出机会主义动机。另一方面，与信号传递理论一致，A 股主板上市公司业绩快报的自愿披露行为具有明确的信号传递动机，整体而言，倾向于传递未来业绩向好的信号。由于投资者对上市公司未经审计业绩信息的本能质疑与自愿性披露行为减轻信息不对称的"初衷"所在，高涨的投资者情绪并不会增强业绩快报的机会主义动机倾向，反而会强化其传递"好消息"的信号传递动机。

8.2　研究局限与进一步研究展望

受限于笔者的学识和能力，本书仍存在一些局限，同时也给未来的研究留下了较大空间。后续研究可以从以下方面进一步拓展。

第一，投资者情绪度量。本书对现有文献提出的投资者情绪度量指标进行了详尽的分析与比较，并在实证部分选择了最为适合本书研究目标的方法——分解 Tobin'Q 法，对单个证券投资者情绪进行衡量以获取横截面经验证据，同时，也利用了实证文献中运用较广泛的 B/M 指标对所有结论进行了稳健性检验。然而，现有的投资者情绪度量方法不尽完善，一些衡量指标也尚未得到普遍认同。例如：通过分解 Tobin'Q 法得到的单个证券情绪指标仍欠精确；传统金融领域相关文献认为，B/M 指标反映的是股票回报中的系统性风险而非投资者情绪（Fama & French，1992；1993；1995）。未来可以对投资者情绪的衡量指标进一步改进，特别是关注指标衡量精度的提高。

第二，全面分析投资者情绪对上市公司不同类型自愿性披露策略的影响。本书以 A 股特有财务信息自愿性披露方式——业绩快报为例，分析了投资者情绪对上市公司自愿性披露策略的影响，这一做法虽然能够体现 A 股的制度特征，但同样存在一定局限。由于上市公司自愿性披露行为多种多样，既包括财务信息的自愿披露，也包括非财务信息如社会责任信息、环境信息以及内控信息的自愿披露，业绩快报仅能作为 A 股公司财务信息自愿性披露行为的代表，尚不能反映上市公司自愿性披露策略的全貌，后续可以继续关注投资者情绪对非财务信息自愿披露策略的影响。

第三，全面分析政策变化对上市公司信息披露应对策略的影响。2013 年以后，我国会计与税收政策变动较为频繁，在本书现有研究的基础上，后续可以基于政策效应视角，进一步分析会计与税收政策变化对上市公司信息披露应对策略的约束与调节作用。

第四，全面分析上市公司信息披露应对策略的经济后果。本书分析了投资者情绪对上市公司信息披露行为与动机的影响，然而，公司通过信息披露策略应对投资者情绪的变化可能会带来哪些经济后果，是一个值得继续深入研究的问题。从微观上看，上市公司信息披露策略的变化可能加剧或减轻信息不对称，从而改变公司外部融资成本，最终影响资源配置效率；从宏观上看，上市公司信息披露策略的变化可能对市场投资者情绪产生反馈影响，既可能加剧市场的非理性情绪，也可能在一定程度上平抑投资者的非理性行为。无论从上述哪个角度展开进一步研究，都具有较强的理论与现实意义。

参 考 文 献

[1] 晁罡，袁品，段文，等．企业领导者的社会责任取向、企业社会表现和组织绩效的关系研究［J］．管理学报，2008，5（3）：445-453.

[2] 陈其安，雷小燕．货币政策、投资者情绪与中国股票市场波动性：理论与实证［J］．中国管理科学，2017，25（11）：1-11.

[3] 陈其安，朱敏，赖琴云．基于投资者情绪的投资组合模型研究［J］．中国管理科学，2012，20（3）：47-56.

[4] 陈翔宇．业绩快报披露影响了分析师预测吗［J］．山西财经大学学报，2015，37（3）：102-114.

[5] 崔丰慧，陈学胜，方红星．经济周期、投资者情绪对企业融资影响分析［J］．证券市场导报，2016（2）：38-46.

[6] 戴德明，毛新述，姚淑瑜．上市公司预测盈余信息披露的有用性研究［J］．中国会计评论，2005，3（2）：253-272.

[7] 冯泰文．生产性服务业的发展对制造业效率的影响——以交易成本和制造成本为中介变量［J］．数量经济技术经济研究，2009（3）：56-65.

[8] 冯旭南．中国投资者具有信息获取能力吗？——来自"业绩预告"效应的证据［J］．经济学（季刊），2014，13（3）：1065-1089.

[9] 高大良，刘志峰，杨晓光．投资者情绪、平均相关性与股市收益［J］．中国管理科学，2015，23（2）：10-20.

[10] 高明华，苏然，曾诚．自愿性信息披露评价及市场有效性检验［J］．经济与管理研究，2018，39（4）：123-135.

[11] 葛永波，张振勇，张璐．投资者情绪、现金持有量与上市公司投资行

为 [J]. 宏观经济研究, 2016 (2): 106 – 112.

[12] 韩立岩, 伍燕然. 投资者情绪与 IPOs 之谜——抑价或溢价 [J]. 管理世界, 2007 (3): 51 – 61.

[13] 何玉, 张天西. 信息披露、信息不对称和资本成本: 研究综述 [J]. 会计研究, 2006 (6): 80 – 86.

[14] 贺志芳, 文凤华, 黄创霞, 等. 投资者情绪与时变风险补偿系数 [J]. 管理科学学报, 2017, 20 (12): 29 – 38.

[15] 花贵如, 刘志远, 许骞. 投资者情绪、管理者乐观主义与企业投资行为 [J]. 金融研究, 2011 (9): 178 – 191.

[16] 花贵如, 刘志远, 许骞. 投资者情绪、企业投资行为与资源配置效率 [J]. 会计研究, 2010 (11): 49 – 55.

[17] 花贵如. 投资者情绪对企业投资行为的影响研究 [D]. 天津: 南开大学, 2010: 14.

[18] 黄德龙, 文凤华, 杨晓光. 投资者情绪指数及中国股市的实证 [J]. 系统科学与数学, 2009, 29 (1): 1 – 13.

[19] 黄宏斌, 翟淑萍, 陈静楠. 企业生命周期、融资方式与融资约束——基于投资者情绪调节效应的研究 [J]. 金融研究, 2016 (7): 96 – 112.

[20] 黄宏斌, 刘志远. 投资者情绪、信贷融资与企业投资规模 [J]. 证券市场导报, 2014 (7): 28 – 34.

[21] 黄少安, 刘达. 投资者情绪理论与中国封闭式基金折价 [J]. 南开经济研究, 2005 (4): 76 – 80.

[22] 黄寿昌, 李芸达, 陈圣飞. 内部控制报告自愿披露的市场效应——基于股票交易量及股票收益波动率的实证研究 [J]. 审计研究, 2010 (4): 44 – 51.

[23] 姜付秀, 张敏, 陆正飞, 等. 管理者过度自信、企业扩张与财务困境 [J]. 经济研究, 2009 (1): 131 – 143.

[24] 蒋基路, 王华. 坏账准备计提的盈余管理动机 [J]. 山西财经大学学报, 2009, 31 (7): 116 – 124.

[25] 蒋玉梅, 王明照. 投资者情绪与股票收益: 总体效应与横截面效应的

实证研究 [J]. 南开管理评论, 2010, 13 (3): 150-160.

[26] 靳光辉, 刘志远, 花贵如. 政策不确定性、投资者情绪与企业投资——基于战略性新兴产业的实证研究 [J]. 中央财经大学学报, 2016 (5): 60-69.

[27] 靳光辉, 刘志远, 黄宏斌. 投资者情绪与公司投资效率——基于薪酬激励与债务融资治理效应的实证研究 [J]. 当代财经, 2015 (3): 119-129.

[28] 靳光辉. 投资者情绪、高管权益激励与公司投资——基于迎合渠道的实证检验 [J]. 中央财经大学学报, 2015 (6): 65-74.

[29] 李慧云, 刘镝. 市场化进程、自愿性信息披露和权益资本成本 [J]. 会计研究, 2016, (1): 71-96.

[30] 李慧云, 吕文超. 上市公司自愿性信息披露现状及其监管研究 [J]. 统计研究, 2012, 29 (4): 86-91.

[31] 李馨子, 罗婷. 业绩预测历史准确度的声誉效应 [J]. 金融研究, 2014 (1): 152-166.

[32] 林斌, 饶静. 上市公司为什么自愿披露内部控制鉴证报告——基于信号传递理论的实证研究 [J]. 会计研究, 2009 (2): 45-52.

[33] 刘端, 陈收. 股票价格对中国上市公司投资行为的影响——基于不同股权依赖型公司的实证 [J]. 管理评论, 2006, 18 (1): 31-36.

[34] 刘维奇, 刘新新. 个人和机构投资者情绪与股票收益——基于上证A股市场的研究 [J]. 管理科学学报, 2014, 17 (3): 70-87.

[35] 刘煜辉, 熊鹏. 资产流动性、投资者情绪与中国封闭式基金之谜. 管理世界, 2004 (3): 48-57.

[36] 刘志远, 靳光辉. 投资者情绪与公司投资效率——基于股东持股比例及两权分离调节作用的实证研究 [J]. 管理评论, 2013, 25 (5): 82-91.

[37] 柳木华. 业绩快报的信息含量: 经验证据与政策含义 [J]. 会计研究, 2005 (7): 39-43.

[38] 卢煜, 曲晓辉. 商誉减值的盈余管理动机 [J]. 山西财经大学学报, 2016, 38 (7): 87-99.

[39] 鲁训法, 黎建强. 中国股市指数与投资者情绪指数的相互关系 [J].

系统工程理论与实践，2012，32（3）：621－629.

[40] 陆静，裴饴军，吴琴琴. 投资者情绪影响香港股票市场吗？[J]. 系统工程理论与实践，2017，37（1）：80－90.

[41] 陆静，周媛. 投资者情绪对股价的影响 [J]. 中国管理科学，2015，23（11）：21－28.

[42] 陆婷. 系统性定价偏误：中国 A 股盈余公告后的价格漂移研究 [J]. 金融研究，2012（3）：139－151.

[43] 鹿坪，冷军. 投资者情绪与盈余管理——基于应计盈余管理与真实盈余管理的实证研究 [J]. 财经问题研究，2017（2）：88－96.

[44] 鹿坪，姚海鑫. 机构持股、投资者情绪与应计异象 [J]. 管理评论，2016，28（11）：3－14.

[45] 罗斌元. 内部控制、投资者情绪与企业投资效率 [J]. 中南财经政法大学学报，2017（6）：11－20.

[46] 罗玫，魏哲. 股市对业绩预告修正一视同仁吗？ [J]. 金融研究，2016（7）：191－206.

[47] 罗玫，宋云玲. 中国股市的业绩预告可信吗？ [J]. 金融研究，2012（9）：168－180.

[48] 罗炜，朱春艳. 代理成本与公司自愿性披露 [J]. 经济研究，2010（10）：143－155.

[49] 孟祥展，张俊瑞，程子健. 管理者过度自信、会计稳健性与公司多元化 [J]. 当代财经，2015（5）：106－118.

[50] 齐萱，谷慧丽，刘树海. 上市公司自愿性信息披露区域影响因素研究——融资约束视角 [J]. 云南财经大学学报，2013（2）：122－128.

[51] 乔引花，张淑惠. 企业环境会计信息披露行为研究——基于信号传递的分析 [J]. 当代经济科学，2009，31（3）：119－123.

[52] 秦玉熙. IPO 盈利预测自愿披露意愿减弱的原因 [J]. 会计研究，2004（11）：76－80.

[53] 饶育蕾，刘达峰. 行为金融学 [M]. 上海：上海财经大学出版社，

2003：172 – 173.

［54］饶育蕾，贺曦，李湘平．股利折价与迎合：来自我国上市公司现金股利分配的证据［J］．管理工程学报，2008，22（1）：133 – 136.

［55］任碧云，任毅．投资者情绪、企业投资水平与投资偏好——基于股权融资渠道与迎合渠道的对比［J］．云南财经大学学报，2017（4）：123 – 132.

［56］任曙明，张静．补贴、寻租成本与加成率——基于中国装备制造企业的实证研究［J］．管理世界，2013（10）：118 – 129.

［57］沈可挺，刘煜辉．中国股市中惯性与反向投资策略的获利模式［J］．管理科学学报，2006，9（6）：43 – 52.

［58］史建梁．董事会特征与自愿性信息披露的相关性研究［J］．经济问题，2010（5）：57 – 60.

［59］宋云玲，李志文，纪新伟．从业绩预告违规看中国证券监管的处罚效果［J］．金融研究，2011（6）：136 – 149.

［60］宋云玲，罗玫．业绩预告对中国股市有效性的影响——基于应计异象的实证检验［J］．清华大学学报（自然科学版），2010，50（12）：1963 – 1967.

［61］孙健，贺春艳．投资者情绪，会计应计与超额回报——基于中国上市公司的实证分析［J］．科学决策，2011（6）：63 – 80.

［62］唐玮，崔也光，罗孟旎．投资者情绪与企业创新投入——基于管理者过度自信中介渠道［J］．北京工商大学学报（社会科学版），2017，32（4）：66 – 77.

［63］田利辉，王冠英，谭德凯．反转效应与资产定价：历史收益率如何影响现在［J］．金融研究，2014（10）：177 – 192.

［64］汪昌云，武佳薇．媒体语气、投资者情绪与 IPO 定价［J］．金融研究，2015（9）：174 – 189.

［65］汪炜，蒋高峰．信息披露、透明度与资本成本［J］．经济研究，2004（7）：107 – 114.

［66］王宏昌，干胜道．我国中期业绩快报的信息质量和信息含量的研究——基于 2007 年深市的经验证据［J］．现代管理科学，2008（12）：31 – 33.

［67］王惠芳，原改省．上市公司年度报告自愿性信息披露实证研究——来

自 524 家深市上市公司的证据［J］. 华东经济管理，2006，20（2）：127－130.

［68］王惠芳. 上市公司业绩预告制度实施效果研究——基于深市上市公司年报业绩预告的经验证据［J］. 审计与经济研究，2009，24（1）：108－112.

［69］王俊秋，花贵如，姚美云. 投资者情绪与管理层业绩预告策略［J］. 财经研究，2013，39（10）：76－90.

［70］王克敏，廉鹏. 首发上市盈利预测制度变迁与公司盈余管理研究［J］. 会计研究，2012（3）：72－77.

［71］王美今，孙建军. 中国股市收益、收益波动与投资者情绪［J］. 经济研究，2004（10）：75－83.

［72］王鹏，陈翔宇. 代理成本、独立董事独立性与业绩快报自愿披露［J］. 财贸研究，2016（4）：137－146.

［73］王玉涛，王彦超. 业绩预告信息对分析师预测行为有影响吗［J］. 金融研究，2012（6）：193－206.

［74］魏涛，陆正飞，单宏伟. 非经常性损益盈余管理的动机、手段和作用研究——来自中国上市公司的经验证据［J］. 管理世界，2007（1）：113－121.

［75］温忠麟，叶宝娟. 中介效应分析：方法和模型发展［J］. 心理科学进展，2014，22（5）：731－745.

［76］温忠麟，张雷，侯杰泰等. 中介效应检验程序及其应用［J］. 心理学报，2004，36（5）：614－620.

［77］文凤华，肖金利，黄创霞，等. 投资者情绪特征对股票价格行为的影响研究［J］. 管理科学学报，2014，17（3）：60－69.

［78］吴世农，汪强. 迎合投资者情绪？过度保守？还是两者并存——关于公司投资行为的实证研究［J］. 公司治理评论，2009，1（1）：185－204.

［79］吴世农，吴超鹏. 我国股票市场"价格惯性策略"和"盈余惯性策略"的实证研究［J］. 经济科学，2003（4）：41－50.

［80］吴晓求. 实体经济与资产价格变动的相关性分析［J］. 中国社会科学，2006（6）：55－63.

［81］伍燕然，韩立岩. 不完全理性、投资者情绪与封闭式基金之谜［J］.

经济研究，2007（3）：117-129.

［82］夏立军．盈余管理计量模型在中国股票市场的应用研究［J］．中国会计与财务研究，2003（2）：94-154.

［83］肖虹，曲晓辉．R&D 投资迎合行为：理性迎合渠道与股权融资渠道——基于中国上市公司的经验证据［J］．会计研究，2012（2）：42-49.

［84］谢江林，何宜庆，陈涛．中小高新技术企业 R&D 信息披露的信号传递模型研究［J］．科技进步与对策，2009，26（7）：83-86.

［85］谢志华，肖泽忠．会计与经济运行［J］．会计研究，2000（4）：41-46.

［86］徐信忠，郑纯毅．中国股票市场动量效应成因分析［J］．经济科学，2006（1）：85-99.

［87］许罡，朱卫东．管理当局、研发支出资本化选择与盈余管理动机——基于新无形资产准则研发阶段划分的实证研究［J］．科学学与科学技术管理，2010（9）：39-43.

［88］杨元泽．封闭式基金的折价能否作为投资者情绪的有效衡量——基于深圳股票市场的实证研究［J］．中央财经大学学报，2010（5）：26-31.

［89］姚海鑫，鹿坪，田甜．投资者情绪、盈余公告市场反应与盈余操纵择机［J］．财贸研究，2015（2）：128-138.

［90］叶少琴，胡玮．IPO 公司自愿披露盈利预测：影响因素与准确性［J］．金融研究，2006（9）：65-74.

［91］易志高，茅宁．中国股市投资者情绪测量研究：CICSI 的构建［J］．金融研究，2009（11）：174-184.

［92］于剑乔，罗婷．业绩预测的取整行为研究［J］．金融研究，2016（10）：190-206.

［93］于团叶，张逸伦，宋晓满．自愿性信息披露程度及其影响因素研究——以我国创业板公司为例［J］．审计与经济研究，2013（2）：68-78.

［94］余明桂，夏新平，邹振松．管理者过度自信与企业激进负债行为［J］．管理世界，2006（8）：104-112.

［95］俞红海，李心丹，耿子扬．投资者情绪、意见分歧与中国股市 IPO 之

谜 [J]. 管理科学学报, 2015, 18 (3): 78 – 89.

[96] 俞红海, 陆蓉, 徐龙炳. 投资者名义价格幻觉与管理者迎合——基于基金拆分现象的研究 [J]. 经济研究, 2014 (5): 133 – 146.

[97] 曾垂凯. 家长式领导与部属职涯高原: 领导——成员关系的中介作用 [J]. 管理世界, 2011 (5): 109 – 119.

[98] 翟淑萍, 黄宏斌, 毕晓方. 资本市场业绩预期压力、投资者情绪与企业研发投资 [J]. 科学学研究, 2017, 35 (6): 896 – 906.

[99] 张丹, 廖士光. 中国证券市场投资者情绪研究 [J]. 证券市场导报, 2009 (10): 61 – 68.

[100] 张戈, 王美今. 投资者情绪与中国上市公司实际投资 [J]. 南方经济, 2007 (3): 3 – 14.

[101] 张静, 王生年, 吴春贤. 会计稳健型、投资者情绪与资产误定价 [J]. 中南财经政法大学学报, 2018 (1): 24 – 72.

[102] 张俊喜, 张华. 解析我国封闭式基金折价之谜 [J]. 金融研究, 2002 (12): 49 – 60.

[103] 张庆, 朱迪星. 投资者情绪、管理层持股与企业实际投资——来自中国上市公司的经验证据 [J]. 南开管理评论, 2014, 17 (4): 120 – 127.

[104] 张然, 张鹏. 中国上市公司自愿业绩预告动机研究 [J]. 中国会计评论, 2011, 9 (1): 3 – 20.

[105] 张三峰, 魏下海. 信息与通信技术是否降低了企业能源消耗——来自中国制造业企业调查数据的证据 [J]. 中国工业经济, 2019 (2): 155 – 173.

[106] 张爽. 非线性模型中多个交互项的估计 [J]. 世界经济文汇, 2006 (3): 52 – 55.

[107] 张维迎. 博弈论与信息经济学 [M]. 上海: 上海人民出版社, 1996: 397 – 403.

[108] 张祥建, 徐晋, 徐龙炳. 高管精英治理模式能够提升企业绩效吗?——基于社会连带关系调节效应的研究 [J]. 经济研究, 2015 (3): 100 – 114.

[109] 张翼, 林小驰. 公司治理结构与管理层盈利预测 [J]. 中国会计评

论，2005，3（2）：241-252.

[110] 张宗新，王海亮．投资者情绪、主观信念调整与市场波动 [J]．金融研究，2013（4）：142-155.

[111] 张宗新，张晓荣，廖士光．上市公司自愿性信息披露行为有效吗？——基于1998-2003年中国证券市场的检验 [J]．经济学（季刊），2005，4（2）：369-385.

[112] 赵昕东，刘成坤．人口老龄化对制造业结构升级的作用机制研究——基于中介效应模型的检验 [J]．中国软科学，2019（3）：153-163.

[113] 郑建明，黄晓蓓，张新民．管理层业绩预告违规与分析师监管 [J]．会计研究，2015（3）：50-56.

[114] 郑馨，周先波，张麟．社会规范与创业——基于62个国家创业数据的分析 [J]．经济研究，2017（11）：59-73.

[115] 支晓强，何天芮．信息披露质量与权益资本成本 [J]．中国软科学，2010（12）：125-131.

[116] 周孝华，陈鹏程．锁定制度、投资者情绪与IPO定价：基于承销商视角的理论与数值分析 [J]．管理工程学报，2017，31（2）：84-90.

[117] 朱迪星，潘敏．迎合投资一定非效率吗？——基于利益相关者的视角 [J]．南开管理评论，2012，15（6）：14-24.

[118] 朱玉杰，王铁琪，王浩．动量效应与资产定价：基于序列变点的改进研究 [J]．经济学报，2017，4（3）：65-83.

[119] Aboody D, Even-Tov O, Lehavy R, et al. Overnight Returns and Firm-Specific Investor Sentiment [J]. Journal of Financial and Quantitative Analysis, 2018, 53（2）：485-505.

[120] Aboody D, Kasznik R. CEO Stock Option Awards and the Timing of Corporate Voluntary Disclosures [J]. Journal of Accounting and Economics, 2000, 29（1）：73-100.

[121] Acharya V V, Pedersen L H. Asset Pricing with Liquidity Risk [J]. Journal of Financial Economics, 2005, 77（2）：375-410.

［122］Ai C, Norton E C. Interaction Terms in Logit and Probit Models ［J］. Economics Letters, 2003, 80 (1): 123 – 129.

［123］Akerlof G. The Market for "Lemons": Quality Uncertainty and the Market Mechanism ［J］. The Quarterly Journal of Economics, 1970, 84 (3): 488 – 500.

［124］Ali A, Gurun U G. Investor Sentiment, Accruals Anomaly, and Accruals Management ［J］. Journal of Accounting, Auditing and Finance, 2009, 24 (3): 415 – 431.

［125］Anderson J C, Frankle A W. Voluntary Social Reporting: An Iso-Beta Portfolio Analysis ［J］. The Accounting Review, 1980, 55 (3): 467 – 479.

［126］Antoniou C, Doukas J A, Subrahmanyam A. Cognitive Dissonance, Sentiment, and Momentum ［J］. Journal of Financial and Quantitative Analysis, 2013, 48 (1): 245 – 275.

［127］Anusakumar S V, Ali R. Momentum and Investor Sentiment: Evidence from Asian Stock Markets ［J］. Capital Markets Review, 2017, 25 (1): 26 – 42.

［128］Arif S, Lee C M C. Aggregate Investment and Investor Sentiment ［J］. Review of Financial Studies, 2014, 27 (11): 3241 – 3279.

［129］Arrow K J. Uncertainty and the Welfare Economics of Medical Care ［J］. The America Economic Review, 1963, 53 (5): 941 – 973.

［130］Bachelier L. Theorie de La Speculation ［J］. Annales Scientifiques de l'École Normale Supérieure, 1900 (17): 21 – 86.

［131］Badertscher B A, Collins D W, Lys T Z. Discretionary Accounting Choices and the Predictive Ability of Accruals with Respect to Future Cash Flows ［J］. Journal of Accounting and Economics, 2012, 53 (1 – 2): 330 – 352.

［132］Badertscher B A. Overvaluation and the Choice of Alternative Earnings Management Mechanisms ［J］. The Accounting Review, 2011, 86 (5): 1491 – 1518.

［133］Baker M, Greenwood R, Wurgler J. Catering through Nominal Share Prices ［J］. Journal of Finance, 2009, 64 (6): 2559 – 2590.

［134］Baker M, Stein J C, Wurgler J. When Does the Market Matter? Stock

Prices and the Investment of Equity-Dependent Firms [J]. Quarterly Journal of Economics, 2003, 118 (3): 969 – 1005.

[135] Baker M, Stein J C. Market Liquidity as a Sentiment Indicator [J]. Journal of Financial Markets, 2004, 7 (3): 271 – 299.

[136] Baker M, Wurgler J. A Catering Theory of Dividends [J]. Journal of Finance, 2004a, 59 (3): 1125 – 1165.

[137] Baker M, Wurgler J. Appearing and Disappearing Dividends: The Link to Catering Incentives [J]. Journal of Financial Economics, 2004b, 73 (2): 271 – 288.

[138] Baker M, Wurgler J. Investor Sentiment and the Cross-Section of Stock Returns [J]. Journal of Finance, 2006, 61 (4): 1645 – 1680.

[139] Baker M, Wurgler J. Investor Sentiment in the Stock Market [J]. Journal of Economic Perspectives, 2007, 21 (2): 129 – 151.

[140] Ball R, Shivakumar L. The Role of Accruals in Asymmetrically Timely Gain and Loss Recognition [J]. Journal of Accounting Research, 2006, 44 (2): 207 – 242.

[141] Banerjee A V. A Simple Model of Herd Behavior [J]. The Quarterly Journal of Economics, 1992, 107 (3): 797 – 817.

[142] Barberis N, Shleifer A, Vishny R W. A Model of Investor Sentiment [J]. Journal of Financial Economics, 1998, 49 (3): 307 – 343.

[143] Baron R M, Kenny D A. The Moderator-Mediator Variable Distinction in Social Psychological Research: Conceptual, Strategic, and Statistical Considerations [J]. Journal of Personality and Social Psychology, 1986, 51 (6): 1173 – 1182.

[144] Bartov E, Gul F A, Tsui J S L. Discretionary-Accruals Models and Audit Qualifications [J]. Journal of Accounting and Economics, 2001, 30 (3): 421 – 452.

[145] Beaver W H, McNichols M F. The Characteristics and Valuation of Loss Reserves of Property Casualty Insurers [J]. Journal of Accounting Studies, 1998, 3 (1 – 2): 73 – 95.

[146] Beneish M D, Earnings Management: A Perspective [J]. Managerial

Finance, 2001, 27 (12): 3 – 17.

[147] Bergman N K, Roychowdhury S. Investor Sentiment and Corporate Disclosure [J]. Journal of Accounting Research, 2008, 46 (5): 1057 – 1083.

[148] Bertomeu J, Beyer A, Dye R A. Capital Structure, Cost of Capital, and Voluntary Disclosures [J]. The Accounting Review, 2011, 86 (3): 857 – 886.

[149] Bhattacharya S. Imperfect Information, Dividend Policy and "the Bird in the Hand" Fallacy [J]. The Bell Journal of Economics, 1979, 10 (1): 259 – 270.

[150] Bikhchandani S, Hirshleifer D, Welch I. A Theory of Fads, Fashion, Custom, and Cultural Change as Informational Cascades [J]. Journal of Political Economy, 1992, 100 (5): 992 – 1026.

[151] Black F, Scholes M. The Pricing of Options and Corporate Liabilities [J]. The Journal of Political Economy, 1973, 81 (3): 637 – 654.

[152] Black F. Noise [J]. Journal of Finance, 1986, 41 (3): 529 – 543.

[153] Bless H, Schwarz N, Clore G L, et al. Mood and the Use of Scripts: Does a Happy Mood Really Lead to Mindlessness? [J]. Journal of Personality and Social Psychology, 1996, 71 (4): 665 – 679.

[154] Bodurtha J N, Kim D, Lee C M C. Closed-end Country Funds and U. S. Market Sentiment [J]. Review of Financial Studies, 1995, 8 (3): 879 – 918.

[155] Botosan C A. Disclosure Level and the Cost of Equity Capital [J]. The Accounting Review, 1997, 72 (3): 323 – 349.

[156] Bowen R M, Rajgopal S, Venkatachalam M. Accounting Discretion, Corporate Governance and Firm Performance [J]. Contemporary Accounting Research, 2008, 25 (2): 351 – 405.

[157] Brown G W, Cliff M T. Investor Sentiment and Asset Valuation [J]. Journal of Business, 2005, 78 (2): 405 – 440.

[158] Brown G W, Cliff M T. Investor Sentiment and the Near-Term Stock Market [J]. Journal of Empirical Finance, 2004, 11 (1): 1 – 27.

[159] Brown N C, Christensen T E, Elliott W B, et al. Investor Sentiment and

Pro Forma Earnings Disclosures [J]. Journal of Accounting Research, 2012, 50 (1): 1 – 40.

[160] Burgstahler D, Dichev I. Earnings Management to Avoid Earnings Decreases and Losses [J]. Journal of Accounting and Economics, 1997, 24 (1): 99 – 126.

[161] Campello M, Graham J R. Do Stock Prices Influence Corporate Decisions? Evidence from the Technology Bubble [J]. Journal of Financial Economics, 2013, 107 (1): 89 – 110.

[162] Chang X, Tam L, Tan T J, et al. The Real Impact of Stock Market Mispricing——Evidence from Australia [J]. Pacific-Basin Finance Journal, 2007, 15 (4): 388 – 408.

[163] Chau G K, Gray S J. Ownership Structure and Corporate Voluntary Disclosure in Hong Kong and Singapore [J]. International Journal of Accounting, 2002, 37 (2): 247 – 265.

[164] Chen N F, Kan R, Miller M H. Are the Discounts on Close-End Funds a Sentiment Index? [J]. Journal of Finance, 1993, 48 (2): 795 – 800.

[165] Cheng Q, Lo K. Insider Trading and Voluntary Disclosures [J]. Journal of Accounting Research, 2006, 44 (5): 815 – 848.

[166] Chopra N, Lakonishok J, Ritter J R. Measuring Abnormal Performance: Do Stocks Overreact? [J]. Journal of Financial Economics, 1992, 31 (2): 235 – 268.

[167] Clarke R G, Statman M. Bullish or Bearish [J]. Financial Analysts Journal, 1998, 54 (3): 63 – 72.

[168] Cooper M J, Dimitrov O, Rau P R. A Rose. com by Any Other Name [J]. Journal of Finance, 2001, 56 (6): 2371 – 2388.

[169] Cooper M J, Khorana A, Osobov I, et al. Managerial Actions in Response to a Market Downturn: Valuation Effects of Name Changes in the Dot. com Decline [J]. Journal of Corporate Finance, 2005, 11 (1 – 2): 319 – 335.

[170] Daniel K, Hirshlerfer D, Subrahmanyam A. Investor Psychology and Security Market Under-and Overreactions [J]. Journal of Finance, 1998, 53 (6):

1839 – 1885.

[171] Datar S M, Feltham G A, Hughes J S. The Role of Audits and Audit Quality in Valuing New Issues [J]. Journal of Accounting and Economics, 1991, 14 (1): 3 – 49.

[172] De Long J B, Shleifer A, Summers L H, et al. Noise Trader Risk in Financial Markets [J]. Journal of Political Economy, 1990, 98 (4): 703 – 738.

[173] Dechow P M, Skinner D J. Earnings Management: Reconciling the Views of Accounting Academics, Practitioners, and Regulators [J]. Accounting Horizons, 2000, 14 (2): 232 – 250.

[174] Dechow P M, Sloan R G, Sweeney A P. Detecting Earnings Management [J]. The Accounting Review, 1995, 70 (2): 193 – 225.

[175] Defond M L, Jiambalvo J. Debt Covenant Violation and Manipulation of Accruals [J]. Journal of Accounting and Economics, 1994, 17 (2): 145 – 176.

[176] Degeorge F, Patel J, Zeckhauser R. Earnings Management to Exceed Thresholds [J]. Journal of Business, 1999, 72 (1): 1 – 33.

[177] Derrien F. IPO Pricing in "Hot" Market Conditions: Who Leaves Money on the Table? [J]. Journal of Finance, 2005, 60 (1): 487 – 521.

[178] Dharan B G, Lev B. The Valuation Consequence of Accounting Changes: A Multi-Year Examination [J]. Journal of Accounting, Auditing and Finance, 1993, 8 (4): 475 – 494.

[179] Dichev I D. Is the Risk of Bankruptcy a Systematic Risk? [J]. Journal of Finance, 1998, 53 (3): 1131 – 1147.

[180] Dong M. Overvalued Equity and Financing Decisions [J]. The Review of Financial Studies, 2012, 25 (12): 3645 – 3683.

[181] Dorn D. Does Sentiment Drive the Retail Demand for IPOs? [J]. Journal of Financial and Quantitative Analysis, 2009, 44 (1): 85 – 108.

[182] Dye R A. Disclosure of Nonproprietary Information [J]. Journal of Accounting Research, 1985, 23 (1): 123 – 145.

[183] Einhorn E, Ziv A. Biased Voluntary Disclosure [J]. Review of Accounting Studies, 2012, 17 (2): 420 –442.

[184] Einhorn E, Ziv A. Intertemporal Dynamics of Corporate Voluntary Disclosures [J]. Journal of Accounting Research, 2008, 46 (3): 567 –589.

[185] Einhorn E, Ziv A. Unbalanced Information and the Interaction between Information Acquisition, Operating Activities, and Voluntary Disclosure [J]. The Accounting Review, 2007, 82 (5): 1171 –1194.

[186] Einhorn E. Voluntary Disclosure under Uncertainty about the Reporting Objective [J]. Journal of Accounting and Economics, 2007, 43 (2 –3): 245 –274.

[187] Fama E F, French K R. Common Risk Factors in the Returns on Stocks and Bonds [J]. Journal of Financial Economics, 1993, 33 (1): 3 –56.

[188] Fama E F, French K R. Disappearing Dividends: Changing Firm Characteristics or Lower Propensity to Pay [J]. Journal of Financial Economics, 2001, 60 (1): 3 –43.

[189] Fama E F, French K R. Size and Book-to-Market Factors in Earnings and Returns [J]. Journal of Finance, 1995, 50 (1): 131 –155.

[190] Fama E F, French K R. The Cross-Section of Expected Stock Returns [J]. Journal of Finance, 1992, 47 (2): 427 –465.

[191] Fama E F. Efficient Capital Markets: A Review of Theory and Empirical Work [J]. Journal of Finance, 1970, 25 (2): 383 –417.

[192] Fama E F. The Behavior of Stock-Market Prices [J]. Journal of Finance, 1965, 38 (1): 34 –105.

[193] Fields T D, Lys T Z, Vincent L. Empirical Research on Accounting Choice [J]. Journal of Accounting and Economics, 2001, 31 (1 –3): 255 –307.

[194] Fisher K L, Statman M. Investor Sentiment and Stock Returns [J]. Financial Analysts Journal, 2000, 56 (2): 16 –23.

[195] Francis J R, Khurana I K, Pereira R. Disclosure Incentives and Effects on Cost of Capital around the World [J]. The Accounting Review, 2005, 80 (4):

1125 – 1162.

[196] Francis J, LaFond R, Olsson P, et al. The Market Pricing of Accruals Quality [J]. Journal of Accounting and Economics, 2005, 39 (2): 295 – 327.

[197] Friedman, M. The Case for Flexible Exchange Rates. In Essays in Positive Economics [M]. Chicago: University of Chicago Press, 1953: 157 – 203.

[198] Frugier A. Returns, Volatility and Investor Sentiment: Evidence from European Stock Markets [J]. Research in International Business and Finance, 2016, 38: 45 – 55.

[199] Galariotis E C, Makrichoriti P, Spyrou S I. The Impact of Conventional and Unconventional Monetary Policy on Expectations and Sentiment [J]. Journal of Banking and Finance, 2018, 86: 1 – 20.

[200] Gelb D S, Zarowin P. Corporate Disclosure Policy and the Informativeness of Stock Prices [J]. Review of Accounting Studies, 2002, 7 (1): 33 – 52.

[201] Goyal V K, Yamada T. Asset Price Shocks, Financial Constrains, and Investment: Evidences from Japan [J]. Journal of Business, 2004, 77 (1): 175 – 199.

[202] Graham J R, Harvey C R, Rajgopal S. The Economic Implications of Corporate Financial Reporting [J]. Journal of Accounting and Economics, 2005, 40 (1 – 3): 3 – 73.

[203] Guay W R, Kothari S P, Watts R L. A Market-based Evaluation of Discretionary Accrual Models [J]. Journal of Accounting Research, 1996, 34: 83 – 105.

[204] Gunny K A. The Relation Between Earnings Management Using Real Activities Manipulation and Future Performance: Evidence from Meeting Earnings Benchmarks [J]. Contemporary Accounting Research, 2010, 27 (3): 851 – 888.

[205] Healy P M, Wahlen J M. A Review of the Earnings Management Literature and Its Implications for Standard Setting [J]. Accounting Horizons, 1999, 13 (4): 365 – 383.

[206] Healy P M. The Effect of Bonus Schemes on Accounting Decisions [J].

Journal of Accounting and Economics, 1985, 7 (1 –3): 85 – 107.

[207] Heaton J B. Managerial Optimism and Corporate Finance [J]. Financial Management, 2002, 31 (2): 33 –45.

[208] Hirshleifer D, Subrahmanyam A, Titman S. Feedback and the Success of Irrational Investors [J]. Journal of Financial Economics, 2006, 81 (2): 311 –338.

[209] Hirst D E, Koonce L, Venkataraman S. Management Earnings Forecasts: A Review and Framework [J]. Accounting Horizons, 2008, 22 (3): 315 –338.

[210] Ho S S M, Wong K S. A Study of the Relationship between Corporate Governance Structures and the Extent of Voluntary Disclosure [J]. Journal of International Accounting, Auditing &Taxation, 2001 (10): 139 – 156.

[211] Holmstrom B. Moral Hazard and Observability [J]. The Bell Journal of Economics, 1979, 10 (1): 74 –91.

[212] Holthausen R W. Accounting Method Choice: Opportunistic Behavior, Efficient Contracting, and Informational Perspectives [J]. Journal of Accounting and Economics, 1990, 12 (1 –3): 207 –218.

[213] Hong H, Stein J C. A Unified Theory of Underreaction, Momentum Trading, and Overreaction in Asset Markets [J]. Journal of Finance, 1999, 54 (6): 2143 –2184.

[214] Hossain M, Perera M M, Rahman A R. Voluntary disclosure in the annual reports of New Zealand companies [J]. Journal of International Financial Management and Accounting, 1995, 6 (1): 69 –87.

[215] Iihara Y, Kato H K, Tokunaga T. The Winner-Loser Effect in Japanese Stock Returns [J]. Japan and the World Economy, 2004, 16 (4): 471 –485.

[216] Jegadeesh N, Titman S. Returns to Buying Winners and Selling Losers: Implications for Stock Market Efficiency [J]. Journal of Finance, 1993, 48 (1): 65 –91.

[217] Jensen M C, Meckling W H. Theory of the firm: Managerial behavior, agency costs and ownership structure [J]. Journal of Financial Economics, 1976, 3

(4): 305 – 360.

[218] Jensen M C. Organization Theory and Methodology [J]. The Accounting Review, 1983, 58 (2): 319 – 339.

[219] Jones J J. Earnings Management During Import Relief Investigations [J]. Journal of Accounting Research, 1991, 29 (2): 193 – 228.

[220] Kahneman D, Tversky A. Prospect Theory: An Analysis of Decision-Making Under Risk [J]. Econometrica, 1979, 47 (2): 263 – 291.

[221] Kendall M G, Bradford A H. The Analysis of Economic Time-Series-Part I: Prices [J]. Journal of the Royal Statistical Society, 1953, 116 (1): 11 – 34.

[222] Kenny D A, Korchmaros J D, Bolger N. Lower Level Mediation in Multilevel Models [J]. Psychological Methods, 2003, 8 (2): 115 – 128.

[223] Keynes J M. The General Theory of Employment, Interest, and Money [M]. London: Palgrave Macmillan, 1936: 154.

[224] Kothari S P, Leone A J, Wasley C E. Performance Matched Discretionary Accrual Measures [J]. Journal of Accounting and Economics, 2005, 39 (1): 163 – 197.

[225] Kumar A, Lee C M C. Retail Investor Sentiment and Return Comovements [J]. Journal of Finance, 2006, 61 (5): 2451 – 2486.

[226] Kyle A S. Continuous Auctions and Insider Trading [J]. Econometrica, 1985, 53 (6): 1315 – 1335.

[227] La Porta R, Lakonishok J, Shleifer A, et al. Good News for Value Stocks: Further Evidence on Market Efficiency [J]. Journal of Finance, 1997, 52 (2): 859 – 874.

[228] La Porta R. Expectations and the Cross-Section of Stock Returns [J]. Journal of Finance, 1996, 51 (5): 1715 – 1742.

[229] Lakonishok J, Shleifer A, Vishny R W. Contrarian Investment, Extrapolation, and Risk [J]. Journal of Finance, 1994, 49 (5): 1541 – 1578.

[230] Landier A, Thesmar D. Financial Contracting with Optimistic Entrepreneurs [J]. Review of Financial Studies, 2009, 22 (1): 117 – 150.

[231] Lee C M C, Shleifer A, Thaler R H. Investor Sentiment and the Closed-End Fund Puzzle [J]. Journal of Finance, 1991, 46 (1): 75 – 109.

[232] Leland H E, Pyle D H. Informational Asymmetries, Financial Structure, and Financial Intermediation [J]. Journal of Finance, 1977, 32 (2): 371 – 387.

[233] Lev B, Penman S H. Voluntary Forecast Disclosure, Nondisclosure and Stock Prices [J]. Journal of Accounting Research, 1990, 28 (1): 49 – 76.

[234] Li W, Lie E. Dividend Changes and Catering Incentives [J]. Journal of Financial Economics, 2006, 80 (2): 293 – 308.

[235] Li X. The Impacts of Product Market Competition on the Quantity and Quality of Voluntary Disclosures [J]. Review of Accounting Studies, 2010, 15 (3): 663 – 711.

[236] Lim S, Matolcsy Z, Chow D. The Association between Board Composition and Different Types of Voluntary Disclosure [J]. European Accounting Review, 2007, 16 (3): 555 – 583.

[237] Lin Y, Hu S, Chen M. Managerial Optimism and Corporate Investment: Some Empirical Evidence from Taiwan [J]. Pacific-basin Finance Journal, 2005, 13 (5): 523 – 546.

[238] Lintner J. The Valuation of Risk Assets and the Selection of Risky Investments in Stock Portfolios and Capital Budgets [J]. The Review of Economics and Statistics, 1965, 47 (1): 13 – 37.

[239] Ljungqvist A, Nanda V, Singh R. Hot Markets, Investor Sentiment and IPO Pricing [J]. Journal of Business, 2006, 79 (4): 1667 – 1702.

[240] Long J B. The Market Valuation of Cash Dividends: A Case to Consider [J]. Journal of Financial Economics, 1978, 6 (2 – 3): 235 – 264.

[241] Louis H, Robinson D. Do Managers Credibly Use Accruals to Signal Private Information? Evidence from the Pricing of Discretionary Accruals around Stock Splits [J]. Journal of Accounting and Economics, 2005, 39 (2): 361 – 380.

[242] Lowry M. Why does IPO Volume Fluctuate So Much? [J]. Journal of

Financial Economics, 2003, 67 (1): 3 – 40.

[243] MacKinnon D P, Krull J L, Lockwood C M. Equivalence of the Mediation, Confounding, and Suppression Effect [J]. Prevention Science, 2000, 1 (4): 173 – 181.

[244] MacKinnon D P, Lockwood C M, Hoffman J M, et al. A Comparison of Methods to Test Mediation and Other Intervening Variable Effects [J]. Psychological Methods, 2002, 7 (1): 83 – 104.

[245] Malmendier U, Tate G. CEO Overconfidence and Corporate Investment [J]. Journal of Finance, 2005, 60 (6): 2661 – 2700.

[246] Markowitz H M. Portfolio Selection [J]. The Journal of Finance, 1952, 7 (1): 77 – 91.

[247] Mclean R D, Zhao M. The Business Cycle, Investor Sentiment, and Costly External Finance [J]. The Journal of Finance, 2014, 69 (3): 1377 – 1409.

[248] McNichols M, Wilson G P. Evidence of Earnings Management from the Provision for Bad Debts [J]. Journal of Accounting Research, 1988, 26: 1 – 31.

[249] Meek G K, Roberts C B, Gray S J. Factors Influencing Voluntary Annual Report Disclosure by U. S. , U. K. and Continental European Multinational Corporations [J]. Journal of International Business Studies, 1995, 26 (3): 555 – 572.

[250] Meier C. Aggregate Investor Confidence in the Stock Market [J]. Journal of Behavioral Finance, 2018, 19 (4): 421 – 433.

[251] Merton R C. Theory of Rational Option Pricing [J]. The Bell Journal of Economics and Management Science, 1973, 4 (1): 141 – 183.

[252] Mian G M, Sankaraguruswamy S. Investor Sentiment and Stock Market Response to Earnings News [J]. The Accounting Review, 2012, 87 (4): 1357 – 1384.

[253] Mirrlees J A. The Optimal Structure of Incentives and Authority within an Organization [J]. The Bell Journal of Economics, 1976, 7 (1): 105 – 131.

[254] Modigliani F, Miller M H. The Cost of Capital, Corporation Finance and the Theory of Investment [J]. The American Economic Review, 1958, 48 (3):

261 – 297.

[255] Morck R, Shleifer A, Vishny R W. The Stock Market and Investment: Is the Market a Sideshow? [J]. Brookings Papers on Economic Activity, 1990 (2): 157 – 215.

[256] Mossin J. Equilibrium in a Capital Asset Market [J]. Econometrica, 1966, 34 (4): 768 – 783.

[257] Nelson M W, Elliott J A, Tarpley R L. Evidence from Auditors about Managers' and Auditors' Earnings Management Decisions [J]. The Accounting Review, 2002, 77 (Supplement): 175 – 202.

[258] Newson M, Deegan C. Global Expectations and Their Association with Corporate Social Disclosure Practices in Australia, Singapore, and South Korea [J]. The International Journal of Accounting, 2002, 37 (2): 183 – 213.

[259] Nofsinger J R. Social Mood and Financial Economics [J]. Journal of Behavioral Finance, 2005, 6 (3): 144 – 160.

[260] Norton E C, Wang H, Ai C. Computing Interaction Effects and Standard Errors in Logit and Probit Models [J]. Stata Journal, 2004, 4 (2): 154 – 167.

[261] Osborne M F M. Brownian Motion in the Stock Market [J]. Operations Research, 1959, 7 (2): 145 – 173.

[262] Penman S H. An Empirical Investigation of the Voluntary Disclosure of Corporate Earnings Forecasts [J]. Journal of Accounting Research, 1980, 18 (1): 132 – 160.

[263] Perry S E, Williams T H. Earnings Management Preceding Management Buyout Offers [J]. Journal of Accounting and Economics, 1994, 18 (2): 157 – 179.

[264] Polk C, Sapienza P. The Stock Market and Corporate Investment: A Test of Catering Theory [J]. Review of Financial Studies, 2009, 22 (1): 187 – 217.

[265] Ross S A. Disclosure Regulation in Financial Markets: Implications of Modern Finance Theory and Signaling Theory [M]. New York: McGraw Hill, 1979: 177 – 202.

［266］ Ross S A. The Arbitrage Theory of Capital Asset Pricing ［J］. Journal of Economic Theory, 1976, 13 (3): 341 – 360.

［267］ Ross S A. The Determination of Financial Structure: The Incentive-Signaling Approach ［J］. The Bell Journal of Economics, 1977, 8 (1): 23 – 40.

［268］ Ross S A. The Economic Theory of Agency: The Principal′s Problem ［J］. The American Economic Review, 1973, 63 (2): 134 – 139.

［269］ Rothschild M, Stiglitz J. Equilibrium in Competitive Insurance Markets: An Essay on the Economics of Imperfect Information ［J］. The Quarterly Journal of Economics, 1976, 90 (4): 629 – 649.

［270］ Rouwenhorst K G. International Momentum Strategies ［J］. Journal of Finance, 1998, 53 (1): 267 – 284.

［271］ Roychowdhury S. Earnings Management through Real Activities Manipulation ［J］. Journal of Accounting and Economics, 2006, 42 (3): 335 – 370.

［272］ Samuelson P A. Proof that Properly Anticipated Prices Fluctuate Randomly ［J］. Industrial Management Review, 1965, 6 (2): 41 – 49.

［273］ Scharfstein D S, Stein J C. Herd Behavior and Investment ［J］. The American Economic Review, 1990, 80 (3): 465 – 479.

［274］ Schipper K. Commentary on Earnings Management ［J］. Accounting Horizons, 1989, 3 (4): 91 – 102.

［275］ Schwarz N. Feelings as Information: Informational and Motivational Functions of Affective States. In the Handbook of Motivation and Cognition: Foundations of Social Behavior ［M］. New York: Guilford Press, 1990, 527 – 561.

［276］ Scott W R. Financial Accounting Theory ［M］. Upper Saddle River: Prentice Hall Press, 1997: 368.

［277］ Scott W R. 财务会计理论 ［M］. 陈汉文, 等译. 北京: 机械工业出版社, 2000: 2.

［278］ Sharpe W F. Capital Asset Prices: A Theory of Market Equilibrium under Conditions of Risk ［J］. Journal of Finance, 1964, 19 (3): 425 – 442.

[279] Shen J, Yu J, Zhao S. Investor Sentiment and Economic Forces [J]. Journal of Monetary Economics, 2017, 86: 1 –21.

[280] Shiller R J. From Efficient Market Theory to Behavioral Finance [J]. Journal of Economic Perspectives, 2003, 17 (1): 83 –104.

[281] Shiller R J. Stock Prices and Social Dynamics [J]. Brooking Papers on Economic Activity, 1984, 1984 (2): 457 –498.

[282] Shivakumar L, Urcan O, Vasvari F P, Zhang L. The Debt Market Relevance of Management Earnings Forecasts: Evidence from Before and During the Credit Crisis [J]. Review of Accounting Studies, 2011, 16 (3): 464 –486.

[283] Shleifer A, Vishny R W. The Limits of Arbitrage [J]. Journal of Finance, 1997, 52 (1): 35 –55.

[284] Shleifer A. Inefficient Markets: An Introduction to Behavioral Finance [M]. Oxford: Oxford University Press, 2000: 1 –27.

[285] Shrout P E, Bolger N. Mediation in Experimental and Nonexperimental Studies: New Procedures and Recommendations [J]. Psychological Methods, 2002, 7 (4): 422 –445.

[286] Simon H A. Administrative Behavior—A Study of Decision Making Processes in Administrative Organization [M]. New York: Macmillan Publishing, 1971.

[287] Skinner D J. Why Firms Voluntarily Disclose Bad News [J]. Journal of Accounting Research, 1994, 32 (1): 38 –60.

[288] Sobel M E. Asymptotic Confidence Intervals for Indirect Effects in Structural Equation Models [J]. Sociological Methodology, 1982, 13: 290 –312.

[289] Solt M E, Statman M. How Useful is the Sentiment Index [J]. Financial Analysts Journal, 1988, 44 (5): 45 –55.

[290] Spence M, Zeckhauser R. Insurance, Information, and Individual Action [J]. The American Economic Review, 1971, 61 (2): 380 –387.

[291] Spence M. Job Market Signaling [J]. Quarterly Journal of Economics, 1973, 87 (3): 355 –374.

［292］ Spiess D K, Affleck-Graves J. Underperformance in Long-Run Stock Returns Following Seasoned Equity Offerings ［J］. Journal of Financial Economics, 1995, 38 (3): 243 – 267.

［293］ Stambaugh R F, Yu J, Yuan Y. The Short of It: Investor Sentiment and Anomalies ［J］. Journal of Financial Economics, 2012, 104 (2): 288 – 302.

［294］ Stein J C. Rational Capital Budgeting in an Irrational World ［J］. Journal of Business, 1996, 69 (4): 429 – 455.

［295］ Subramanyam K R. The Pricing of Discretionary Accruals ［J］. Journal of Accounting and Economics, 1996, 22 (1 – 3): 249 – 281.

［296］ Tan Seet-Koh, Koonce L. Investors´ Reactions to Retractions and Corrections of Management Earnings Forecasts ［J］. Accounting, Organizations and Society, 2011, 36 (6): 382 – 397.

［297］ Taylor S E. Asymmetrical Effects of Positive and Negative Events: The Mobilization-Minimization Hypothesis ［J］. Psychological Bulletin, 1991, 110 (1): 67 – 85.

［298］ Teoh S H, Welch I, Wong T J. Earnings Management and the Long-Run Market Performance of Initial Public Offerings ［J］. Journal of Finance, 1998a, 53 (6): 1935 – 1974.

［299］ Teoh S H, Welch I, Wong T J. Earnings Management and the Underperformance of Seasoned Equity Offerings ［J］. Journal of Financial Economics, 1998b, 50 (1): 63 – 99.

［300］ Thaler R H. Mental Accounting and Consumer Choice ［J］. Marketing Science, 1985, 4 (3): 199 – 214.

［301］ Thaler R H. Toward a Positive Theory of Consumer Choice ［J］. Journal of Economic Behavior and Organization, 1980, 1 (1): 39 – 60.

［302］ Titman S, Trueman B. Information Quality and the Valuation of New Issue ［J］. Journal of Accounting and Economics, 1986, 8 (2): 159 – 172.

［303］ Tucker J W, Zarowin P A. Does Income Smoothing Improve Earnings

Informativeness? [J]. The Accounting Review, 2006, 81 (1): 251 –270.

[304] Tversky A, Kahneman D. Judgment under Uncertainty: Heuristics and Biases [J]. Science, 1974, 185 (4157): 1124 –1131.

[305] Verrecchia R E. Discretionary Disclosure [J]. Journal of Accounting and Economics, 1983, 5 (1): 179 –194.

[306] Wang C. Relative Strength Strategies in China's Stock Market: 1994 – 2000 [J]. Pacific-Basin Finance Journal, 2004, 12 (2): 159 –177.

[307] Watts R L, Zimmerman J L. Positive Accounting Theory [M]. Englewood Cliffs: Prentice Hall, 1986: 643 –661.

[308] Welker M. Disclosure Policy, Information Asymmetry, and Liquidity in Equity Markets [J]. Contemporary Accounting Research, 1995, 11 (2): 801 –827.

[309] Wilson R. The Structure of Incentive for Decentralization under Uncertainty [M]. La Decision, 1969: 171.

[310] Yang H I. Capital Market Consequences of Managers' Voluntary Disclosure Styles [J]. Journal of Accounting and Economics, 2012, 53 (1 –2): 167 –184.

[311] Zelner B A. Using Simulation to Interpret Results from Logit, Probit, and Other Nonlinear Models [J]. Strategic Management Journal, 2009, 30 (12): 1335 – 1348.

[312] Zhu Z, Song X, Huang W. Top Management Team Demography, Investor Sentiment, and the Investment Levels of Listed Companies [J]. Asia-Pacific Journal of Accounting & Economics, 2018, 25 (3 –4): 481 –495.